佛教攷古學

下巻

坂詰秀一

雄山閣

『佛教の考古学』の揮毫

仏教考古学の研学に際して、石田茂作先生（一八九四～一九七七）と久保常晴先生（一九〇七～一九七八）に教導を頂いてきた。本書の題字〝佛教の考古學〟は石田先生の揮毫で、久保先生の『佛教考古學研究』（一九六七）に依拠している。久保先生は還暦にあたり、ご自身の論文集出版を望まれたので、編集を担当した私が密かに石田先生に揮毫と「序」をお願いした。出版後、久保先生は「石田先生がよく揮毫され、「序」を書いてくださった」と感激されたことを思い出す。

表紙・扉の「之（の）」は、石田茂作『随筆二つの感謝』（一九七四）『廃瓦塔の由来』（同）による。

仏教と考古学　下◉目次

Ⅳ　伽藍の構成と瓦

一　古代インドの楕円形建物……1

二　平地方形区劃伽藍……14
㈠　伽藍のあり方　14／㈡　南アジアの開地伽藍　15／㈢　中央アジアの開地伽藍　17／㈣　東アジアの開地伽藍　18／㈤　山岳寺院の諸問題　20

三　阿蘭若処を伴う伽藍……24

四　初期伽藍の類型と僧地……36

五　「瓦」の名称……60
㈠　「瓦」の語源　60／㈡　瓦名称論　64／㈢　古瓦名称の統一　85

V　塔婆と墓標

一　宝篋印塔の源流……97
二　板碑の名称と概念……100
三　板碑の出現と背景……108
㈠　板碑起源論をめぐって　108／㈡　板碑出現前夜　111／㈢　板碑の出現　112／
㈣　板碑造立の背景　113
四　板碑研究の回顧と展望……116
五　中山法華経寺の墓碑と墓塔……124
㈠　中世（石造塔婆――板碑）　124／㈡　近世（墓標）　133

Ⅵ　儀礼の諸具

一　出土の仏像と仏具……147
㈠　仏教の考古学　147／㈡　仏教考古学における出土の仏像と仏具　148／㈢　仏教考古学と出土仏像　149／㈣　仏教考古学と出土仏具　149／㈤　出土仏像・仏具の性格　151
二　出土仏具の世界……155
三　一括埋納の仏法具……158
㈠　出土仏法具研究の視角　158／㈡　仏法具一括埋納遺跡　160／㈢　埋納遺跡の様態と性格　172
四　梵鐘断章……177
㈠　梵鐘の起源とその種類　177／㈡　梵鐘研究の先覚　178／㈢　撞鐘のこと　179／㈣　梵鐘と伽藍　181／㈤　海中出現の梵鐘　182／㈥　梵鐘鋳造跡の発見　183／㈦　鐘と鐸　184
五　梵鐘研究の近況……187
初出一覧……195
あとがき……196

仏教と考古学　上◉目次

はじめに

Ⅰ　仏教考古学への招待

一　仏教史研究と考古学
二　仏教考古学の資料
三　資料の調査とその活用
四　寺院の調査
五　塔婆の調査
六　仏像・仏具の調査
七　経塚の調査
八　墳墓の調査
九　墓標の調査
十　主要文献案内

Ⅱ　仏教考古学の構想

一　仏教考古学概論
二　仏教考古学の歴史
三　釈迦の故郷を掘る
四　法華経と考古学

Ⅲ　礼拝の対象

一　仏足跡信仰の流伝
二　仏足跡礼拝の様態
三　「経塚」の概念
四　埋経の源流
五　天徳四年の紀年銘瓦経をめぐる問題
六　仏像礼賛
七　富士山信仰と考古学
八　富士山と仏教の考古学

Ⅳ　伽藍の構成と瓦

一　古代インドの楕円形建物

(一)

イギリスのインド植民地化政策の一環として一八世紀の末葉より一九世紀の初頭にかけて行われた、インドにおける古代仏教史の究明は、文献史学的研究より着手されたが、一方、いわゆる机上考古学的色彩をもって仏教関係遺跡の萌芽的調査が開始された(1)。

その後、古代インドにおける仏教の伽藍の形成に関する研究は、一九世紀の初頭におけるC・マッケンジーによるアマラーヴァティー（Amarāvati）仏塔の現状実測調査、J・プリンセスによる碑文・古銭などの銘辞学的研究を先駆として、その後、A・カニンガム、J・バージェス、J・H・マーシャルなどを中心とするインド考古調査局によって実施され、それの基礎的な資料が提供された。

A・カニンガムによるサールナート（Sārnāth）仏塔の発掘をはじめとする東部及び北部インドの諸仏教遺跡の探策、J・バージェスそしてJ・ファガーソンによる西部インドのとくに石窟寺院の実態究明、J・H・マーシャルによるサーンチー（Sānchī）、タキシラ（Taxila）などの発掘が注目すべき成果をもたらしたことは周知の事実である。

第二次世界大戦後、インド考古調査局はそれらの成果に立脚して、さらに調査を進展させ、ラージギル（Rājgir）、ヴァイシャーリ（Vaisali）、ナーガールジュナコンダ（Nāgārjunakoṇḍa）、そしてピプラハワー（Piprahwa）、ボードガヤー（Bodhgayā）、サーンチー（Sānchī）などの仏教関係遺跡の発掘調査を実施し、なお、現在それの調査を継続している。

一方、仏教学・仏教史学・美術史者による初期仏教教団及びそれに伴う関連史の研究も長足の進展を遂げ、高田修（一九五一・一九五九・一九六八）、P・ブラウン（一九五九）、平川彰（一九六〇・一九六四・一九六八）、S・ダット（一九六二）、佐藤密雄（一九六三）、H・サルカル（一九六六）、塚本啓祥（一九六六・一九七五）、芳村修基（一九六八）、D・ミトラ（一九七一）、長尾雅人（一九七一）、V・デヘージア（一九七二）、静谷正雄（一九七四）などによる伽藍の形成とそれにまつわる総括的な研究が公けにされてきた。

これらの研究は、初期伽藍の形成過程の実態をそれぞれの立場より解明した業績として高く評価されていることはいうまでもない[2]。

ここでは以上の諸先学の業績に導かれながら、インドにおける初期伽藍の個別的検討の一環として、楕円形建物（Elliptical Structure）の形成について若干の私見を披瀝することにしたい。

(二)

楕円形建物の問題が注目されるようになったのはごく最近のことである。それは一九五三年より五九年にかけてD・R・パティルなどによってラージギルのジーヴァカ園（Jivakambavana）[3]に比定される遺構が発掘調査され、その形状が極めて特徴あることが知られてからのことであった。

ジーヴァカ園比定遺構は、旧ラージギルの東南隅、東門の近くに位置している（図1）。発掘調査された遺構は、

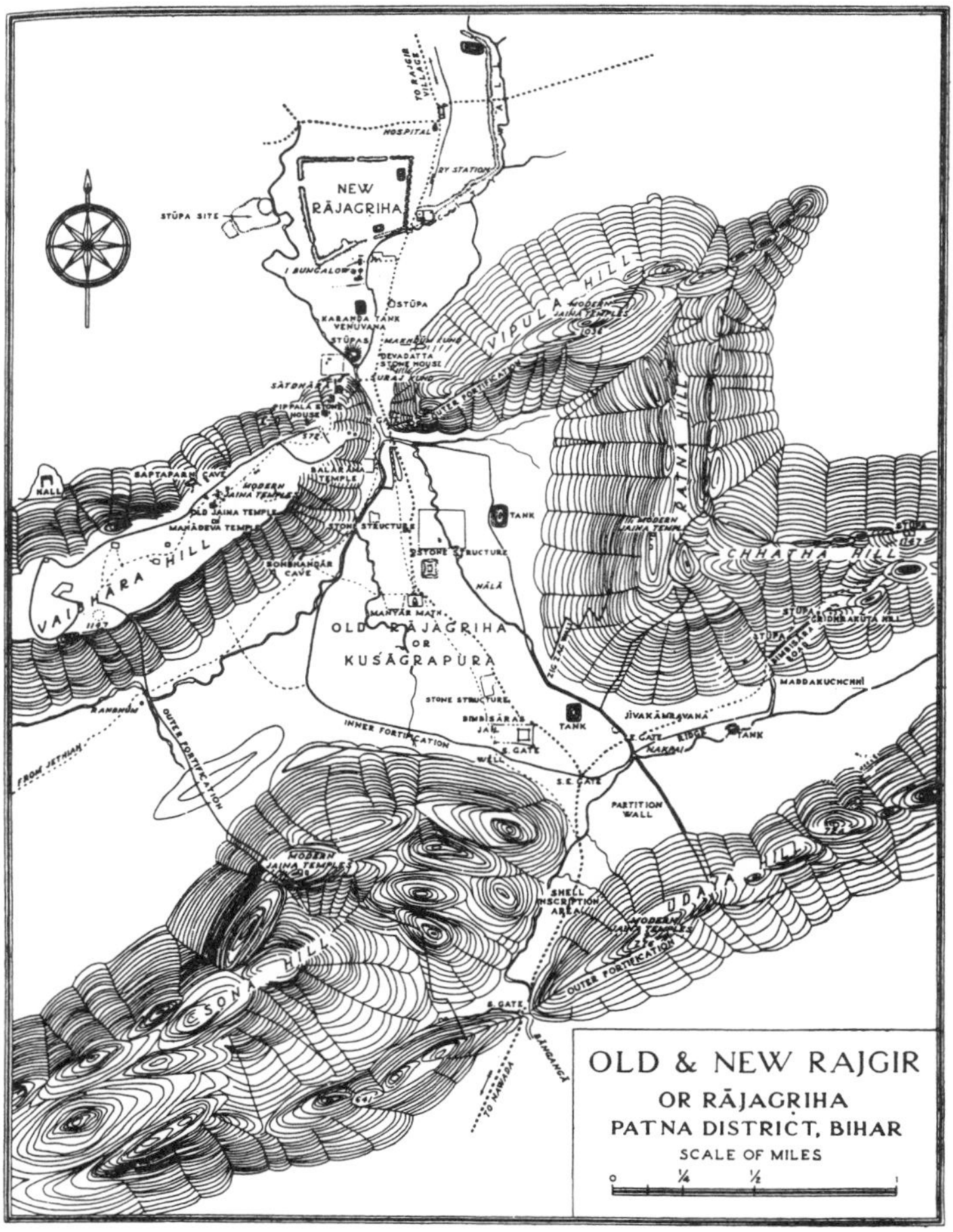

図１　Rājgir 全域図（Department of Archeaology. India：1958）

楕円形建物四基とそれに付属する方形建築物・周溝・煉瓦床などである（図2）。

楕円形建物は、南北に主軸を有するもの三基（A・B・C）、東西に主軸を有するもの一基（D）であり、発掘区域北方より後者が独立して検出され、前者は、東西に並行する二基（A・B）とその東側遺構の南端部の東側に北端部をもつ遺構一基（C）が発掘された。これらの規模は、東西に並行して存在するA・B二基はそれぞれ主軸約三五メートル、

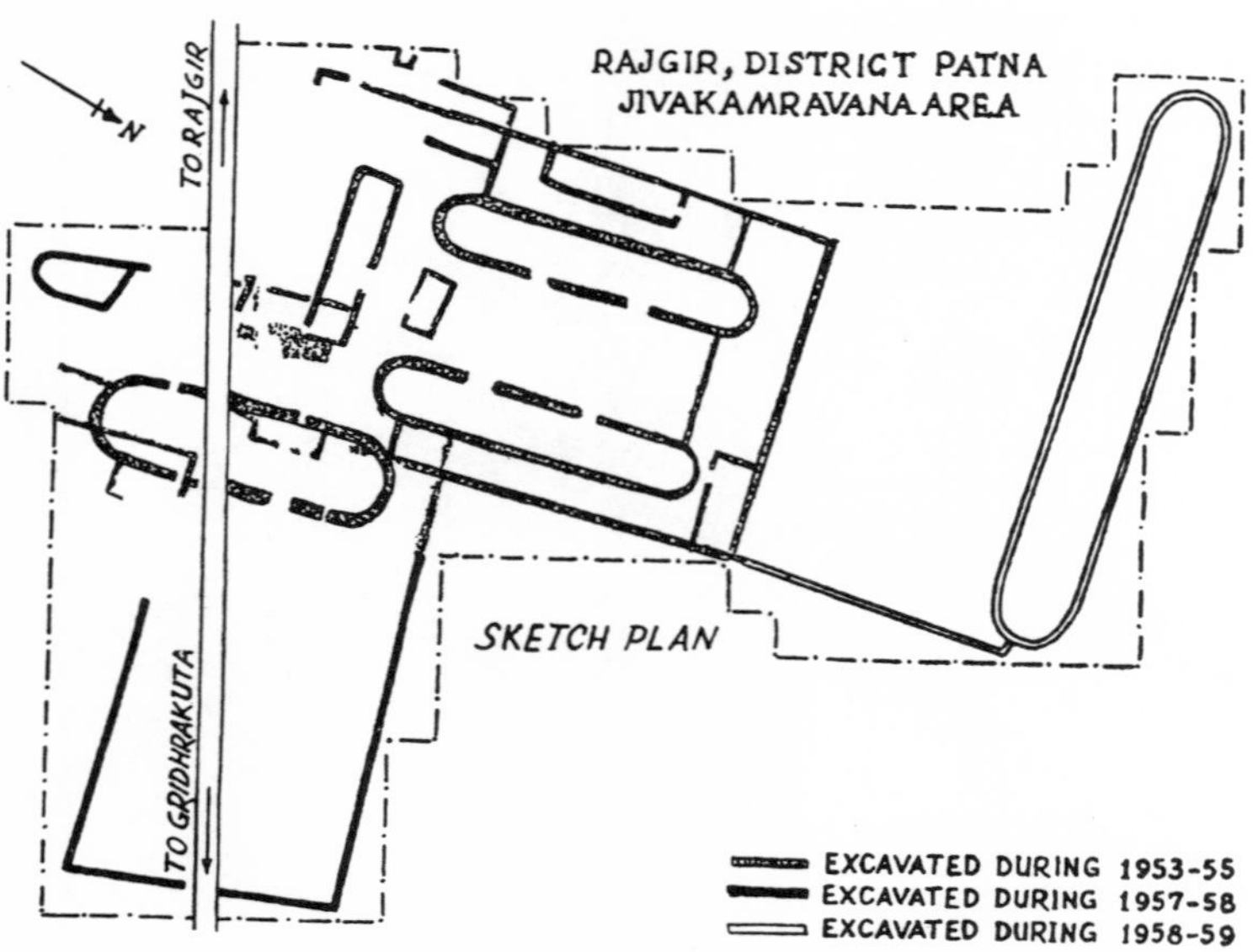

図２　Jivakambavana発掘の楕円形遺構（*ANCIENT INDIA 7*）

幅約六メートルを有し、約二五メートルの内庭を隔てて存在する。その内庭の南北長は約五五メートルあり、それに面して、すなわち東側遺構（A）は西側に、西側遺構（B）は東側にともに二つの出入口部をあけている。出入口部は、それぞれ二～三メートルの幅をもち、ともに約一四メートルの間隔をもって位置している。この二基の遺構の内庭の北限は、東西方向に走る壁で画され、南限は七メートル×五メートルの規模をもつ東西棟をもってなされている。A・B遺構の基礎は、C・D遺構と同じく、割り石を主としそれに漆喰を加えた構造によって構築されているものであり、基礎―壁基部の幅は、一〇～一一センチを有している。そしてA・B遺構の外側には同じ原材を用いて構築された周壁が廻らされ、一区画が構成されている。内庭の南限を示す東西棟の南方には約六メートル離れて一九メートル×五メートルの東西棟が建てられており、それは北側に出入口部を開いている。

A遺構の南端部の東側には、周壁東南隅に北端部を接して主軸約二八メートル、幅約一〇メートルのC遺構が存在する。この遺構は、西側及び東側にそれぞれ二ヵ所の出入口部をあけている。その幅はさきの二基（A・B）より狭く、かつ一定の場所につくられたものではなく、とくに東側では全体的に北に寄ってあけられている。

C遺構の東方にはコ字状の周壁が検出されているが、両者の関係は明らかでない。

A・B遺構を囲む周壁の北壁より北に約三五メートル離れてD遺構が存在する。この遺構は、東西約七〇メートル、幅約一一・五メートルを有するもので、出入口部の存在は確認されていない。

B遺構の周壁の東壁は、それに直角に接続して北壁を形成するが、その隅の部分には東西約一四メートル、幅約五メートルの方形建物遺構がみられる。この東西に主軸をもつ方形遺構の東壁は、周壁東壁と直結しているが、その壁はさらに北方に延びD遺構の東端に接続している。また、A遺構の西側には、西側周壁を西壁とする一二・五メートル×五メートルの南北に主軸をもち、北壁に出入口部をあける長方形建物の遺構がみられる。

A・B遺構の内庭を北に画する壁の北方と周壁北との間の空間及びC遺構の東方には煉瓦が敷きつめられている。

これら四遺構の前後関係は、A・B遺構は同一時期に計画的に造営されたことが想定され、C遺構はそれ以前に造営されたものと推定される。C遺構の東側部分が未発掘であること、A・B遺構との前後関係が明確でないことによって、かかる推定はあくまで一の案であるに過ぎないが、C→A・Bの関係をここで一応考えておきたい。また、D遺構は、A・B遺構より遡るものとすることには躊躇され、同時期あるいはそれ以降に築造されたものと推定している。

次に遺構群の年代については、発掘調査の所見によれば二期以上にわたっており、とくにA・B遺構はその基礎部の観察より修築の痕跡を窺うことができる。その初現年代は出土遺物よりみてN・B・P以前に遡る可能性がある。

一九五〇年にA・ゴーシュ（一九五一）などによって旧ラージギルの北門と付近城壁の発掘調査が実施されたが、その調査所見によれば四時期にわたる層序が明らかにされ、とくに第Ⅱ層よりはN・B・Pが検出された（図3）。

その下部にはさらに第I層の存在が確認されており、それらの層序観察によれば、文化層の上限はB・C四～五世紀に遡ることが判明している。

かかるA・ゴーシュの調査結果を参酌して、以上のごとき楕円形建物の構築年代を考えるとすれば、それは、Pre-N・B・PよりN・B・Pにわたることが明らかであるといえるであろう。

ジーヴァカ園比定遺跡以外において楕円形建物の近似例が検出された例としては、コーサンビィのゴーシターラーマ（Ghoshitārāma）（図4）、シュラバスティのジータカバーナー（Jetavava?）（図5）などが知られている。

ゴーシターラーマにおいては、一九五五年にC・R・シャルマによって奉納石板が発見され、その記銘書体よりA・D一世紀頃の遺構の存在が知られるが、全体的にみるとB・C六～A・D六世紀にかけて一六層にわたる構築であったことが確認され、よって煉瓦づくりの楕円形建物の年代については必ずしも明確に把握することができな

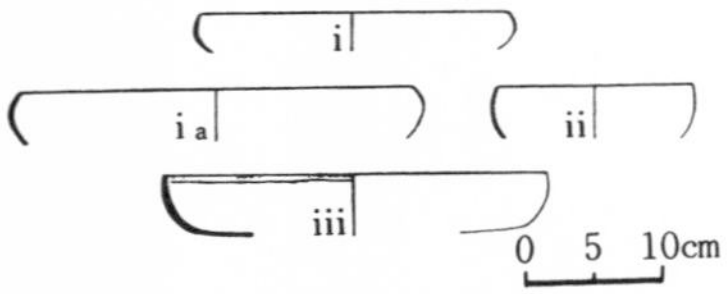

図3　RājgirのN・B・P（A. Ghosh；1951）

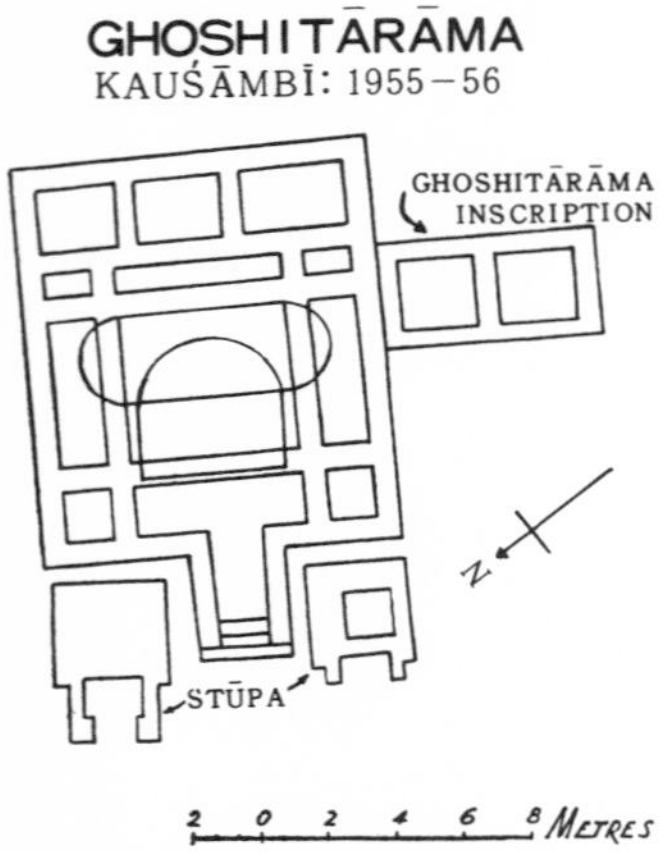

図4　Ghoshitārāma（H. Sarkal；1966）

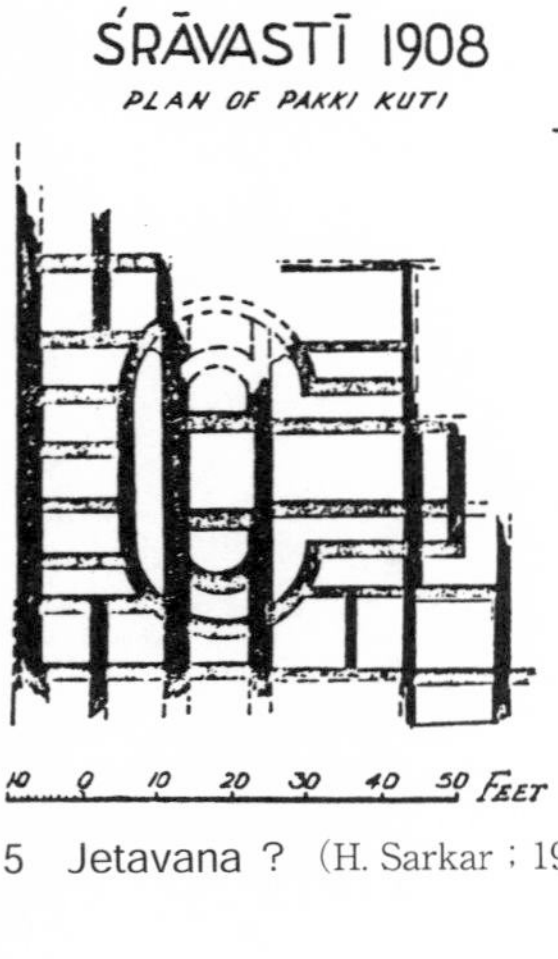

図5　Jetavana？（H. Sarkar；1966）

かった。また、一部の識者によってジータカバーナーに比定されているものはマヘート付近のパッキィクウティより一九〇七年にJ・フォーゲル（一九一一）によって調査されたが、構築の年代については明らかではない。ただ、これらに対して、H・サルカル（一九六六）は、A・D五～六世紀の年代をあたえたい、との見解を示している。

よって、現在のところ楕円形建物の初現的示例としては、医師ジーヴァカがラージギルの東門外の果樹園を仏陀に寄進したというJivakambavanaに比定されている遺構をそれとすることができるのである。

その性格については、明らかにすることはできないが、付近出土遺物中に一般的に見られる生活用具以外に特色あるものが知られていないことによって広義の生活の場であることを想定したい。そして、それは一種の会堂としての性格を具備していたものと考えたいと思う。

㈢

釈迦在世中における僧院、すなわち初現的僧院についてはKapilavastuのNigrodharama, SravastiのJetauana, RājgirのJivakambavana・Veluvanārama, VaisaliのAmbapālivana, PātaliputraのKukkutārāma, KauśambīのGhoshitārāmaなどが知られている。それらの実態については、すでに見てきたラージギルのジーヴァカ園比定遺構を除いては明らかでない。そこで初現的僧院のあり方を考える場合、ジーヴァカ園の例を唯一の資料として具体的に認識することが要求されるであろう。

かかる初現的な僧院に関する記載は、律蔵に散見され、それを整理したS・ダットの見解（一九六二）が一般に引用されている（高田修・一九六八など）。それによればāvāsaとārāmaに大別し、前者は住処、後者は園林とされārāmaが在家信者の寄進供養になるのに対し、āvāsaは比丘自身の自発的空間の設定とされている。

このāvāsaとārāmaには当然のことながら、Vihāraが設けられていたことが想定される。そしてāvāsaが雨安居《ウアンゴ》における施設であったのに対して、ārāmaは継続的かつ半永久的な施設が設けられたことが考えられる。したがってāvāsaが仮住的性格を基本的なものとしていただけに顕著な遺構を残すことなく忘失されたのに対して、ārāmaは、それが規模の大きな建築物の存在を想定しうるだけに遺構の遺存を考慮することができる。

ārāmaは、その性格より僧伽の拠点として次第に整備され、Samghārāmaとして形成されていった。さきに触れた初現的僧院はまさにそのような観点より認識されることになる。

Samghārāmaにおける建築の形態については、資料の制約より必ずしも明らかでないが、パーリ律の犍度部には若干の記載が見られる。『大品』十犍度の「第三入雨安居犍度」、『小品』一二犍度の「第六臥坐具犍度」に散見するものがそれである。とくに『小品』に見える五種のLeṇaに関する記載が注目される。

それは、Vihāra, aḍḍhayoga, pāsāda, hammiya, guhaでありVihāraは精舎（房舎）、aḍḍhayogaは平覆屋、pāsādaは殿楼（重閣）、hammiyaは楼房、guhaは岩窟（窟院）と訳されている。Vihāraとguhaは規模の大小はともかくāvāsa・ārāmaに共通して設けられていたことは当然のことであるが、aḍḍhayoga・pāsāda・hammiyaは、ārāmaにおける建築として理解されよう。

Vihāraは、教団の発展に伴い規模も次第に整いかつ大きくなり群集して設けられるようになっていったことであろうが、そのほかいわゆる講堂的性格を具備したuposathāgāra（布薩堂）・upaṭṭhānasālā（会堂）をはじめ、食堂（bhattaga）・井堂（udapānasālā）・温室（jaṇtāghara）・経行堂（cankamanasālā）・門屋（koṭṭaka）などの存在も律蔵に散見する。

guhaは、初期にあっては自然窟を利用していたことが考えられるが、後に次第に人工的窟院として発展していくことになる。いわゆる石窟寺院造営の流行である。

ここにおいて平地伽藍と石窟伽藍とがそれぞれの自然的条件とそれを維持せしめた経済的諸条件とを背景として展開していくことになる。

一方、pāsāda と hāmmiya とはその性格的区別については論が分れるところであるが、H・サルカル（一九六六）説を採る高田修（一九六八）の説くごとく、pāsāda は二層以上の建築、hāmmiya は多柱式の吹放式下部構造をもつ二層のみのものであり、上層に Kutagara（房室）を有するもの、とする見解に従うことが妥当であろう。aḍḍhayoga については、定説がないが、それが Samghārāma に設けられた建築物であったということより、ジーヴァカ園で発掘された楕円形建物こそそれにあたるものであろうと考えたい。aḍḍhayoga に関する記載は、さきに挙げた『大品』『小品』中に散見されるが、例えば『大品』の「第三入雨安居犍度」五―六に「比丘等よ、此処に優婆塞あり、僧伽の為に平覆屋を建立し、殿楼を建立し、楼房を建立し、地窟を建立し、房舎を建立し、蔵庫を建立し、勤行堂を建立し、火堂を建立し、用房を建立し、厠房を建立し、経行処を建立し、井を建立し、井堂を建立し、暖房を建立し、暖房堂を建立し、小池を建立し、延堂を建立し、園を建立し、園地を建立す。若し彼、比丘等の許に使を遣して、来りたまへ、我、布施を与へ法を聞き比丘等を見んと欲す」と言ひ、「比丘等よ、七日間の所用の為に使を受けなば往くべし、彼を受けずば然らず、七日にして還るべし」（渡辺照宏訳「律蔵三」『南伝大蔵経』第三巻）とある。また、同五―一には「僧伽の為に精舎を建立せり」、五―二には「僧伽の為に精舎を建立す」、五―七には「比丘等よ、此処に優婆塞あり、数多くの比丘等の為に…乃至…一人の比丘の為に精舎を建立し、平覆屋を建立し、殿楼を建立し…」、五―一〇には「僧伽の為に精舎を建立す」、五―一一には「僧伽の為に平覆屋を建立し、園地を建立す」とある。ここにおいて、優婆塞が「僧伽の為に」「平覆屋」「精舎」などを建立したことを知ることができるであろう。

すでに触れたように Vihāra＝精舎（房舎）は、guha とともに後世にいたるまで僧伽組織の中心的施設として展開していった。しかしaḍḍhayoga, pāsāda, hammiya は「廃れた」（塚本啓祥・一九七五）と説かれている。たしかにこれら三種の建築については知る資料がない。ただ、aḍḍhayoga にしても、pāsāda あるいは hammiya にしてもそれぞれの実態把握が確定していない現在、遺構として認識されることが至難なのではあるまいか、とも考えられる。

この問題に関して想起されるのは、Caitya 石窟に普遍的に見られる窓形の装飾であり、それは大きな馬蹄形を呈している明り窓の存在である。かかる施設は当然明り窓としての機能をもってはいるものの、一方、それは木造建築を忠実に模した石窟入口部の装飾的施設として理解することができるからである。

ここで改めて、例えば有名なナーシク（Nāsik）第一八 Caitya 窟を引きあいに出すまでのこともなく、いわゆる Caitya 窟の存在を看過することはできない。それは、pāsāda あるいは hammiya 建築の Caitya 石窟への影響と見ることも可能であるからである。

同様に aḍḍhayoga の問題も Caitya 窟として後代に系譜を引いていくことになるのではあるまいか、と考えている。さきに、aḍḍhayoga をもって恐らく楕円形建物の構造をもつものではあるまいか、との推測をしたが、それは Vihāra とは異なるものであったことが明らかである。Vihāra が比丘達の安居の場としての性格をもつものであるのに対して、aḍḍhayoga は、雨安居の際における一種の会堂としての性格をもっていたもの、として理解することができるのである。

㈣

ジーヴァカ園比定遺構において知られた楕円形建物は、その後、石窟にその姿を現わす。ビハール州ガヤー北方の Nāgārjuni に見られるコピカ（Copikā）石窟[4]（図6）は、仏教窟ではないが、東西一四メートル、奥行五・八メートル、中央の高さ三・四メートルを有する楕円形建物を模したものである。この Nāgārjuni の石窟群は付近のヴァーラーバァール（Barābar）の石窟群とともに銘文があり、後者はアショーカ王が、前者はその孫ダシャラ王が寄進したものであることがわかる。

仏教のCaitya窟は、平地木造堂宇を模したものであるが、その大部分は前方後円の形状を有している。Caitya窟は、その中心的施設としてStūpaを設置しているものであるが、そのCaitya窟の付近にVihāra窟を設け、石窟寺院としての形態を整えている。Vihāra窟にあっても、例えばBedsāの例にみるごとく前方後円の平面形状をもち、その内部に居住室を設けているものがある。

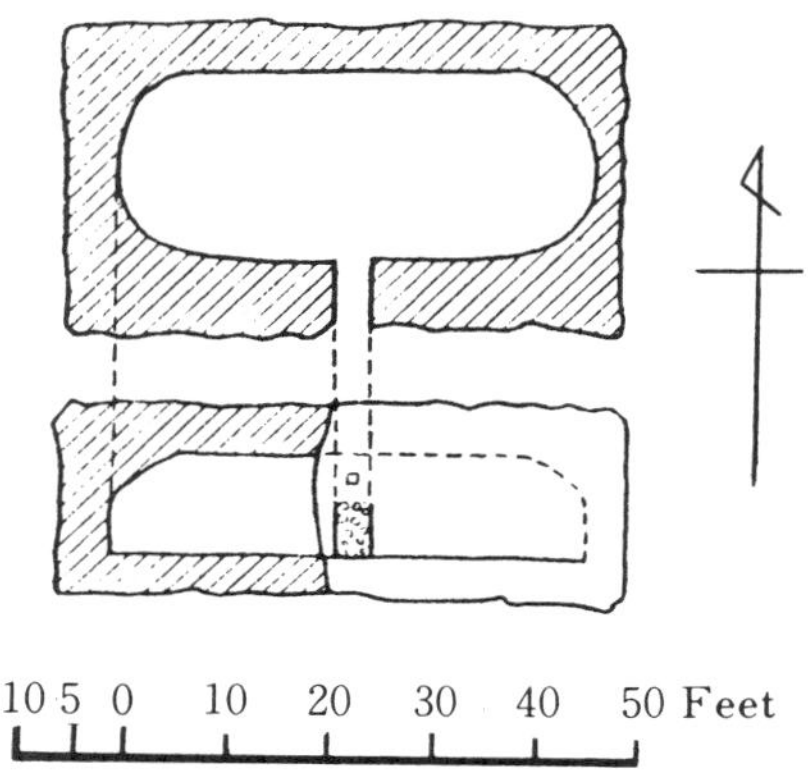

図6　Copikā 石窟（H. Sarkar：1966）

このように奥壁—後陣部分を楕円形につくり列柱によって身廊と側廊をもつ建築の構造は、高田修（一九六八）も指摘したことがあるようにローマのBasilicaに近似している。その後、A・D四世紀の前半になってS. Pietro・S. Giovanniなどの Basilican church が建設されたことは周知の通りであるが、キリスト教の教会堂はその後、集中式教会堂と呼ばれる型式としてA・D五〜六世紀に入って完成の域に達する（尚樹啓太郎・一九六八）。このことは、時間と空間を超えて信仰の場としてある程度共通した建築構造を生んだこととして注目される。

また、メソポタミヤの初期王朝時代（B・C二九〇〇〜二三〇〇）に出現した楕円神殿は、神殿そのものが楕円形を呈するものではなく、神殿を含む全域を楕円形あるいは円形の周壁をもって囲むものであった。よって、楕円形建物は、少なくとも現在のところ古代インド以外にそれの源流を求めることはできず、自生の建築構造として把握することが可能である。

それの出現は、まさに仏教による初現的僧院形態の一として形成されたものであり、仏教教団の確立と展開の過程において漸次それが石窟寺院のとくにCaitya窟に構造的にとり入れられたもの、として理解することができるのである。

Saṃghārāma は、その後 ārāma の整備によって各種の建築物が建設され、次第に仏教信仰の中心的役割りを果していった。その反映資料が、律蔵に散見する各種の建築であり、楕円形建物の出現もかかる一環として位置づけることができる。

註

（1）インド古代仏教遺跡の調査史については、S. Roy：*The Story of Indian Archaeology—1784～1947—*（1961）。西川幸治「インド古代の仏教文化」（沈黙の世界史 八 インド、『死者の丘・涅槃の塔』一九七〇）。

（2）とくに高田修の諸論文は、考古学的調査の成果を十分に摂取して論じたもので、それらを収録した『佛教美術史論考』（一九六九）は極めて重要な業績である。

（3）ジーヴァカ園の発掘については、*Indian Archaeology* 1954—55　—A review, 1958—59 A Review を参照。なお、各遺構の計測値についてはFeet を m に換算した関係より必ずしも厳密ではない。

（4）J. Fergusson & J. Burgess：*The Cave Temples of India 1880*（Reprinted 1969）。

参考文献

高田　修「インドの佛塔と舎利安置法」（『佛教芸術』一一、一九五一）「インドの石窟寺院」（『佛教芸術』四一、一九五九）「僧院と仏塔—インドにおける伽藍の形成—」（『佛教芸術』六九、一九六八）

P. Brown：*Indian Architecture—Buddist & Hindu Periods*（1965）

平川　彰『律蔵の研究』（一九六〇）『原始佛教の研究—教団組織の原型』（一九六四）『初期大乗佛教の研究』（一九六八）

S. Dutt : *Buddhist Monks and Monasteres in India*（1962）
佐藤密雄『原始佛教教団の研究』（一九六三）
H. Sarkar : *Studies in Early Buddhist Architecture of India*（1966）
塚本啓祥『初期佛教教団史の研究』（一九六六）「インドにおける仏教伽藍の形成」（『法華文化研究』一、一九七五）
芳村修基『佛教教団の研究』（一九六八）
D. Mitra : *Buddhist Monuments*（1971）
M. Nagao : *The Ancient Buddhist Commemoration in India and its Cultural Activities*, ed. by The Commemoration Committee on the occasion of Proffessor Nagao's Retirement from Kyoto University（1971）
V. Dehejia : *Early Buddhist Rock Temple—A Chronological Study—*（1972）
静谷正雄『初期大乗佛教の成立過程』（一九七四）
A. Ghosh : *Rajgir—1950—*（*Ancient India* 7, 1951）
J. Ph. Vogel : *Excavations at Saheth—Maheth, Annual Report of the Archaeological of India*, 1907～08, 1908～09（1911）
尚樹啓太郎『教会堂の成立―キリスト教の歴史的記念碑序説―』（一九六八）

追記

釈迦在世中の伽藍のあり方を瞥見したもので、インド考古調査局によるラージギルのジーヴァカ園の発掘結果によって記した。現地には一九七五年までに三回訪れることができたが、その折々の観察によれば未発掘地域が隣接地にあることが知られたので、検出された遺構がすべてではない。しかし、これによって初期伽藍の一端を把握することは可能であろう。

ラージギルは、未発掘地域が多く将来の調査の進展によりジーヴァカ園発掘例と同様な楕円形建物の発掘が期待される。

二　平地方形区劃伽藍

㈠　伽藍のあり方

伽藍（僧伽藍摩・Samghārāma）は、地域差・時間差によって多くの類型が認められている。それは、自然的・人文的環境の相異と変容に起因しているものであるが、それを超越した規範性を見出すこともできる。そこには仏教そのものが具有する教義上の性格が反映されていると推考され、宗教的造営建築としての特性を窺うことが可能である。

かかる伽藍のあり方を巨視的に大別したLe Coqは、乾燥煉瓦を用いた自由建造伽藍と岩石を穿って建造した洞窟伽藍の存在を指摘したことがある。自由建造伽藍は、開地性をもつものであって、構成堂宇を任意的に造形化したものであった。一方、洞窟伽藍は、開地造営伽藍のあり方を基本的にとり入れながらも、自然環境との対応を考慮して造営されたものであった。

このような伽藍類型は、Le Coqにより、中央アジアにおける諸例の分析によって二類の存在が古く指摘されたことがあるが、この二類の存在こそ伽藍の実態を検討するうえにまず認識さるべき二様態として把握することが必要であるといえよう。

すなわち、伽藍造営の基本類型は、立地的に開地と洞窟に二大別することができるのである。

開地（Open field）の伽藍における建物は、煉瓦あるいは木材を用いて造営され、堂宇は基本的に塔（Stūpa）と僧院（Vihāra）によって構成されるが、後に仏堂などが加わってくる。その立地は、平地・山地に、そして都邑に山岳に、と複雑である。それに対して洞窟の伽藍（Cave Temple, Rock Temple）は、基本的に塔と僧院の二型窟から構成され、それは修行の適地に立地している。

このように伽藍には、立地と造営の状態によって、その地に定着し展開した仏教の実態を具体的に示している。したがって、伽藍のあり方を認識することによって、仏教の地域的展開を把握する端緒を得ることが可能なのである。

そこで本項では、東アジア地域に展開した開地の方形伽藍の一形態とその造営の背景について展望し、覚書きとしたい。

(二)　南アジアの開地伽藍

東アジアにおける平地方形区劃の伽藍は、南アジア地域に展開したそれと形状は近似しているが、造営のあり方について見るとき、基本的に異質のものであった。

インドにおける最古の僧院（Vihāra）の遺構として知られるラージギル（Rājgir）のジーヴァカ園（Jivakambavana）は、楕円形建物群とそれに付属する若干の小規模建物から構成されているものであるが、その周囲には方形に区劃が廻らされていた。しかし、その方形の区劃と楕円形建物群との関係は、両者間に定まった規制が存したわけではなく、結果的に楕円形雑物群を囲む形状をとっているに過ぎないようである。そこでは方形区劃のなかに建物群を配置したものではなく、建物群を囲む一定の空間を結果的に設定したものといえよう。

かかるジーヴァカ園遺構の造営年代は、釈迦在世時代に遡るものであり、開地における僧院のあり方を知ることができる。

一方、仏塔の初期的遺例として知られるヴァイシャーリ（Vaisali）、そしてバールフット（Bhārhut）、アマラーヴァティー（Amarāvati）、さらにサーンチー（Sānchi）などにほぼ共通していることは、仏塔の周囲に欄楯を廻らしてはいるものの、それを計画的に方形に区劃したものではなかった。ただ、ナーガールジュナコンダ

(Nāgārjunakon-ḍa)においては、仏塔を囲んで方形の区劃が設けられているが、そこにおいては、僧院との併置が見られ、すでに伽藍の形成が認められるのである。ナーガールジュナコンダにおいて見出された多くの伽藍は三世紀のものであるが、それ以前のヴァイシャーリ、バールフット、アマラーヴァティー、サーンチーと同様に、規格化をもって諸伽藍が配され造営されたものではなかったのである。

このような非規格性の伽藍は、ガンダーラにおいても認められる。ペシャワールのシャー・ジ・キ・デリー(Shāh-Ji-Ki-Dheri)は、カニシュカ王の舎利容器を出土した遺構であるが、それは塔のみの存在であり、顕著な僧院を伴わぬものであった。一方、タフティ・バーヒー(Takht-i-Bāhi)、ジャマル・ガリー(Jamar-Garhi)の両伽藍は、ガンダーラを代表するものであるが、ともに山岳中に造営されたものであり、塔と僧院とが分離造営されている。塔と僧院は同時に造営されたと考えられる伽藍であるが、そこに規格性を見出すことはでき難い。それは、山岳中に営まれた伽藍という自然条件に左右された結果とも考えられるが、しかし、その本質は、造営伽藍そのものの性質に起因していると見るべきであろう。

タキシラのダルマラージカ(Dharmarājikā)は、前三世紀頃に造営され、塔を中心として僧院がその周囲に認められるが、定まった配置によって形成されたものではなかった。シルカップ(Shirkap)に見られる多くの伽藍においても、塔と僧院が併置されているが、両者が一定の規格をもって配されたものとは考えられない。四〜五世紀代の方形伽藍として知られるピッパラ(Pippala)は、平地に造営された例であるが、塔を北に、僧院を南に置いている。方形の塔基壇と方形僧院は同時に造営され、またその後においても同一の時期に修造されているが、堂宇の側面は東西南北を示している。塔と僧院は明らかに分離して形成されているが、両堂宇間に一定の規格性を見出すことはできない。同様な例は、ピッパラの付近に存在するジョーリアーン(Jauliān)にも見られる。ジョーリアーンは、一種の山岳伽藍であり、塔の東に僧院を配しているが、両堂宇間に特別の規格性を見出すことができない例である。

スワートにおけるブト・カラ（But-Kara）は塔単独の例であり、アムルク・ダラ（Amlāk-dara）は塔と僧院からなる伽藍の例であるが、後者に配置上の規格性は見られない。アフガニスタンの旧カピサのコリ・ナーデル（Qol-i-Nāder）は、三〜五世紀に造営された塔と僧院からなる伽藍として有名であるが、僧院の整然さは存するものの両者間に規格性を窺うことはできない。

このように南アジアの各地域に見られる初期的な開地伽藍の二・三について見てくると、そこには、平地・山岳の立地に関係なく、東アジアに見られるごとき、方形に区劃し、その中に堂宇を配置する規格性のある伽藍の存在を見出すことがほとほと困難であることを知るのである。

次に、南アジアと東アジアとの中間地域、すなわち中央アジアおける伽藍のあり方の実態について、二・三の調査例から瞥見したい。

㈢　中央アジアの開地伽藍

中央アジアにおける伽藍については、古来、多くの調査が試みられてきているが、それの実態については必ずしも明瞭ではない。ただ、それら諸先学の報告によって多数の開地伽藍の存在が知られ、伽藍の形状を把握することの可能な例が若干ではあるが認められる。

塔を中心として形成されている伽藍として、ミイラン（Mirān）の三・五・一四、カラ・コオジャ（Kara-Khoja）P、ラワク（Rawak）などの例が知られている。これらの諸例は三世紀以降のものであり、南アジアの類似遺構に系譜が求められる。それに対して、トックス・サライ（Tpqquez-Sarai）、センギム・アギス（Sengim-Aghis）1、ムルトゥク（Murtuk）第三区、カラ・コオジャZなどを代表とする塔・僧院、そして祠堂を不規則にではあるが配している伽藍の諸例は、表面的には南アジアの開地伽藍に近似する遺構ではあるにしても、そこには若干新しい要素が加わっている。例えば、カラ・コオジャZは、塔と祠堂をもち北魏永寧寺の配置に近いと指摘されており、また、センギム・アギス1は方形の区劃内に多くの堂塔を任意に配しているし、さらに、ムルトゥクの第三区から見出された伽藍は、大形の方形建物の西方に小形の塔が認められる。

これらの諸伽藍のあり方は、基本的には南アジアのそれと近似するものであるが、塔と祠堂が計画的に造営されている伽藍の存在を見るとき、そこには伽藍形成における塔と仏像の礼拝の実態を示していることに気付くのである。それはまさにガンダーラなどに見られる伽藍と系譜を等しくするものであり、より西方的要素をもつものとして捉えることができるであろう。

㈣　東アジアの開地伽藍

南アジアおよび中央アジアにおける開地伽藍のあり方は、中国・朝鮮半島・日本などに見られる開地伽藍のそれと比較するとき、その形状において表面的に近似する例を見出すことは不可能ではないにしても、伽藍造営の基本的な規格性においてはかなりの相異点を見出すことができる。

中国における開地伽藍の初現的な例として知られる北魏の旧都洛陽の永寧寺の伽藍は、『洛陽伽藍記』の記載によって、往時の伽藍の状態が明らかである。

永寧寺は、五一六年（熙平元）に造営された伽藍であるが、九重塔と仏殿を南北に配し、それを方形に囲み四方に門を配していた。すなわち、南北一直線上に、南門・九重塔・仏殿・北門を置いたものであり、単塔一仏殿式の伽藍であった。

中国における開地伽藍の発掘調査は、この永寧寺跡あるいは長安の青龍寺など、現在のところ極めて少ないが、その基本的な型は、永寧寺型を主体にしていることは容易に推察されるところである。その存在地が、都邑の中であることによって、それが任意ではなく、一定の規格性のなかにおいて位置づけられたことは当然であったといえるであろう。

同様なことは、朝鮮半島の三国時代においても見ることができる。高句麗の定陵寺（三七五～四九八）、金剛寺（四九八）に代表される八角形基壇の塔を中心として、その北・東・西に仏殿を配している単塔三仏殿式、百済の軍守里廃寺のごとく南北一直線上に南門・塔・仏殿・講堂をおく単塔一仏殿式（あるいは三仏殿式）、仏殿の南方東西に双塔をおいた東南里廃寺のごとき双塔一仏殿式、新羅の皇龍寺（五五三）のごとく塔の北に東・中央・西と東西に三仏殿をおいた単塔三仏殿式、同じく慶州四天王寺（六七六）のごとき双塔一仏殿式などの存在が知られている。その多くは都邑の中に位置しており、平地に方形に区劃した伽藍であるといえよう。

平地に方形に区劃をなし、その中に規格性をもって堂塔を配している伽藍については、日本において調査が進んでいる。

日本の古代伽藍に規格性の存在することを明らかにしたのは、石田茂作である。石田による規格性の確認は、国分寺伽藍にはじまり、初現を飛鳥寺に、そして四天王寺・法隆寺・東大寺などの諸伽藍に及んでいることを示し、地割り法の確認となった。

このような平地方形区劃伽藍の形成は、東アジアにおいて出現したことが察せられる。その伽藍は、構成堂宇が木造建築を主体にするものであること、立地が都邑内であること、そして共通して伽藍が初現的であること、出現の歴史的背景が仏教による鎮護国家であり、かつ律令制的な政治体制をもつ国家において、その都邑の中心地域に初現していること、などを知ることができる。

ここにおいて、かかる都邑修学型の伽藍の存在こそ、東アジアの諸地域における仏教受容の初期的な様態であることを認識することができる。

(五)　山岳寺院の諸問題

日本の古代寺院の撰地に平地と山岳（山地）の二型が存在することは古くから指摘されてきた。平地に存在する古代寺院の多くが「平地方形区画」[1]を呈しているのに対して、山岳のそれは「任意」が支配的であった、と考えられてきたのである。

古代寺院を考古学の視点と方法で把握しようとする気運が醸成され、調査の見通しがたてられたものの、遺跡の発掘調査によって具体的に問題の究明を試みる方向性が顕著であったとはいえなかった。

平地寺院については、一九二〇年から四〇年代にかけて問題意識が高揚したが、法隆寺若草伽藍跡の発掘に象徴的に見られるような方法の普遍化は、一九五〇年代以降をまたなければならなかった。一方、山岳寺院については、その研究の必要性が喚起されながらも若干の例外を除いて実践を伴うことがなかった。

仏教史の立場にたつ山岳寺院のあり方については、すでに古江亮仁[2]によって着目されたことがあったが、近頃にいたり、逵日出典[3]の一連の研究によって奈良時代における山岳寺院の実態解明が進んできた。

山岳寺院を考古学の視点で注目する必要性については、景山春樹[4]・藤井直正[5]によって総括的な見方がなされてきたが、近江昌司[6]はそれをさらに発展させて問題点を深めるところがあった。

このような先学の山岳寺院の研究を踏まえながら、山岳寺院跡の調査研究に取り組むことになったのである。

①　山岳寺院のあり方

山岳寺院といえば、すぐ想起されるのがガンダーラのタフティ・バーヒーとジャマル・ガリーの二伽藍である。塔と僧院を主な構成要素として形成されているこの二つの寺院は、その撰地のあり方から山岳寺院の代表的な存在といえるであろう。

山岳寺院のあり方について個人的に関心をもったのは、一九六〇年代のはじめの頃であった。当時、インド・ネパールにおける釈迦関係遺跡の発掘調査を実施しながら、南アジアの諸遺跡を探訪し、初期仏教のあり方を遺跡を通して認識する欲求にかられていたからである。その折、スリランカのミヒンターレ遺跡に足を運んだ。(7)この遺跡は、山の中に点々と存在する小洞穴を含むもので、台地上に存在する塔とともに眼を見張るものがあった。その小洞穴の数と形成年代はともかく、インドのラージギルに散在する洞穴遺跡ともども、初期仏教の修行窟の実態を垣間見たような感激をえたのである。

その後、韓国の寺院跡を踏査した折、公州の山岳寺院跡の存在に着目したのも、(8)スリランカ・インドにおける感慨によって触発されたからであった。

このような経験は、必然的に改めて日本における古代～中世の山岳寺院のあり方にも眼を向けるようになっていった。

しかし、山岳寺院の概念については、必ずしも明らかでなかった。

石田茂作の伽藍類型論(9)は、日本における伽藍類型を体系化せしめたものであったが、山岳関係のそれについては「山岳寺院伽藍配置」として天台宗・真言宗・修験道の三型を指摘されているに過ぎず、日本の各地に散在している小規模な山中の寺院跡については触れるところがなかった。それは「山の中の寺院跡」調査が未着手であって、その実態が明らかでなかったことに起因しているのであろう。その頃「山の中の寺院跡」に対して、天台系か真言系か、また修験系か、の議論も個別的な小規模遺跡に対して行なわれたこともあったが、それ以上に発展することはなかった。

その点、景山・藤井の「山岳寺院跡」論は、「山岳寺院」のあり方そのものを真正面から見据えた見解であったため、以後の研究にとって大きな指針となったのである。そして、両氏の問題設定をうけついだ近江の視点は、「山岳寺院」そのものを考古学の視角によって考える場合の見通しをつけることになったのである。

これらの先学諸氏の見解をもとに「山岳寺院」について考えを巡らしていくと、それは「山岳の中」「山の中」「山腹」「山麓」と表現はともかくとして、「修行の場」としてふさわしい「山中」に立地している、ということが共通認識となっていることに気付くのである。近江は一歩進めて「高地に営造された寺院であっても、正規・整然たる伽藍配置（また例え立地条件による一部変更があったとしても）をもったものは、山林修行を主題とする山岳寺院とすることはできない」と主張する。この場合の「正規・整然たる伽藍配置」とは、平地の「方形区画」の伽藍を意識されているのであれば、より明瞭に理解することができるであろう。

「平地方形区画」寺院に対して「山岳任意」寺院の存在を対比する立場にたつとき、近江の山岳寺院メルクマールはたしかに大きな目安となるであろう。

②　山岳寺院への関心

「山岳寺院」に対する調査は、ごく最近まで意識的に実施されることはほとんどなかった。したがって「山岳寺院」とはどのような性格の仏教遺跡であるか、といった肝心な論議もさして行なわれることなく過ぎてきた。一部の識者による研究も、偶々、調査の機会をえた個別遺跡の検討を通して試みられる場合が多かったといえるのである。

しかし、改めて「山岳寺院」について考えてみると、平地寺院の調査の盛行さに対して極めて跛行状態にあることを察するのである。

古代學研究所が意図している山岳寺院の調査研究も右のごとき現状を踏えて実施されることになったのである。[10]

「シンポジウム山岳寺院の諸問題」の開催は、まさに、明日の山岳寺院研究にあたって、研究の現況を共有し、問題点を探り、しかる後に「山岳寺院とは何か[11]」という命題を鮮明にすることを目的に実施したのである。

日本の「山岳寺院」の実態を考古学的に闡明しよう、という角田文衞の慧眼は、日本古代～中世仏教史に新風を吹き込むことになるであろう。

註

（1）坂詰秀一「平地方形区劃伽藍小考」（『立正史学』五八、一九八五）
（2）古江亮仁「奈良時代に於ける山寺の研究（総説編）」（『大正大学研究紀要』三九、一九五四）「寺尾台廃堂址の一考察」（『川崎市菅寺尾台瓦塚廃堂址調査報告』一九五四）
（3）逵日出典『奈良朝山岳寺院の研究』（一九九一）など。
（4）景山春樹「山岳寺院跡」（『新版考古学講座』八、一九七一）
（5）藤井直正「山岳寺院」（『新版仏教考古学講座』二、一九七五）
（6）近江昌司「謎につつまれた山岳寺院」（『古代の寺を考える――年代・氏族・交流――』一九九一）
（7）坂詰秀一「スリランカ仏跡紀行」（『考古学ジャーナル』一一三～一一四、一九七五）
（8）坂詰秀一「阿蘭若処を伴う伽藍」（『日本仏教史学』一四、一九七九）
（9）石田茂作「伽藍配置の変遷」（『日本考古学講座』六、一九四六）
（10）如意寺跡調査会・古代學研究所（第三研究室担当）の実施している京都市左京区如意寺跡の発掘調査を指す。如意寺跡の調査については、一九九〇年から五カ年継続で、（財）高梨学術奨励基金の助成を得て実施した。
（11）「山岳寺院」の概念、類型、年代などについては、シンポジウム「山岳寺院の諸問題」の主催側の一員として行なった。

追記

㈤は、古代學協會創立四十周年記念（一九九一年一〇月二六日、大谷大学）、シンポジウム「山岳寺院の諸問題」における挨拶をかねた「問題提起」の要旨。如意寺跡の報告は、江谷寛・坂詰秀一編『平安時代山岳伽藍の調査研究―如意寺跡を中心として―』（古代學協會研究報告一、二〇〇七）。

三　阿蘭若処を伴う伽藍

(一)

仏教伽藍をその立地より大別すると、平地伽藍と山地伽藍とに大別することができる。また、構成堂宇の建築原材より石窟・煉瓦・木造の各伽藍などに分類することができる。さらに平面形状より区画伽藍と任意伽藍に分類することができる。

このような伽藍の分類については、中央アジアにおける仏教伽藍を広範囲にわたって調査したLe Coq[1]が、乾燥煉瓦を用いた自由建造寺院と自然の岩石層を穿って建造した洞窟寺院とに二大別した伽藍類型論が知られているが、中央アジア以外の地域における伽藍の調査が進展するにしたがい多くの資料が知られてきた。なかでも伽藍類型論の研究が活発に行われているのは、日本と朝鮮半島三国時代とであり、ともに平地に造営された伽藍を主としたものである[2]。

その研究の主対象となっているのは平地に方形に区画された範囲に堂塔を一定の規範のもとに配置しているものであり、塔と金堂のあり方より類型が設定されている。

一方、同じその地域において山地伽藍の造営も認められているが、平地伽藍に対して研究の遅れが目立っている[3]。山地伽藍の研究を進展させるためには、平地伽藍の場合と同様に資料の認識とその分析による類型の設定が必要である。

伽藍類型の設定は、伽藍造営者の意図とその教儀的・歴史的背景を考えるうえに極めて有用であるといえる。

そこで、山地伽藍の類型認識を朝鮮半島の百済・公州時代に造営された伽藍の場合[4]を例にとって、その実態について触れ、あわせて、それの性格について私見を述べたい。

(二)

百済・公州時代に造営された伽藍が〝石窟〟を有する特殊なものであることが指摘されてからすでに久しい。[5]その後、若干の識者によって注目されたものの、その学術的調査は等閑視されてきた。

公州時代の旧都、現忠清南道公州郡を中心とする地域における寺跡については、かつて軽部慈恩によって調査が試みられたことがあるが、その後、一九六〇年代の後半以降、公州教育大学の研究者によって、それに対する学術的調査が実施され、多くの知見がもたらされるにいたった。

その調査研究の成果をもとに「百済寺院の伽藍制度[6]」と題する論文を公けにした秦弘燮は、百済・公州時代の寺院として

1　大通寺（公州邑班竹洞）
2　舟尾寺（公州郡利仁面舟尾里チョルトゴル）
3　西穴寺（公州郡熊津洞スイヨツコル—西穴洞）
4　南穴寺（公州邑金鶴洞南山）
5　東穴寺（公州邑）
6　銅穴寺
7　北穴寺
8　水原寺（公州邑玉竜洞水原ゴル）

9　晩日寺（天安郡聖居面聖居山中腹）
10　興輪寺
11　艇止寺
12　盤竜寺

の一二寺院を列記した。

これらの寺院中、銅穴寺・北穴寺は、軽部の報文中に見えるのみで不明。興輪寺・艇止寺・盤竜寺については『東国興地勝覧』巻一七などに寺院名の記載をみるのみで遺跡の位置は不明。遺跡の所在地がほぼ明らかにされている寺院は、一二寺中、七寺であるという。しかし、この七寺中、大通寺・舟尾寺・西穴寺・南穴寺・晩日寺の五寺については、遺物の出土もあり明瞭であるが、東穴寺と水原寺は文献による類推である。東穴寺は『東国興地勝覧』巻一七に「東穴寺在東穴山」とあり、水原寺は同書に「水原寺在月城山」とみえ、さらに『三国遺事』巻三に記述があるが、ともにその所在の場所については明らかでないとされている。

したがって、公州における寺院跡については、大通寺・舟尾寺・西穴寺・南穴寺・晩日寺の五寺を観察の対象とせざるをえないことになる。これらの寺跡は、大通寺が平地伽藍であるのに対して、他の四寺は山地伽藍であることが注目される。そこで、以下、諸先学の調査の結果より、それら山地伽藍の概要を摘記し、その実態を窺ってみたい。

舟尾寺(7)

忠清南道公州郡利仁面舟尾里寺跡村にあり、海抜三八〇メートルの舟尾山の中腹、海抜一六〇メートルの南面する傾斜地に存在する（図7）。

寺跡の存在する地は「南西面は開かれ、そのほかの三面は舟尾山とその支脈が屏風のように取り囲んでいる」（図8）。寺跡は未発掘であり明瞭ではないが、平坦地に推定金堂跡の礎石群と石積基壇が認められる。その東南方に北

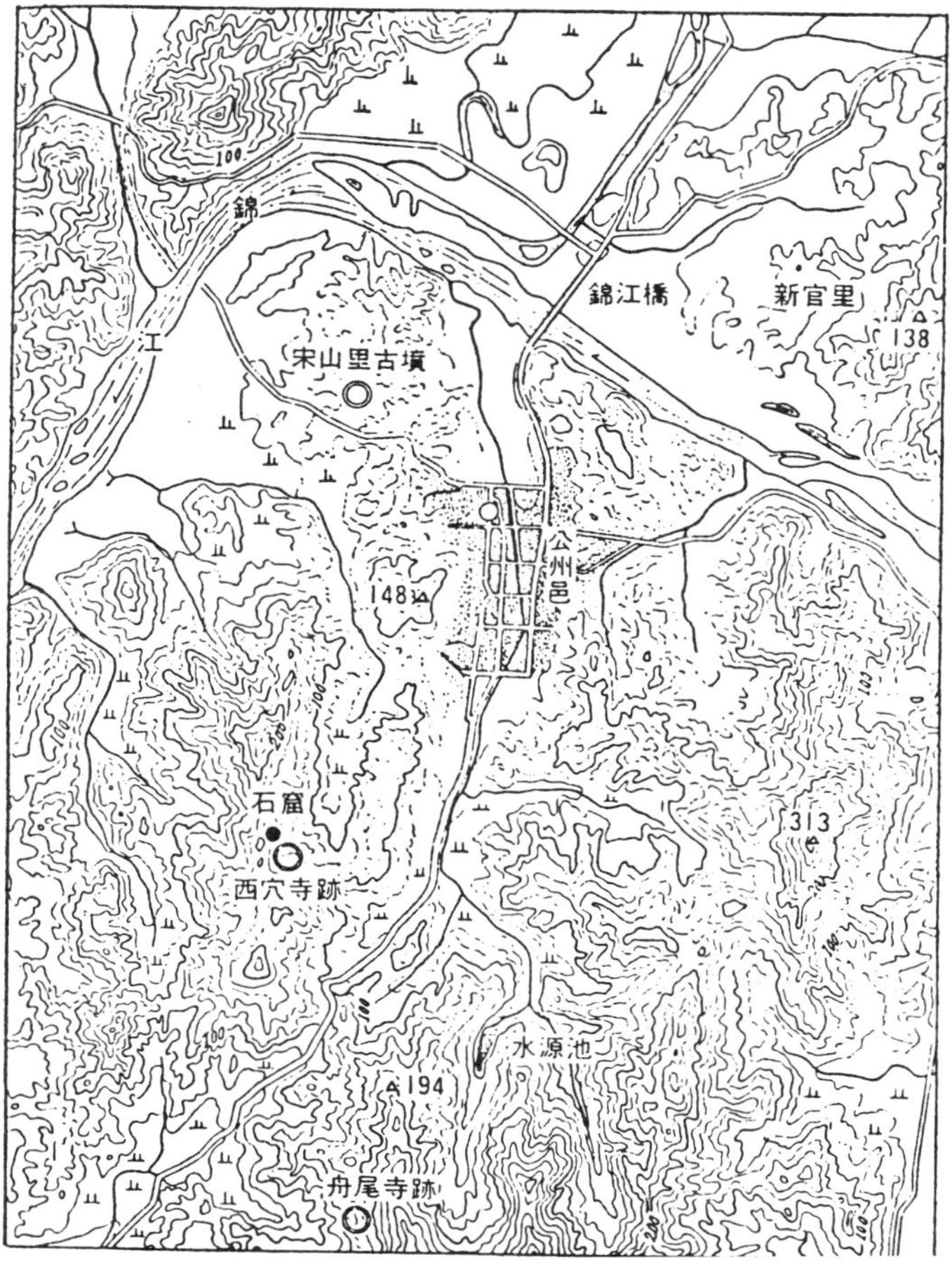

図７　舟尾寺・西穴寺跡周辺地形図（『百済の考古学』）

より南に突出する舌状の平坦地があり、推定金堂跡より南に塔跡があったという が、すでに破壊されわずかに基壇と考えられる用材が存在しているに過ぎない。この推定塔跡よりは高さ約八センチの金銅如来立像の出土が伝えられている。塔跡の南に約一〇メートル離れて石燈の台石がある。花崗岩製のもので八角形を呈する。台は、八葉複弁蓮花文を刻しているもので、格狭間の手法とともに統一新羅時代のものであろう。

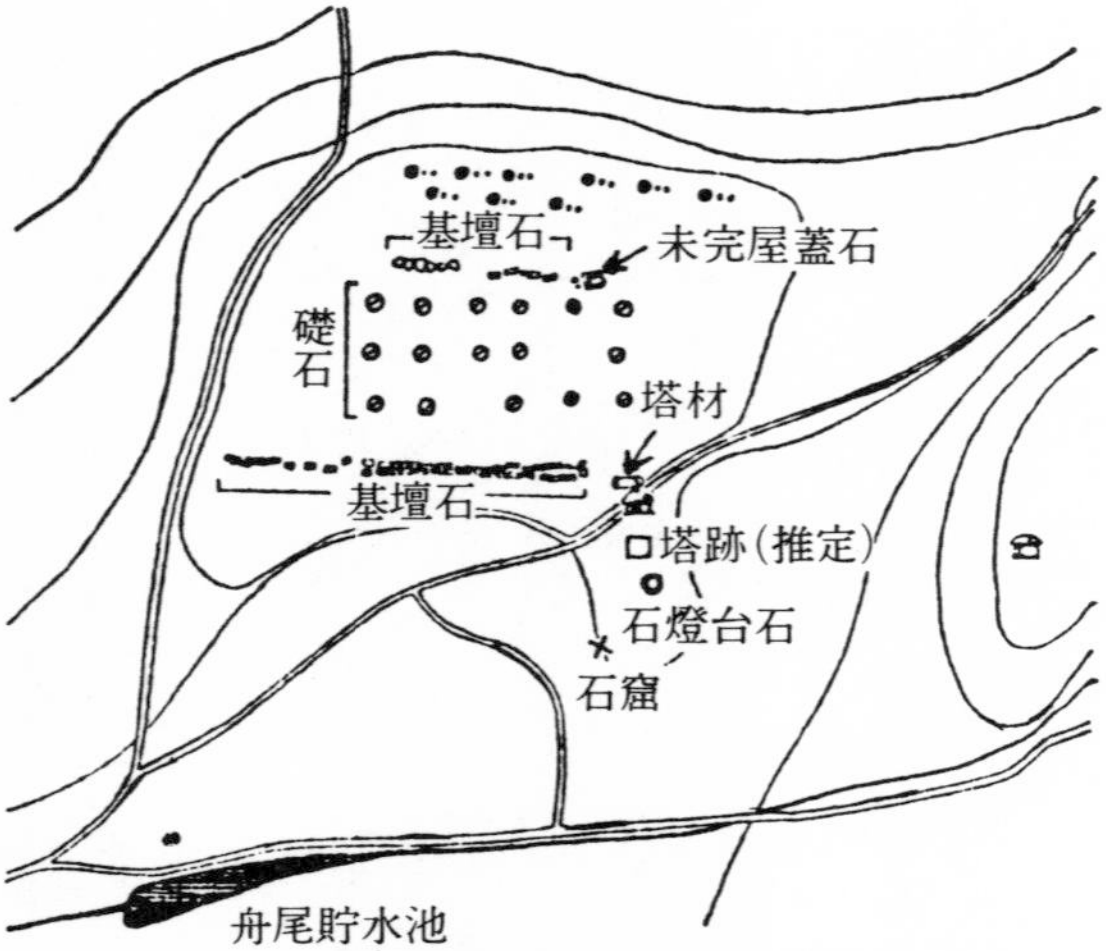

図８　舟尾寺跡略図（『百済の考古学』）

石燈台石の存在地点より西方約二〇メートルのところに西向きの自然石窟が存在している。現在、石窟の入口部の高さは七〇センチ、幅（南北径）は一〇二センチあり、内部は平坦になっている。内部の高さ一二一センチ、東西径一三五センチ、南北径三二〇センチを算する。

以上のごとく舟尾寺は、未発掘の段階であるが、塔・金堂を南北に配し、塔の南に石燈を置いている南面伽藍が想定され、塔跡の南西方向に開口している自然石窟を付設するものと考えられている。

この舟尾寺の年代については、公州時代の造営説と石燈台石の年代より統一新羅時代創建説とがある。

西穴寺[8]

忠清南道公州郡公州邑熊津洞にあり、海抜二六〇メートルの望月山の東側斜面、海抜約一八〇メートルの中腹に東面して開口する石窟があり、その南方約一〇〇メートル下った地点に寺跡が存在する（図７）。

寺跡は、東向きの傾斜面を三段にわたって削平し、それぞれ平坦化した段に堂宇を建立しているものである。傾斜の下方より六六メートルの地点に一七メートルの第一段があり、次いで一三メートル上った第二段目は奥行二〇メートルの平坦面がある。そして、第二段より一七メートルの差をもって第三段目があり、その地は約二〇メートルの奥行をもっている。この第三段目より、かつて結跏趺坐降魔触地印の釈迦像二と結跏趺坐智挙印の大日像一とが発見され、金堂跡と推定されていた。その後、この地の北方約三〇メートルの地点で発掘調査が実施され、南面する一塔一金堂が検出された（図9）。調査者は、検出された塔を東塔とし、西塔の存在を想定されている。この伽藍の北方約一〇〇メートルの地点に東に開口する石窟がある。石窟前方には、東西一〇メートル南北一九メートルの範囲に土を盛った平坦部がみられる。石窟入口の高さは、二・七メートル、幅は一三メートルあり、窟内は東西七・五メートル、南北一六・八メートルを算し、約五〇坪の広さを有している（図10）。北壁には台が認められ、窟内には清水が湧出し水が湛えられている。

創建年代は、百済様式の瓦・仏像の出土より百済時代と考えられているが、発掘によって検出された塔と金堂跡は、統一新羅時代の造営と判断されている。

南穴寺(9)

忠清南道公州郡公州邑金鶴洞南山にあり、海抜二六〇メートルの南山の西面する中腹、海抜一八〇メートルに石窟が、その下方約一四〇メートル下った地に塔跡が存在する。

この寺跡は、西穴寺と同じく傾斜地を三段にわたって造成している段状の地に造営されたもので、最上段に塔を含む建物群、中央に井戸がある。

石窟は、西に開口し、入口部の高さ二・三五メートル、幅一・八五メートルある。窟内は、前・後室に分かれ、前室は約八坪の広さを有し、その北壁に東西三・二メートル、南北一・二五メートルの台が認められる。そして狭い道路をへて連絡される後室は、広さ約一〇坪あり、西面に幅二・八メートル、高さ二・五メートル、深さ三・七メートルの龕がある。軽部によれば、前室の台状施設の部分より一九二八年頃に石仏が二点出土しているが分明ではない。

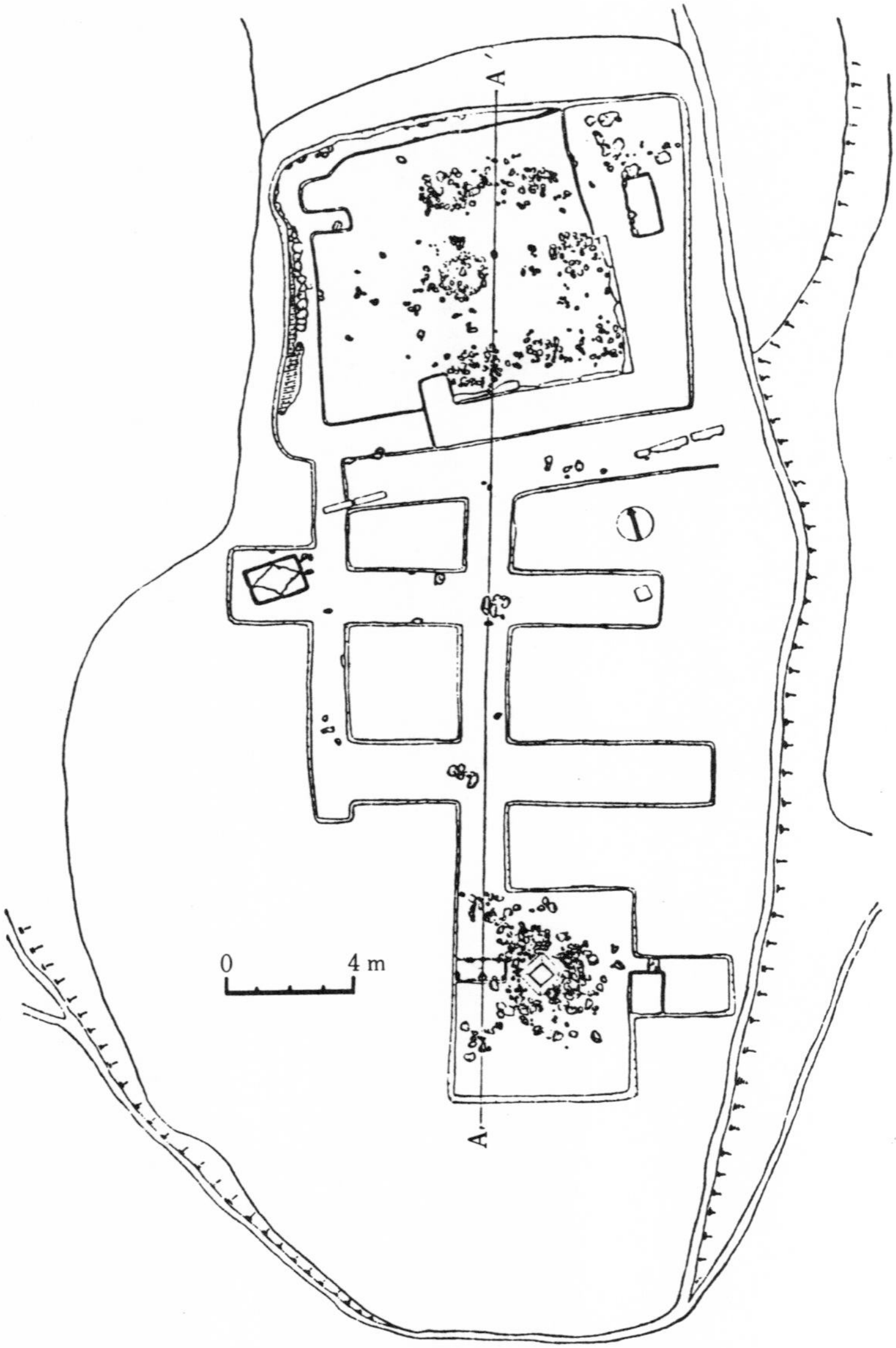

図９　西穴寺跡発掘伽藍実測図（『百済文化』５原図）

本寺跡では、百済時代の蓮花文瓦当、文字瓦が出土しており、創建時代の比定に有力な資料とされている。

晩日寺[10]

天安郡聖居面聖居山の中腹に存在する石窟を伴う寺跡である。

石窟は二ヵ所に区分される。第一石窟には、窟の中央に仏坐像が刻出されているが、第二石窟には仏像は見られない。そして南方には、約三メートルの摩崖如来像が認められる。この付近より七体の仏像・重層石塔・北魏式瓦当などが出土している。

年代については論が分かれているところであるが、出土遺物よりみて百済時代に創建された可能性が強いようである。

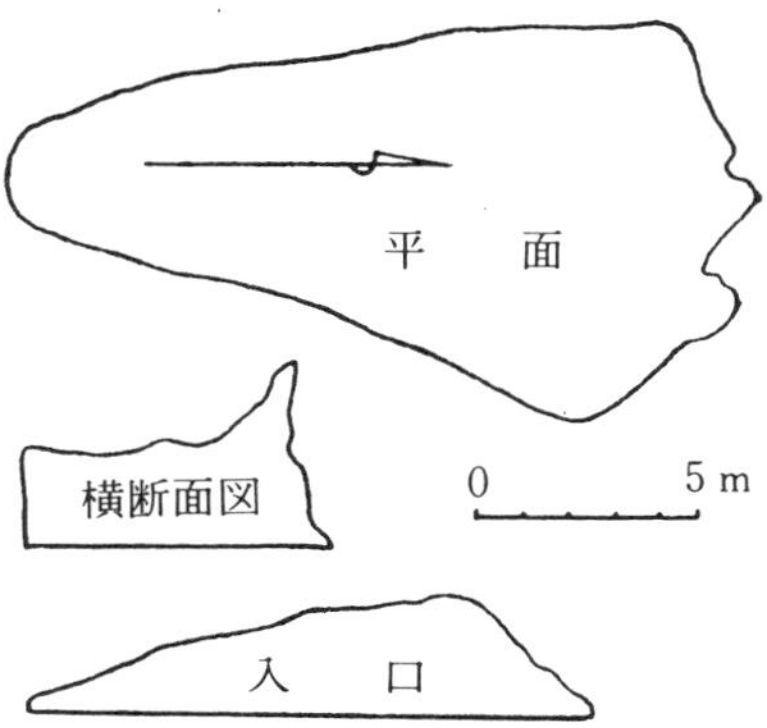

図 10　西穴寺跡石窟実測図（『百済の考古学』）

このように公州における山地伽藍の実態を見てくると、現在知ることのできる四寺跡は、いずれも山地の傾斜面に堂塔を建立し、その付近に石窟を有しているものであることが明らかである。石窟と伽藍との相関関係は必ずしも明瞭ではないが、位置的関係と付近の環境を考慮するとき、やはり石窟と堂塔とが無関係であるとは考えられない。そして、西穴寺・南穴寺のごとく伽藍より高位に石窟が認められる例、舟尾寺のごとく伽藍至近地に石窟の存在する例、晩日寺のごとく石窟それ自体が中心となって伽藍が営まれた例があり、その様相は必ずしも一致してはいない。しかし、これら石窟を伴うと考えられる伽藍の存在は、石窟が存在することにより石窟の存在に意味をもたせてそれぞれ造営された可能性を否定することができない。

そこで、これらの石窟を阿蘭若処としての性格を有するもの、と考えたいのである。

㈢

阿蘭若処はサンスクリットの āranyāyatana の漢訳であるが、阿蘭若処とは「村落をはなれた森中の住処[11]」であり、出家者にとってはすぐれた修行の場所である。

『郁伽長者会』に見える「阿蘭児処」、『郁伽羅越問菩薩行経』に見える「樹下草褥坐」、『法鏡経』に見える「山沢」は āranyāyatana の異訳であるが、それぞれ「村聚中の房舎住」「精舎房処」「廟」（塔寺）と対比させて説いている。

かかる阿蘭若処は、修行の場所として一〇徳があり、修行者は阿蘭若処にて起居し、坐禅修行をするが、経典の研究、病気療養の場合などの特別の際には村に下り伽藍を訪れるとされている。

このような阿蘭若処については、それの存在が想定されるものの、その遺跡についてはまったく知ることができない。

しかしながら、インドのラージギル、スリランカのミヒンターレなどにおいて阿蘭若処かと考えられる石窟の存在するのを実見したことがある。これらの石窟は、その大きさは一定していないが、二～三名程度の収容空間を有する小規模なものが多く、入口部を除いてはほとんど人工が加えられていない。

それらの石窟の存在する場所は山中であり、村落とは隔っている。そして村落中には平地伽藍の遺跡が残されており、そこに『法鏡経』に説く「山沢」と「廟」（塔寺）の関係を彷彿とさせるものがある。

百済の公州時代における石窟を伴う伽藍は、石窟を阿蘭若処、下方の寺跡を房舎と考えることができるのではあるまいか。

それら山地に造営された寺院と対称的な平地伽藍である公州邑内の大通寺跡の伽藍配置については明らかではない

が、南北一直線に門・塔・金堂・講堂を配置する方式であるという軽部[12]の主張を認めるならば、まさに百済・扶余時代における伽藍の先駆形態として注目されなければならない。

そして公州時代における伽藍の実態が、大通寺を頂点としてその周辺山地に山地伽藍が営まれ、それが阿蘭若処を伴うという、まさに〝樹下草褥坐〟型の坐禅修行者集団の存在が考慮されることになるであろう。

このような坐禅修行型の仏教は、六世紀の末に造営されたと考えられている瑞山郡雲山面竜賢里[13]などの摩崖石仏を伴う伽藍と系譜を等しくするものであり、中国南朝の仏教文化との関連性が窺えて興味深いものがある。

半島に直接影響を及ぼしたと考えられる大陸の山東地方には、黄石崖・千仏山・開元寺・仏峪・竜洞・玉函山・霊厳寺・蓮華洞・雲門山・駝山などの石窟をはじめ、多くの摩崖仏・摩崖経の存在が知られていることによっても明らかなごとく、磨崖仏造顕の意識、石窟に対する認識が移入されたことが想起されるであろう。

近年、田村圓澄[14]は、百済の仏教に伽藍仏教と山林仏教との二つの系譜があったことを論じた。かかる傾向は、新羅においても仏教遺跡の実態より認められるところであり、仏教展開の二面観を遺跡を通して把握することができるのである。

従来、ともすれば、仏教伽藍の実態を究明するに際して平地伽藍に視点がおかれ、山地伽藍が等閑視されてきていたといえる。しかし、平地伽藍と同様に山地伽藍の造営も各地域に認められるのである。山地伽藍は平地伽藍以上に多くの類型が認められる。その一端は、小文で瞥見した公州の山地伽藍三類型においても指摘されるところであり、そのあり方は複雑である。

伽藍遺跡の様相は、それを造営した信仰の背景が明敏に反映されていることは明らかであり、今後における山地伽藍の類型認識とそれの分析が期待される。[15]

註

（1）Le Coq : *Die Buddhistische Späatantike Mittel Asien*（1922～23）はその代表的なものである。
（2）石田茂作「伽藍配置の変遷」（『日本考古学講座』六、一九六六）
（3）日本の山地伽藍については、景山春樹「山岳寺院跡」（『仏教考古とその周辺』一九七四）の概説があり、朝鮮半島新羅の資料については、小場恒吉『慶州南山の佛蹟』（朝鮮寶物古蹟圖録二、一九四〇）が注目される業績である。
（4）百済・公州時代の石窟を伴う伽藍は、それが特徴的であるだけにすでに多くの先学によって論じられ、そして調査されてきたが、その性格論を私なりに位置づけて見たいと考え、ここでとり挙げることにした。
（5）軽部慈恩「百済の旧都熊津に於ける西穴寺及び南穴寺址」（『考古學雑誌』一九—四・五、一九二九）、『百済美術』（一九四六）
（6）秦弘燮「百済寺院の伽藍制度」（『百済研究』二、一九七一）
（7）朴容塡「公州舟尾山に関する研究」（『百済文化』三、一九六九）
（8）註5軽部論文著書、金永培「公州西穴寺址遺する物」（『考古美術』六—五、一九六五）、朴容塡「西穴寺および南穴寺址調査研究」（『公州教育大学報』一七、一九六六）、同「公州の西穴寺址と南穴寺址にたいする研究」（『公州教大論文集』三、一九六六）、同「公州西穴寺址に関する調査研究（1）」（『百済文化』四、一九七〇）、安承周「公州西穴寺址に関する調査研究（Ⅱ）」（『百済文化』五、一九七一）
（9）朴容塡「公州の西穴寺址と南穴寺址にたいする研究」（『公州教大論文集』三、一九六六）
（10）金永培「天安晩日寺址踏査記」（『考古美術』四—一〇、一九六三）、李殷昌「聖居山晩日寺調査報告」（『古文化』五・六、一九六九）
（11）平川　彰『初期大乗佛教の研究』（一九六八）
（12）軽部慈恩『百済美術』（一九四六）
（13）李殷昌「瑞山竜賢里出土百済金銅如来立像」（『百済文化』三、一九六九）
（14）田村圓澄「百済仏教史序説」（田村圓澄・黄寿永編『百済文化と飛鳥文化』一九七八）

（15）小文でとりあげた百済・公州の山地伽藍に次いで検討することが必要であると考えているのは、新羅・慶州の南山の仏教遺跡群である。南山仏跡は、新羅仏教の性格を示す重要な資料であり、平地伽藍の実態と対比しつつ論じることが肝要であろう。

追記

スリランカのミヒンターレを訪れて以来（「スリランカ仏跡紀行Ⅰ・Ⅱ」『考古学ジャーナル』一一三・一一四、一九七五）、阿蘭若処について関心があった。韓国の仏教遺跡見学に際してもこの点について興味をもっていたので、公州見学の折、改めて先学の文献を紐解き、現地の研究者の教えを受けることがあった。そのときの印象をもとに草したのがこの一文である。

四　初期伽藍の類型と僧地

(一)

古代インドにおける初期的伽藍の形成については、多くの先学によって論じられてきた[1]。伽藍は、Samghārāma の訳〝僧伽藍摩〟の略であるが、それらの遡源は、仏教教団の原初的形態と有機的な関連をもっている。『小品臥座具腱度』に見える Vihāra（精舎）、aḍḍhayoga（平覆屋）、pāsāda（殿楼）、hāmmiya（楼房）、guha（窟院）の五種房舎の存在は、それ以前における āvāsa（往処）と ārāma（園）より形成された仮住的空間の設定を前提として出現したものであった。āvāsa は、雨を凌ぐ場所として雨安居の際に用いられたものであるが、それには二つの形態が想定される。一つは自然の石窟・岩陰を利用したものであり、後に guha に発展する。二は仮住的な施設を建てたものであり、後の Vihāra などに発展する。この二型は、ともに「利用」と「仮設」であり、一定の時間的推移によって廃棄されるものであった。ārāma は、人びとに歓喜をあたえる空間を指し、そこは果樹園、花園などの安寧な場所を意味している。この ārāma が、僧伽に供せられ、そこを拠点として各種の建築物が出現するにいたる。すなわち、伽藍の形成である。さきにあげた五種房舎はこの伽藍を構成するいくつかの単位であったと理解される。

伽藍は、初期的な段階においては僧院が中心であり律蔵に散見する uposathāgāra（布薩堂）、upaṭṭhānasālā（会堂）、bhattaga（食堂）、udapānasālā（井堂）、jantāghara（温室）、Cankamanasālā（経行堂）、Koṭṭaka（門）などを含むものであった。かかる僧院中心の段階に次いで、僧院内あるいは僧院に接して仏塔を造立するようになる。一方、仏塔の造立に伴って仏塔に付属する僧院が出現する。ここにいたって、伽藍を構成する仏地と僧地とが認められ

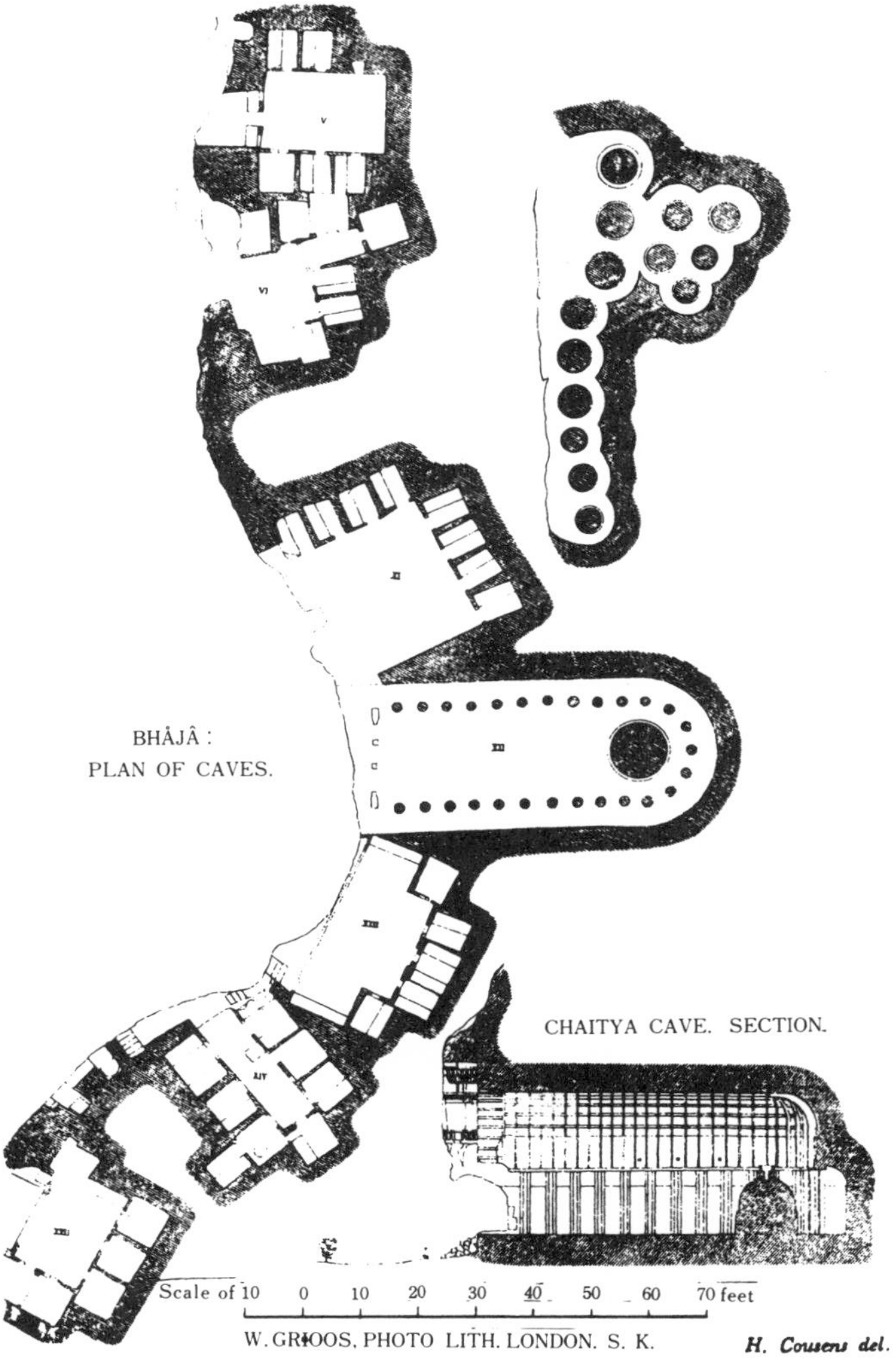

図11　インド石窟寺院におけるCaitya窟とVihāra窟〈1〉
(Bhaja：James Fergusson & James Burgess. *The Cave Temple of India* 1880.)

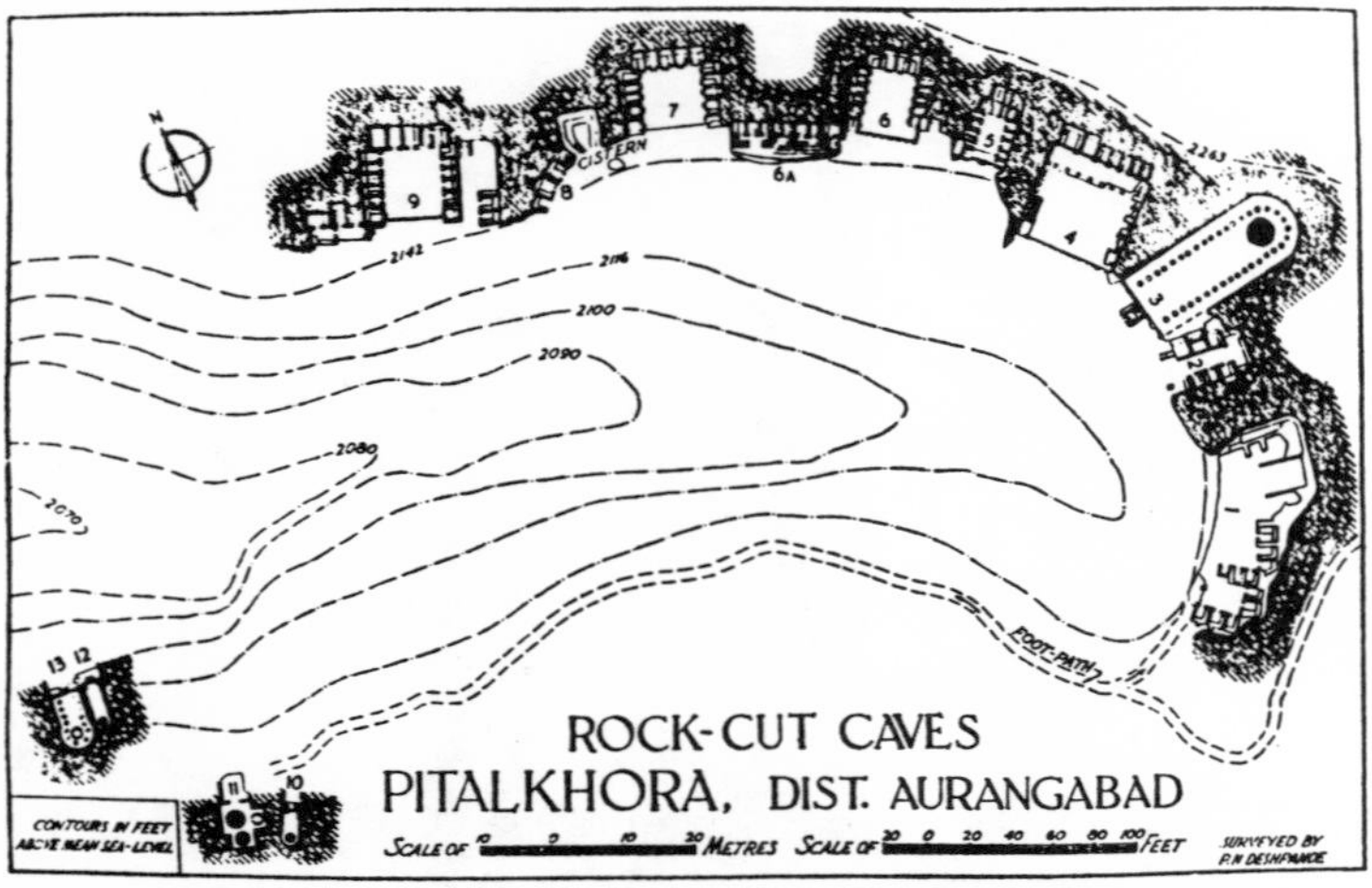

図 12　インド石窟寺院における Caitya 窟と Vihāra 窟〈2〉
（Pitalkhora：M. N. Deshpande, *Ancient India No. 16* 1959.）

てくる。仏地は、礼拝の対象とされる仏塔・祠堂の存在する区域であり、僧地は、それを供養する出家者達の住する房の区域である。仏地における初期の礼拝はもっぱら仏塔に限られていたが、後に祠堂内にもそれが安置されるようになる。その場合の塔は、舎利のある Stūpa ではなく、舎利のない Caitya である場合もあり、その様相は複雑になってくる。

仏地の中心的建造物は、仏塔であるが、それには、Sāririka（舎利）、Pāribhogika（資具）、uddesika〈memorial〉（記念）、Votive（奉献）の四種があり、Sāririka-Stūpa はさらに身舎利・法舎利を蔵する Stūpa に分けられている（D. Mitra：1971）。これら各種の仏塔を中心として、それの供養者である僧が住する僧房が付設される。この場合の僧房は、仏地と離れた地に区分されて建築されることが原則である。また、仏塔と同じく祠堂が建立され、そのなかに Caitya あるいは仏像が置かれるようになる。

このような仏地と僧地との関係は、インドの古代石窟伽藍によく認められるものであり、仏窟と僧窟とが窟を異にして存在している。

伽藍構成における仏地と僧地の平面的区分は、空間的に画然とされることが原則であるが、平地遺跡においてそれを区別しうる客観的条件を提示する例は多くない。しかし、古代インドにおける伽藍の展開については、石窟伽藍にそれがよく示されており、平地伽藍の調査が不十分である現在、資料的には石窟伽藍の実態を通して認識することができる。(2)

石窟伽藍において仏地と僧地に該当するものは、仏窟（Caitya）と僧窟（Vihāra）であり、一の仏窟（Caitya）に対して複数の僧窟（Vihāra）が造営されているのが一般的である（図11）。

さて、かかる伽藍における仏地と僧地の問題は、仏教思想の浸透と展開がなされた地域において発見されている伽藍遺跡に普遍的に認められているが、その様相については地域によって異なっている。そして、また、伽藍を構成する建物の配置状態も一様ではない。

古代インドにおける伽藍の実態については、主として石窟伽藍より窺うことができるが、それに近い認識は、中国においても得ることができる。中国における伽藍の実態については、インドの場合と同様に石窟伽藍の調査は進んでいるが、平地伽藍については明瞭ではない。それに対して、日本及び朝鮮半島においては、石窟伽藍の造営が認められない、(3)という地域的な様相にもよるが、平地伽藍の実態が明らかにされつつある。

そこで、とくに日本における初期の平地伽藍の諸類型の研究を学史的にとり挙げ、それを回顧することによって、その実態について瞥見し、あわせて、従来、とかく等閑視されてきた伽藍構成における仏地と僧地そして俗地の問題について若干の私見を述べることにしたい。(4)

(二)

日本における仏教の伽藍は、平地伽藍の造営をもって特徴とすることができる。古来、七堂伽藍と表現されているものは、すべて平地伽藍を構成する堂宇群の汎称である。その七堂伽藍は、宗派によって異なっていることが知ら

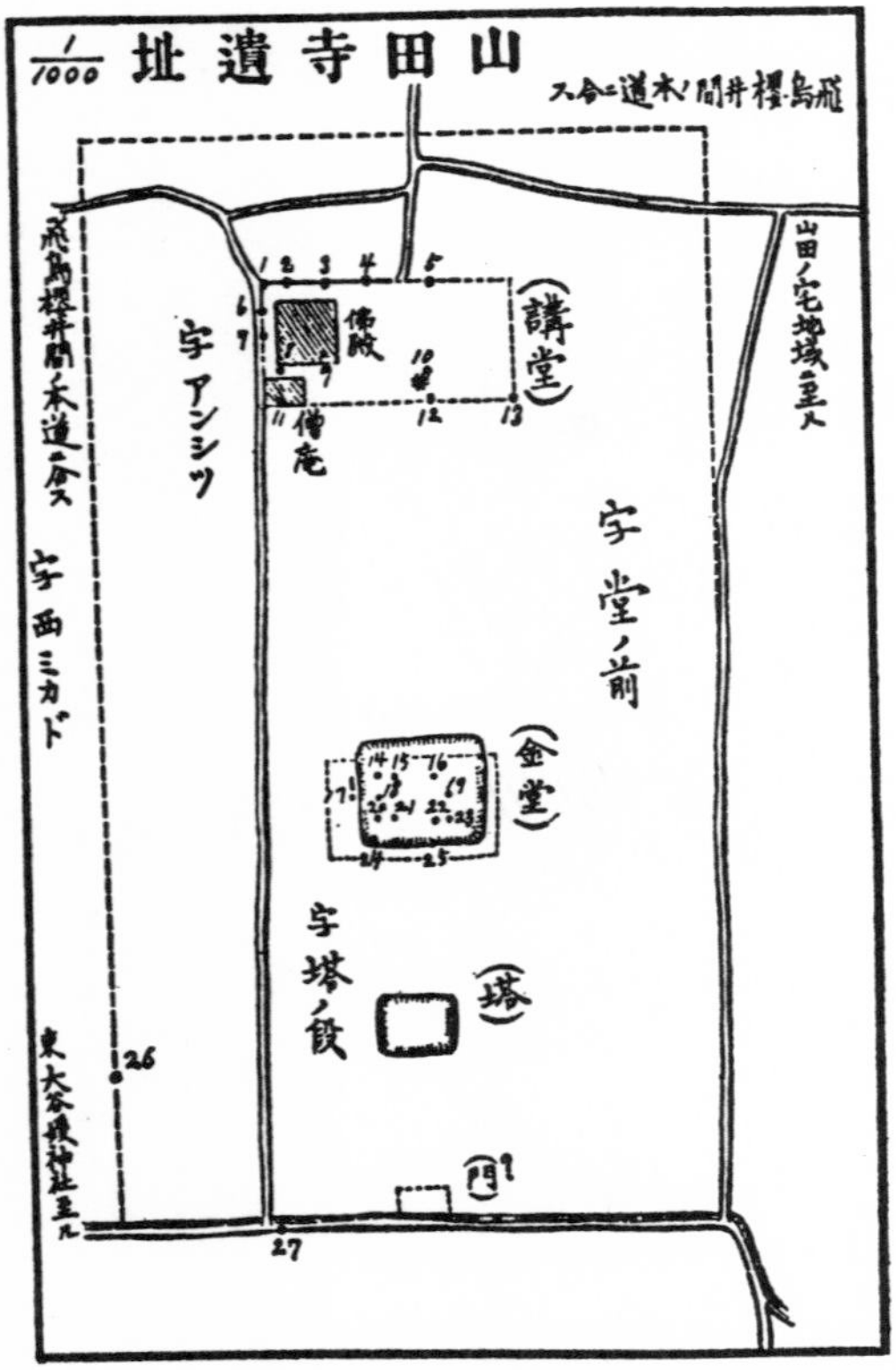

図13　天王寺式伽藍配置の標準遺跡とされた大和・山田寺跡（高橋健自「古刹の遺址」『考古界』4—1、1904）

れ、それぞれの宗による構成堂宇の種類に特性が認められる。

『類聚名物考』〈仏教五〉に「七堂伽藍、志ちだうがらん、山門（三門とも云ふ）仏殿、法堂、庫裏、僧堂、浴室、東司」とあり、『書言字考節用集』〈十・数量〉に「伽藍七堂三門、仏殿、法堂、方丈、食堂、浴室、東司」と見えているのは、いわゆる禅家七堂である。それに対して『安斎随筆』〈後編十四〉には、「—禅家七堂ハ、仏殿、法堂、僧堂、庫裏、三門、西浄、浴室、—真言七堂ハ、金堂、講堂、五重塔、大門、経蔵鼓楼ニモ、中門、鐘楼、—七堂伽藍、庫裏、摠堂、西浄、山門、八塔、仏殿、湯屋、—唐様七堂、東方丈、西方丈、鐘楼、鼓楼、方塔、仏殿、山門」、『本阿弥行状記』〈下〉「七堂伽藍之事」には、「禅家　仏殿、法堂、禅堂、食堂、寝堂、山門、厠、法相　金堂、講堂、山門、塔、左堂、右堂、浴室、天台　中堂、講堂、戒壇堂、文殊堂、法華堂、常行堂、雙輪檀、真言　金堂、講堂、灌頂堂、大師堂、経堂、大堂、五重塔、華厳　中堂、金堂、講堂、左堂、右堂、後堂、五重塔、天台宗巳下、門ハ属二建物一也。」とある。

これら二・三の文献資料が七堂伽藍としているものは、初期的な段階における伽藍の構成建物群を指すものではな

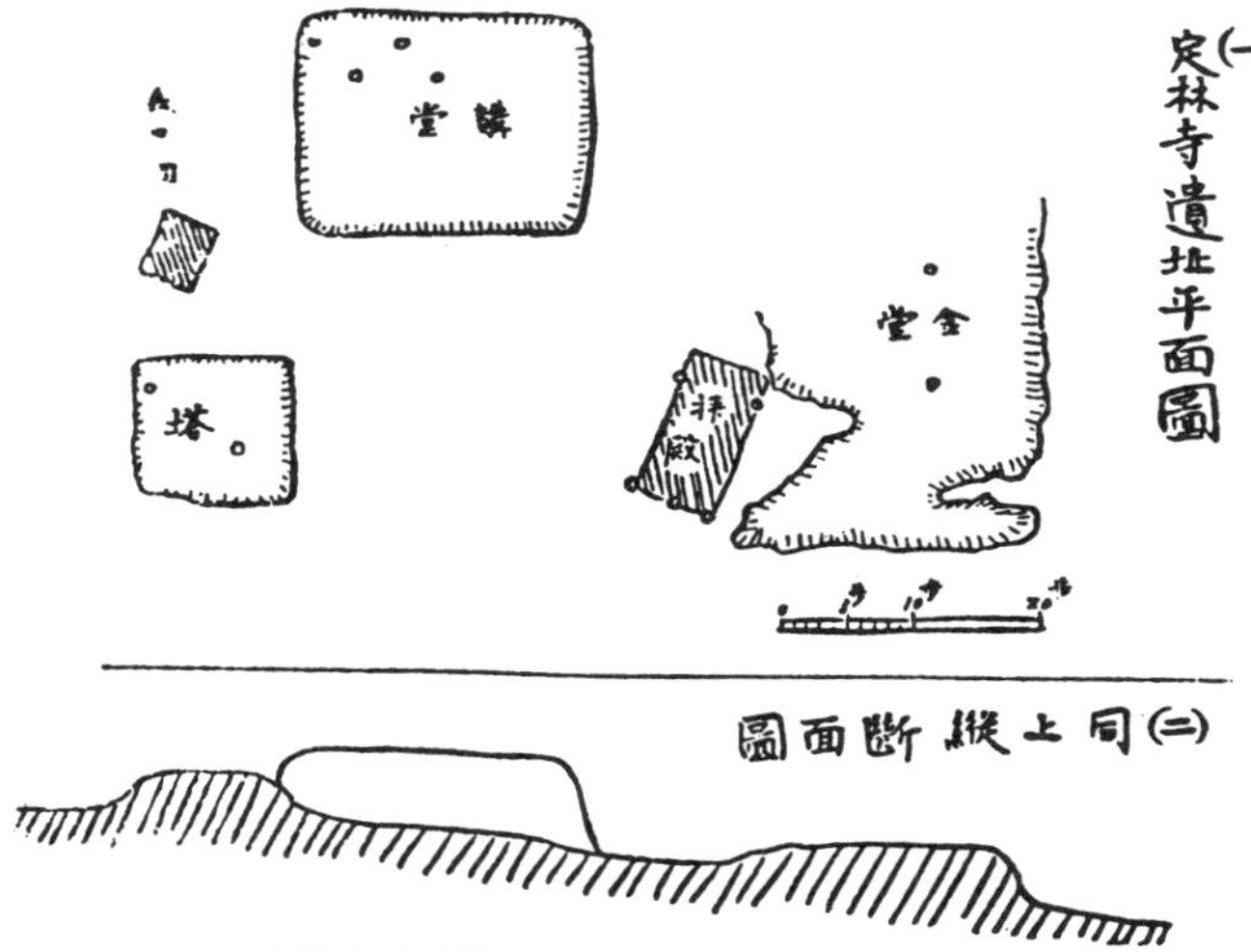

図 14　法隆寺式伽藍配置の標準遺跡とされた大和・定林寺跡
（高橋健自「古刹の遺址」『考古界』4―3、1904）

く、初期伽藍に見える「金堂、講堂、塔、鐘楼、経蔵、僧房、食堂」の七種とは異なる。元来、仏教でいう「七」とは数を示すものではなく、完全なものに対する意の表現であると説かれていることを考慮すべきであろう。よって宗派ごとにそれぞれの堂宇を任意に比定して七堂伽藍を設定したものと考えることができる。

そこで遡源して初期の村伽藍を構成する堂宇のあり方を考えるとき、それの実態を遺構の観察を通して窺うことが可能であり、さらに各堂宇の平面的な配置状態によって、伽藍の類型を設定することができるのである。

日本における初期伽藍の類型の認識は、高橋健自によって先鞭がつけられた[5]。高橋は、大和における寺跡の踏査結果より「法隆寺式」と「天王寺式」を提唱し、さらに「熊凝寺式」の存在についても触れたのである。

高橋の提唱した「天王寺式」は、大和・山田寺跡（図13）の現状調査に基づくものであり、「正に大阪なる四天王寺のそれに一致」する堂塔の配置を有する。すなわち、塔・金堂・講堂が南北一直線に並ぶものである。また「法隆寺式」は、遺跡の具体例として大和・定林寺〈立部寺〉（図14）をとりあげ、堂塔の平面的あり方が「法隆寺・法輪寺に一致」することを指摘し、その堂宇の配置は、金堂・塔が東西に並び、両宇の中心北に講堂を置くものであるとした。この二様式の存在は、初期伽藍配置の研究に基準としてとり入れられたのである。その後、石田茂作[6]は、法隆寺式に対して金堂と塔の位置的関係が逆位にある法起寺（図15）の例を指摘し、法起寺式の伽藍配置を提起した。法隆寺式にあっては、金堂が東、塔が西であるのに対して、法起寺式は、金堂が西、塔が東、であることを説いたのである。

このような伽藍配置のあり方をさらに進めて意見を提出したのは足立康である。足立は、まず、法隆寺・法起寺の配置が聖徳太子と関係ある

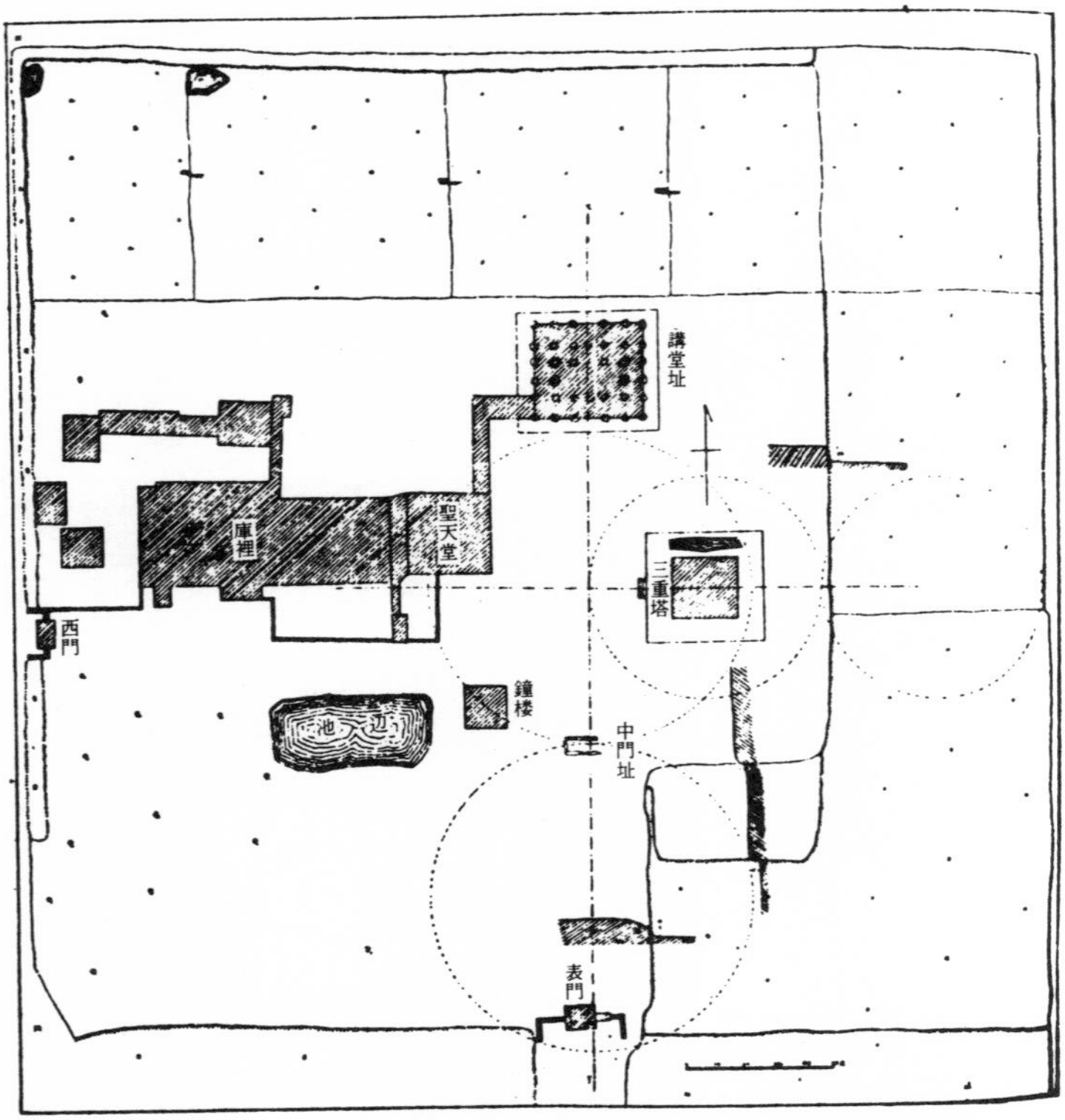

図15　法起寺式伽藍配置の標準遺跡とされた大和・法起寺
（石田茂作『飛鳥時代寺院址の研究』1936）

ことによって「太子様配置」と呼び、四天王寺式については「百済様配置」として区別した。[7]次いで、「飛鳥式配置―1天王寺式配置・2法隆寺式配置、奈良式配置―1薬師寺式配置・2東大寺式配置・3大安寺式配置」を提唱し、[8]さらに、飛鳥式配置を「縦置式―塔婆金堂を縦に配置するもの（四天王寺式）、横置式―塔婆金堂を横に配置するもの（法隆寺式・法起寺式）」と区分する見解を公けにした。[9]

また、田中重久は、「施鹿薗寺式」[10]「高麗寺式」[11]「平隆寺式」伽藍配置を相次いで提唱した。施鹿薗寺式は、金堂の東南方に塔のある南面伽藍と規定されたが、後に、これを平隆寺式と呼びかえた。[12]高麗寺式は、法起寺式にかえて提案されたもので同配置伽藍の名称変更についての意見の開陳であった。

高橋によって提唱された「天王寺式」「法隆寺式」伽藍配置と石田が注意した「法起寺式」の三様式は、飛鳥時代における伽藍配置の学名として定着し、奈良時代の「東大寺式」「大安寺式」「薬師寺式」あるいは「興福寺式」とともに次第に広く使用されるようになっていった。

石田の『飛鳥時代寺院址の研究』（一九三六）は、高橋提案の「天王寺式」「法隆寺式」伽藍配置名を大幅にとり入れ、さらに自己の注意した「法起寺式」を加えて、飛鳥時代建立と考えられる各寺院の伽藍配置を個別的に論じたものであった。かかる石田の飛鳥時代伽藍配置論は、『総説飛鳥時代寺院址の研究』（一九四四）において纏められた。同書の「飛鳥時代寺院の伽藍配置に就いて」において、「法隆寺式伽藍配置・法起寺式伽藍配置・四天王寺式伽藍配置」の「三様」があったとされるのである。そしてそれぞれの配置について次のごとく説明した。法隆寺式伽藍配置は、「法隆寺を以て代表せらるるもので、南に南大門を開き、稍々北に進んで更に中門を構え、中門の両脇から廻廊が翼を張って東西に延び、それはやがて各々北折して遂に講堂に達す。而して此の廻廊の囲む空所中に東に金堂西に塔を対峙せしめた配置を云ふ」。但し、現法隆寺の伽藍における廻廊は「凸字形をなし講堂に連絡されているけれども……以前は今の左右より曲折しているところを以て北限とし講堂が其の見通し線に迄出ていた」ことを注意している。また、法起寺式伽藍配置は、「大和法起寺伽藍を以て代表さるべきもので、其の法隆寺式伽藍との相違は、塔と金堂との位置の変化にある。南大門を過ぎ中門を入り廻廊の囲んだ空処中、法隆寺式伽藍にあっては塔が西に金堂が東に配されていたが、これはそれとは反対に塔が東に金堂が西に置かれている」ものを言う。さらに、四天王寺式伽藍配置は[13]、「大阪四天王寺を以て代表せらるる配置形式である。これは前二者の配置とは稍々異り、先づ南大門を入って中門があり、中門を入って正面に塔があり、塔の背に金堂を建て、更に金堂の背に講堂を配す。而して中門の両袖より発した廻廊は塔金堂を包み乍ら遂に講堂の両脇に達す」るものである。

一方、古くより伽藍配置の問題について発言してきた田中重久は、「伽藍配置の研究[14]」を公にし、四五頁のごとき伽藍制の分類とそれら伽藍式の変遷について独自の見解を示したのであった（図16）。

この田中の伽藍配置名については、従来の称呼と異なる点があり、その対照を示すと次のごとくなる。

従来の呼称	田中重久の名称	伽藍の制式
四天王寺式伽藍配置	四天王寺式伽藍配置	南北（あるいは東西）の一直線上に南大門、中門、塔、金堂、講堂のあるもの
法隆寺式伽藍配置	法隆寺西院式伽藍配置	東に金堂、西に塔、南に中門、南大門、北に講堂あるもの
法起寺式伽藍配置	高麗寺式伽藍配置	法隆寺西院式の塔と金堂が逆になっているもの
薬師寺式伽藍配置	比蘇寺式伽藍配置	金堂と中門の間に東西両塔あるもの
	法起寺式伽藍配置	比蘇寺式の西塔なきもの

（田中〈註14〉論文五〇六頁による）

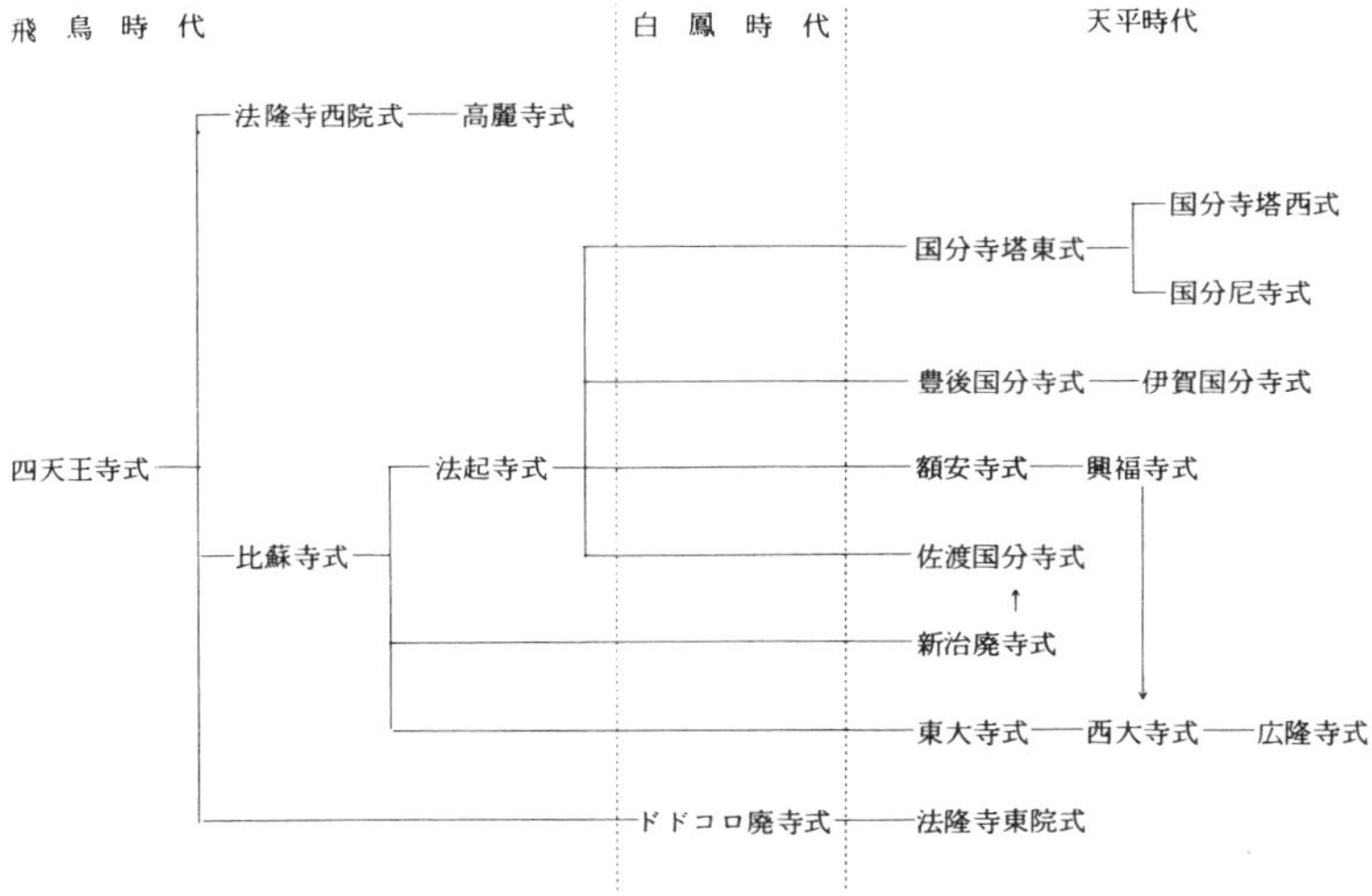
飛　鳥　時　代
白　鳳　時　代
天平時代
四天王寺式
法隆寺西院式
高麗寺式
比蘇寺式
法起寺式
国分寺塔東式
国分寺塔西式
国分尼寺式
豊後国分寺式
伊賀国分寺式
額安寺式
興福寺式
佐渡国分寺式
新治廃寺式
東大寺式
西大寺式
広隆寺式
ドドコロ廃寺式
法隆寺東院式

1.　定った伽藍制に據らざる寺院

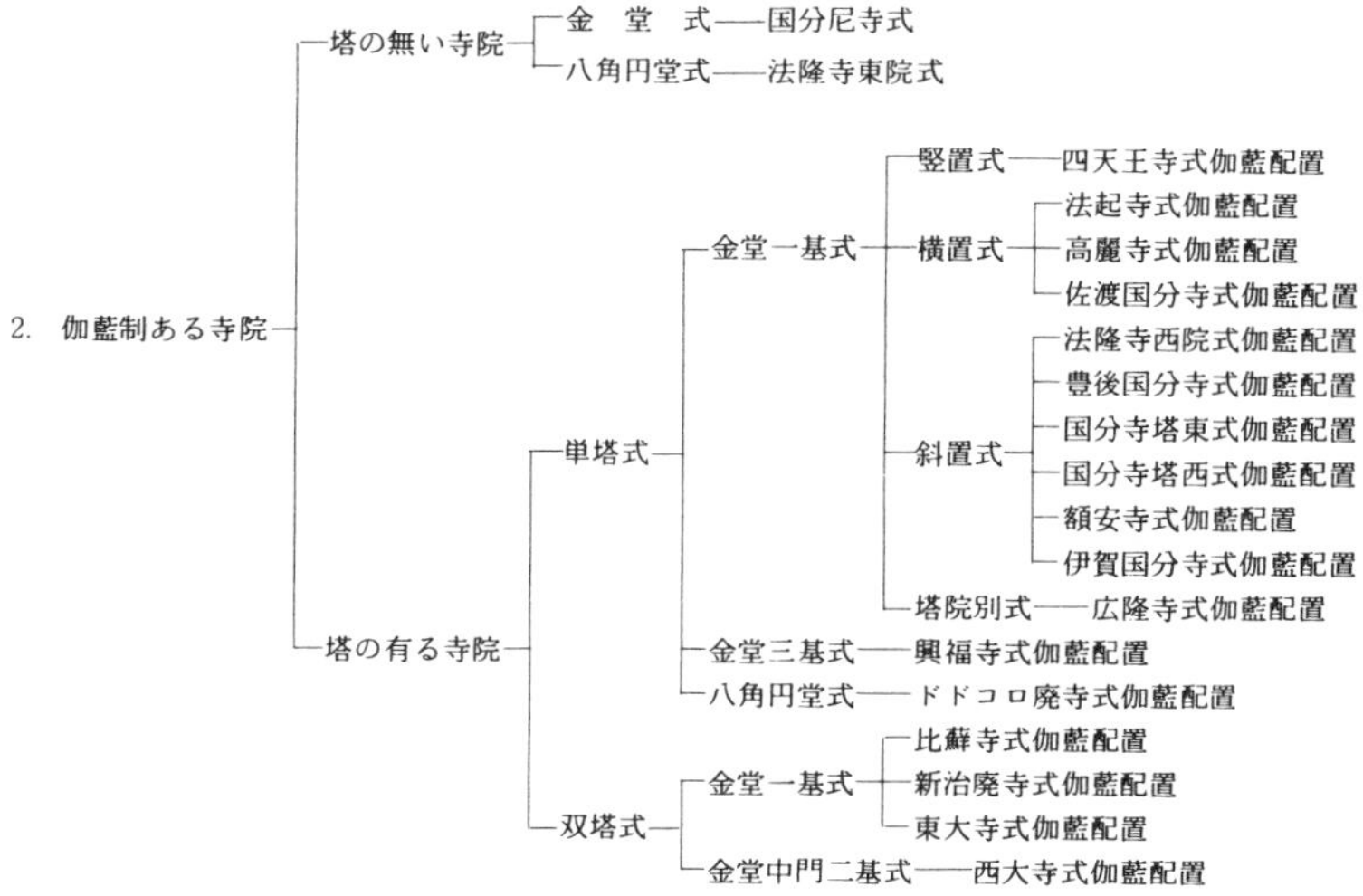
塔の無い寺院
金　堂　式
国分尼寺式
八角円堂式
法隆寺東院式
2.　伽藍制ある寺院
塔の有る寺院
単塔式
金堂一基式
竪置式
四天王寺式伽藍配置
横置式
法起寺式伽藍配置
高麗寺式伽藍配置
佐渡国分寺式伽藍配置
斜置式
法隆寺西院式伽藍配置
豊後国分寺式伽藍配置
国分寺塔東式伽藍配置
国分寺塔西式伽藍配置
額安寺式伽藍配置
伊賀国分寺式伽藍配置
塔院別式
広隆寺式伽藍配置
金堂三基式
興福寺式伽藍配置
八角円堂式
ドドコロ廃寺式伽藍配置
双塔式
金堂一基式
比蘇寺式伽藍配置
新治廃寺式伽藍配置
東大寺式伽藍配置
金堂中門二基式
西大寺式伽藍配置

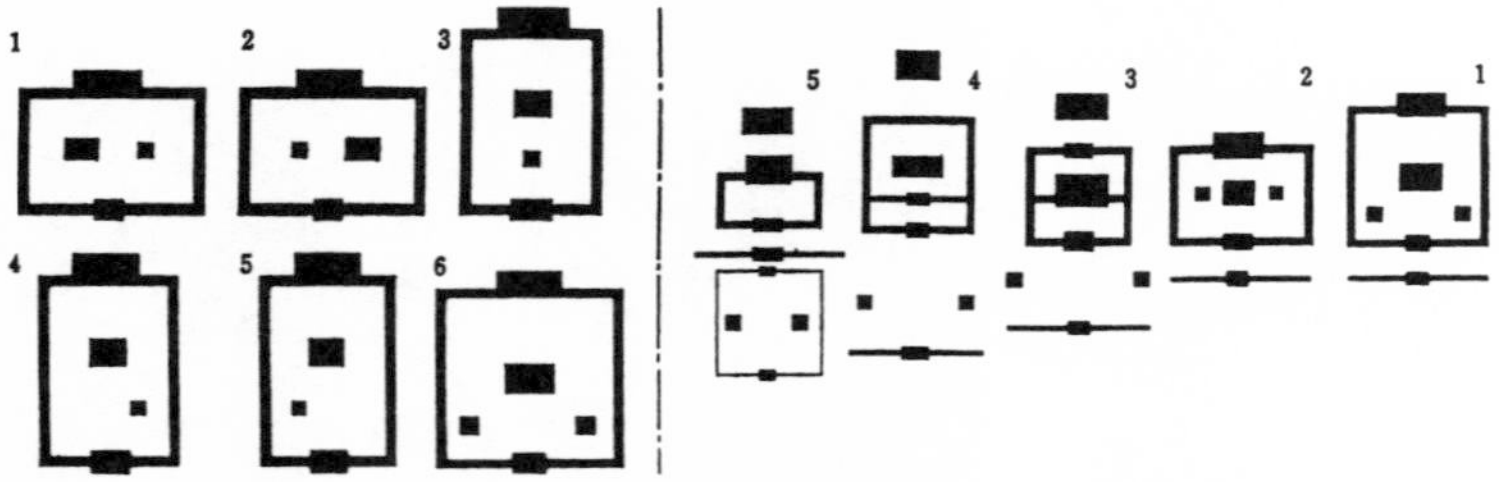

飛鳥時代から存した伽藍配置
1 高麗寺式　2 法隆寺西院式　3 四天王寺式
4 法起寺式　5 豊後国分寺式　6 比蘇寺式
<一部補訂>

双塔式伽藍配置の変遷図
1　比蘇寺　2　新治廃寺
3　東大寺　4　西大寺
5　大安寺

図 16　田中重久の伽藍類型図（田中『聖徳太子御聖跡の研究』1944）

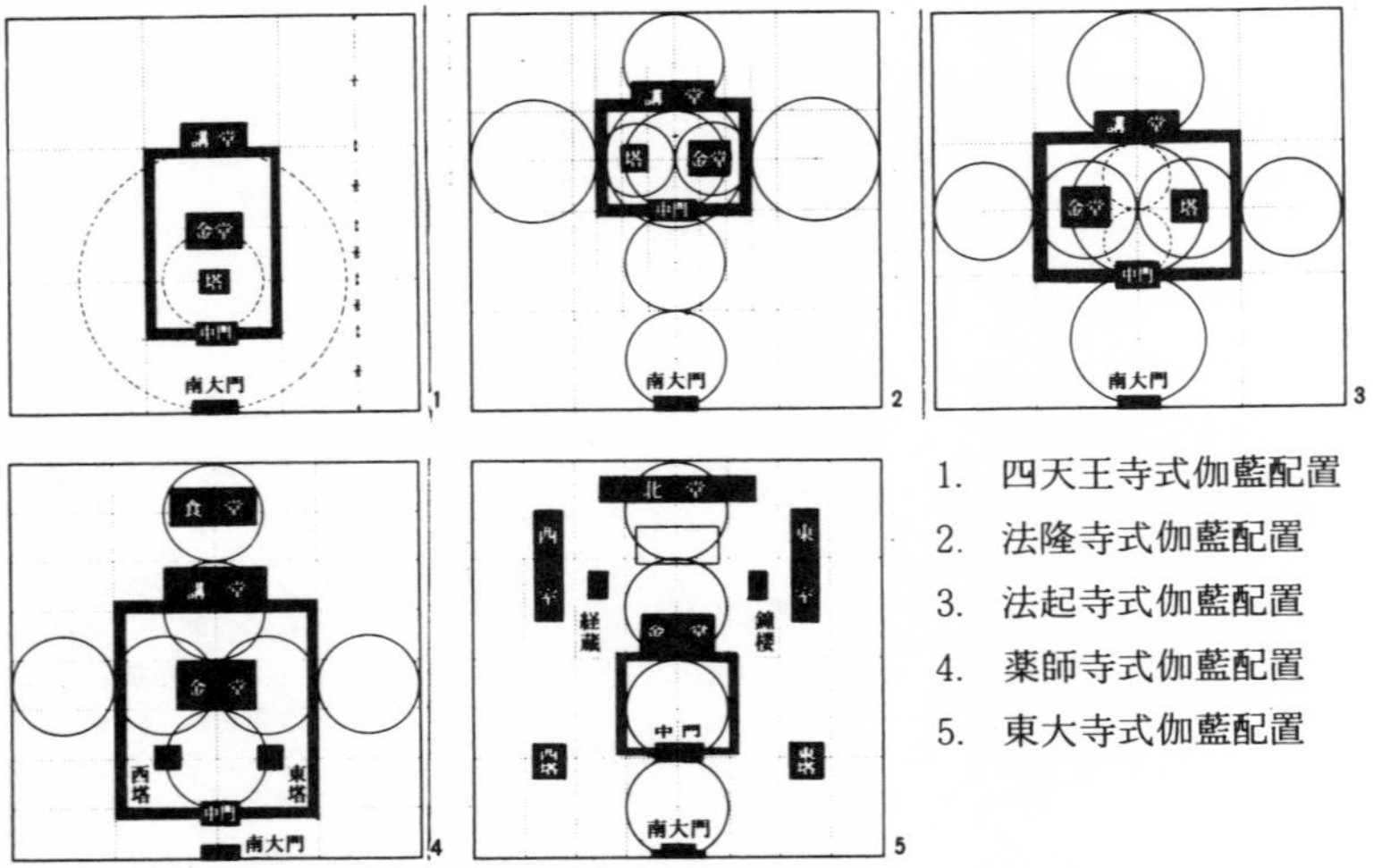

1. 四天王寺式伽藍配置
2. 法隆寺式伽藍配置
3. 法起寺式伽藍配置
4. 薬師寺式伽藍配置
5. 東大寺式伽藍配置

図 17　石田茂作の伽藍類型図
（石田「飛鳥奈良時代―仏教考古学―」『日本考古学入門』1950）

この田中の提唱する諸伽藍配置名は、高橋・石田の提唱するそれらと極めて対照的である。田中分類は、塔〈単・双〉と金堂〈単・三〉の平面的存在形態に基準がおかれているものであり、高橋・石田分類をさらに細分したものであった。

さきに飛鳥時代の伽藍配置についての見解を示した石田は、次いで、奈良時代を含めた古代伽藍の配置に関する概要を公けにした(15)（図17）。それは、1四天王寺式・2法隆寺式・3法起寺式・4薬師寺式・5東大寺式、の五様式であり、薬師寺式伽藍配置について「南に南大門があり、そこを入ると中門があり、中門の両袖から廻廊が東西に延び、それはやがて北折して講堂の左右に連っている……その廻廊の囲む劃内に金堂及びその前方にあたって東西両塔を配した」ものであり、東大寺式伽藍配置は「南大門を入って北にすすむとその中門に至るまでの左右に当って東塔西塔があり、中門からの廻廊は講堂につながらず金堂の左右につらなっている。而して金堂の北には講堂があり、金堂と講堂との間に経蔵鐘楼が対峙建造されているもの」である。この石田の見解は、以後、古代より近世にいたる「伽藍配置の変遷(16)」においても同様である。ただ、一九五六年に発掘された飛鳥寺の新しい伽藍配置を飛鳥寺式伽藍と名付け、付加されているに過ぎない。その配置は塔を中心にして、正金堂・東金堂・西金堂が建ち、それを回廊で囲み回廊の北に講堂を配したものである(18)（図22）。

飛鳥寺の発掘調査によって従事予想だにされなかった一塔三金堂の伽藍に接したのであるが、一九五〇年代以降における全国的な古代伽藍発掘の動向のなかで、多くの知見が提出されることになった。

かつて多くの先学が提示された伽藍配置の類型は、地上の観察による結果をもとに設定されたものであったが、近時においては発掘調査の結果をとり入れて論じることが可能になってきたのである。その好例が、飛鳥寺に続いて発掘された川原寺の伽藍配置に関する新知見であった。川原寺は、一九五六〜七年にかけて発掘され、一塔二金堂式の伽藍が検出された(19)。川原寺式伽藍配置は「正面に……金堂があり、伽藍中軸線上を南には中門、南門があり、北には

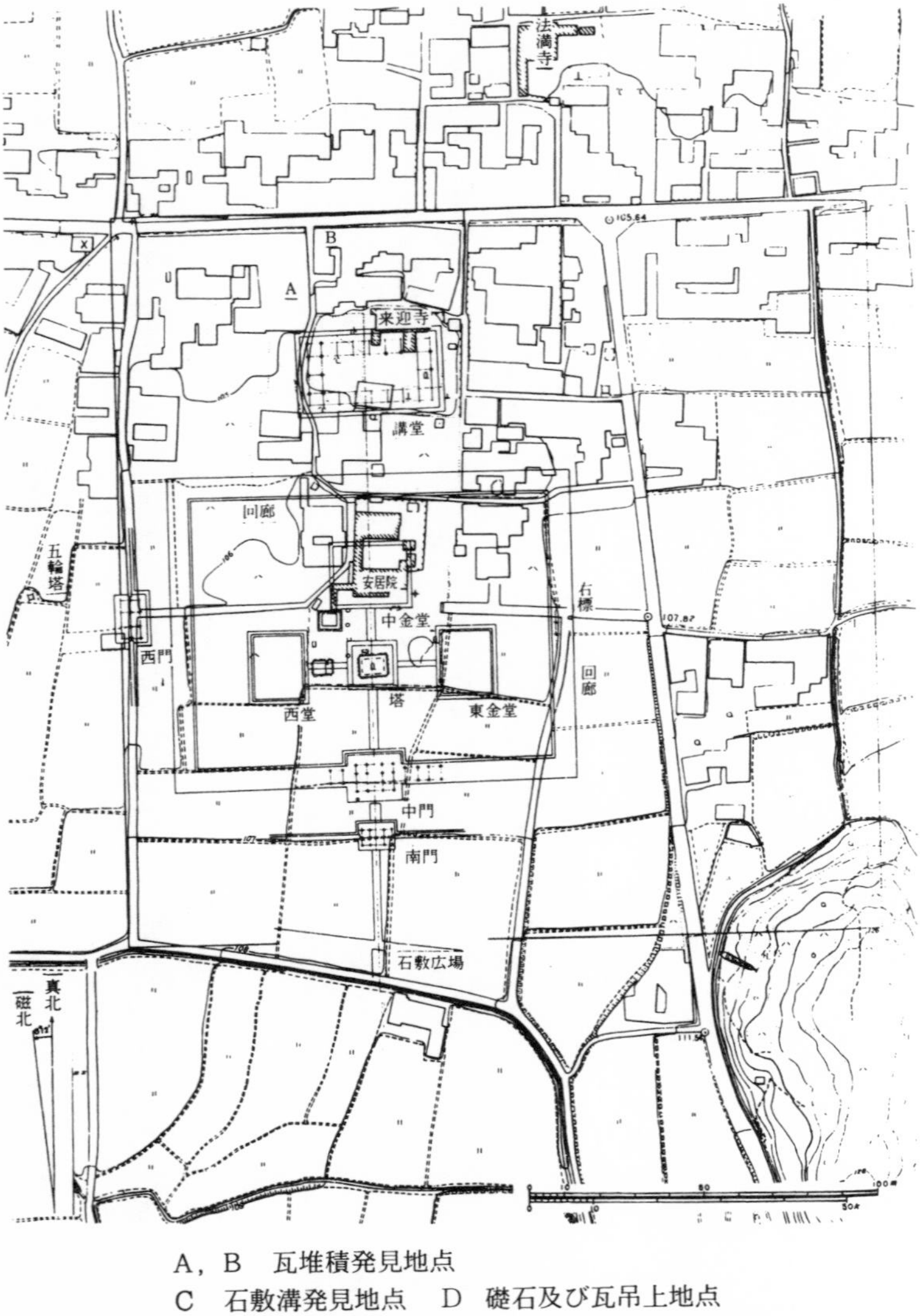

A，B　瓦堆積発見地点
C　石敷溝発見地点　D　礎石及び瓦吊上地点

図 18　飛鳥寺の伽藍配置（奈良国立文化財研究所『飛鳥寺発掘調査報告』1958）

講堂がある。また、中門の両脇から派生した回廊は金堂の両脇にとりつくが、この回廊が囲んだ内庭には東塔と両金堂が向い合わせに配され、講堂にはその東西と北の三面に僧坊があ」る[20]。このような伽藍配置は、その後、各地で類似例が検出されつつあり、官寺形式とされている。

かかる初期伽藍配置の類型については、多くの建築史学者によっても説かれているが[21]、基本的には石田類型論に近い[22]。

このように展望してくると、日本における初期伽藍配置は、次のように整理されるであろう。

1飛鳥寺式　2川原寺式　3四天王寺式　4法隆寺式　5法起寺式　6薬師寺式　7東大寺式

これら七様式に分類された日本の初期伽藍は、一塔三金堂、一塔二金堂、一塔一金堂、二塔一金堂の各類型が存在するということができるのである[23]。

(三)

日本における初期伽藍配置は、すでに見てきたように七類が基本的に認められており、その分類の基準は、塔と金堂の存在形態であった。

塔と金堂を廻廊で囲んでいる飛鳥寺式・川原寺式・四天王寺式・法隆寺式・法起寺式・薬師寺式に対して、金堂を廻廊で囲み、塔を廻廊外に位置せしめている東大寺式が対照的である。そこには、一塔三金堂の飛鳥寺式、一塔二金堂の川原寺式、一塔一金堂の四天王寺式・法隆寺式・法起寺式、二塔一金堂の薬師寺式・東大寺式の別がある。これらの伽藍配置を見て想起されることは、廻廊で囲まれた塔と金堂の存在地はまさに仏地である、ということである。

伽藍の造営に際して、仏地と僧地とを区分すべきことは、『摩訶僧祇律』巻三三に説かれており、その事実の反映とも目される遺構がインドにおいて検出されている（図19・図20）。そしてまた、日本の場合にあっても仏地意識が

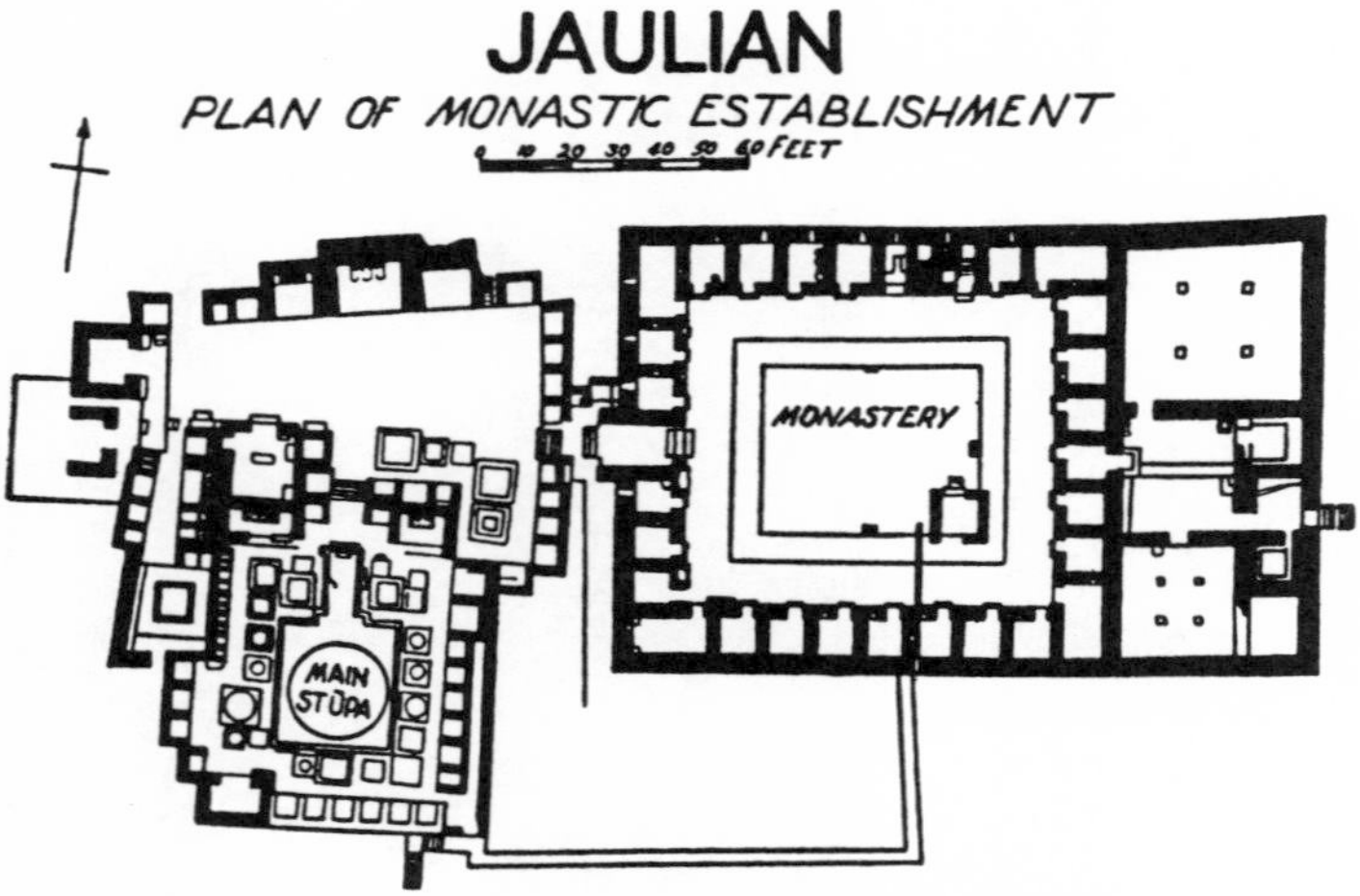

図 19　古代インドにおける仏地と僧地との関連図〈1〉 Taxila・Jaulian
（H. Sarkar：*Studys in Early Buddhist Architecture of India*, 1966）

伽藍の造営に際して反映されているようである。

仏地の中心を占める仏塔は、インドにおいては常に変ることなくその性質を保持しているかのごとく、本来的な役割りを果している。そして、仏教の出現により祠堂の形成がなされても依然として仏地の中核は仏塔であった。

それに対して日本の伽藍に見られる仏塔の位置は、時代の推移にしたがって、次第に仏地の中核を離れていった。それは、現身仏信仰より理仏信仰へと変遷するなかにおいて位置づけられている。

かかる仏地の設定は、伽藍造営時における基本的設計のなかにおいて空間的に位置づけられたであろうことは当然のことである。それに対して僧地は如何であろうか。従来における初期伽藍遺跡の調査は多くの場合、仏地の調査に主眼がおかれてきた。僧地については、それが仏地に接して形成されていたことが想定されているが、その範囲などについては明瞭ではない。多くの場合、仏地の北側に僧地が位置しているようであり、その典型的なものが川原寺に見られる。

川原寺式伽藍配置とは、北側部分の僧地をも含めて考えるべき性質のものであろうが、そこには三面僧房が認められる（図

21)。僧地の南側は仏地に接続するが、東西と北面にはそれぞれ僧房があり、とくに北僧房の南に講堂が造られている。講堂は、古代インドの伽藍における布薩堂・会堂と同様な性質を有するものであり、それが三面僧房に囲まれて位置していることは興味深い。そして、西僧房の西南隅より西に向って派生する廻廊は、食堂などの僧地の施設と連なるものであろう。

仏地の北に僧地が位置したものとして飛鳥寺がある(図18)。一塔三金堂を廻廊で囲った仏地の北側に講堂が存在することが確認されているが、僧房・食堂などについては明らかにされていない。これらは、講堂を中心として仏地の北に存在することは明らかであり、とくに講堂の北方に瓦の堆積が認められ、また、講堂の東方に石敷溝の存在が知られていることが注意されるであろう。

また、薬師寺式伽藍の標準である薬師寺は、金堂・二塔を囲む廻廊によって画された仏地の北に講堂が付設されている(図22)。講堂は、北に渡廊をもって食堂と結ばれ、その東西に僧房が存在している。ここでは僧地の中央に食堂をその南に講堂が配されている。

図20　古代インドにおける仏地と僧地との関連図〈2〉 Nāgārjunakoṇḍa
(H. Sarkar：*Ancient India. No. 16*, 1960)

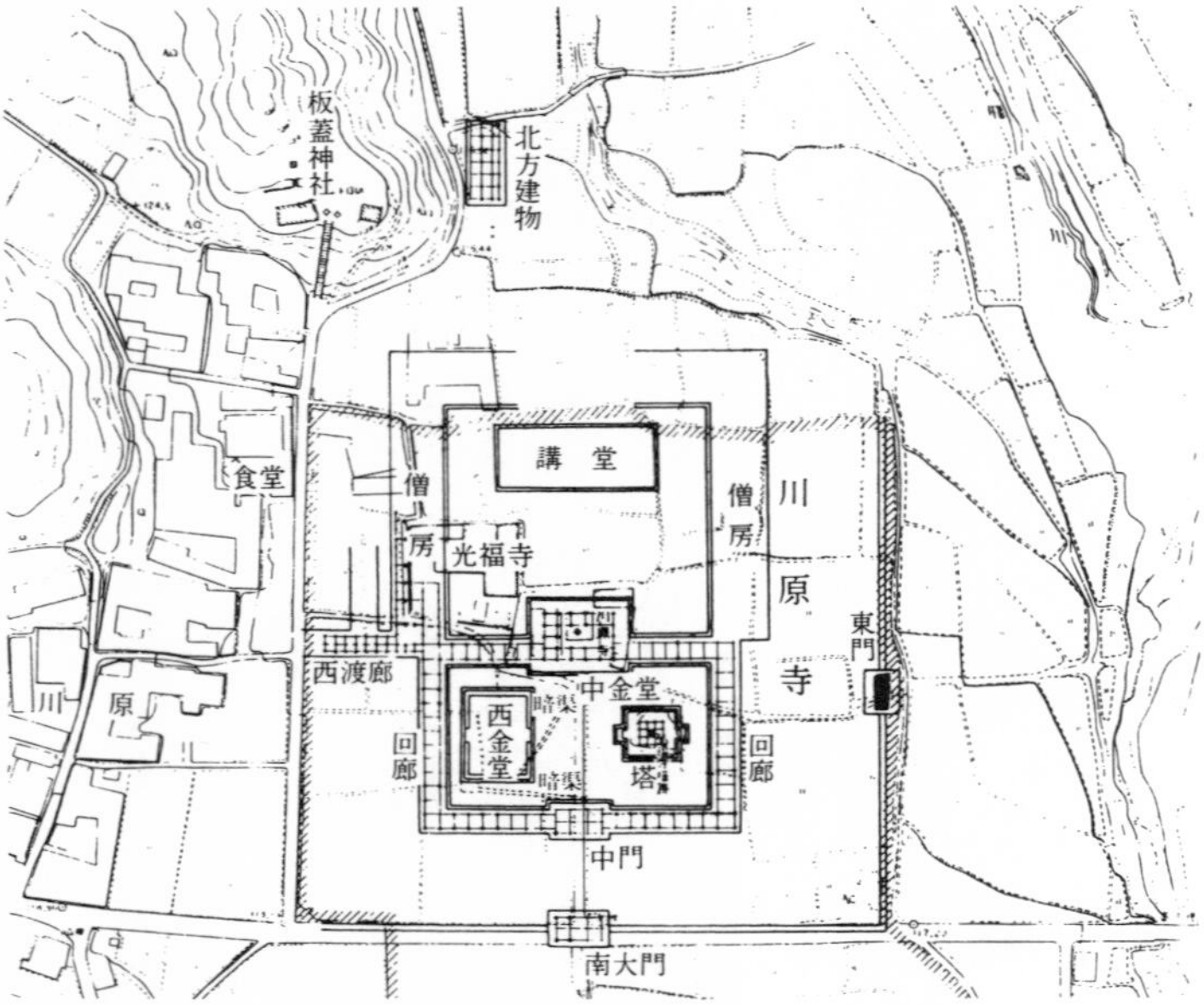

図 21　川原寺伽藍配置（奈良国立文化財研究所『川原寺発掘調査報告』1960）

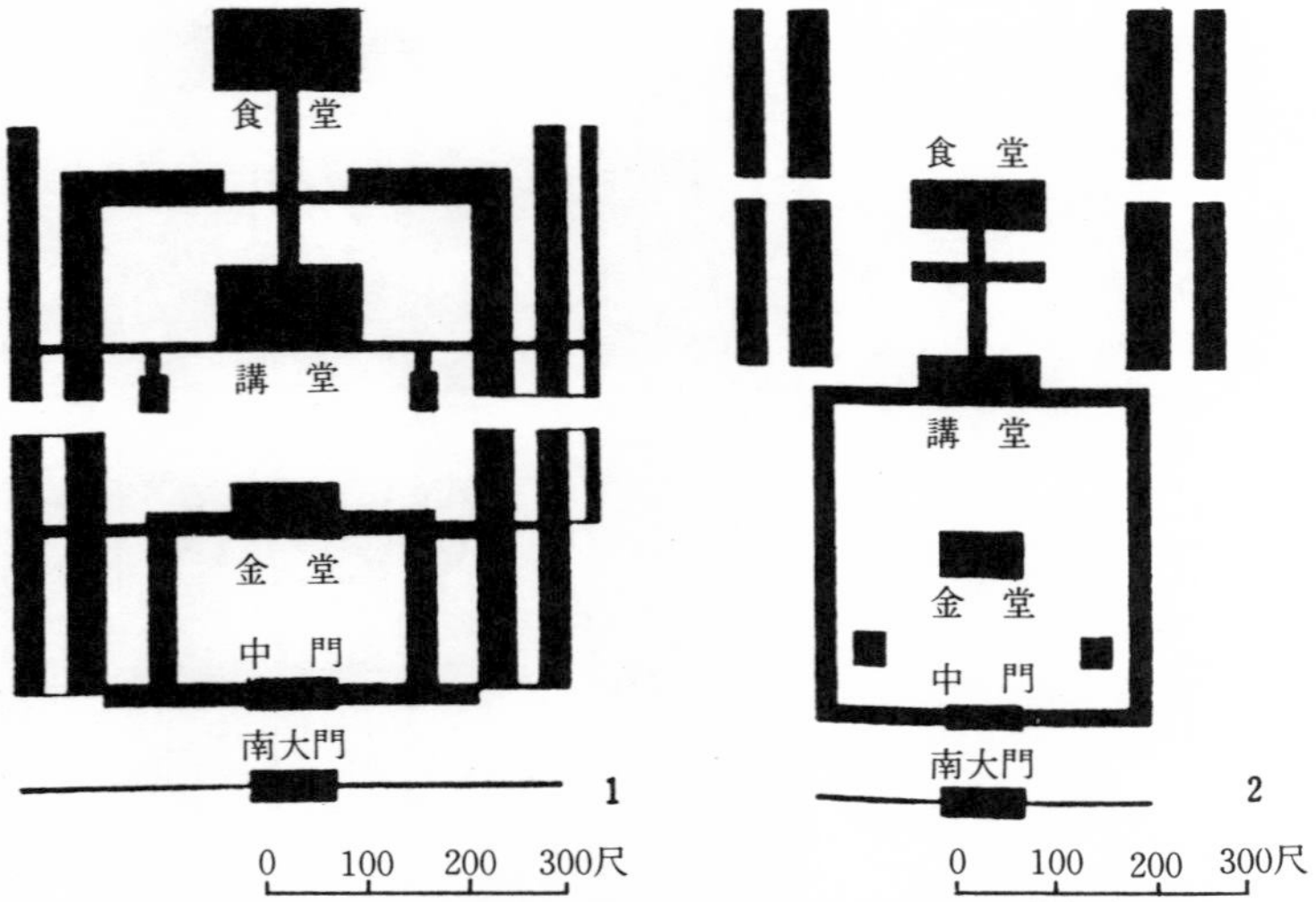

図 22　大安寺・薬師寺伽藍配置　1：大安寺　2：薬師寺
（奈良国立文化財研究所『奈良時代僧房の研究』1959）

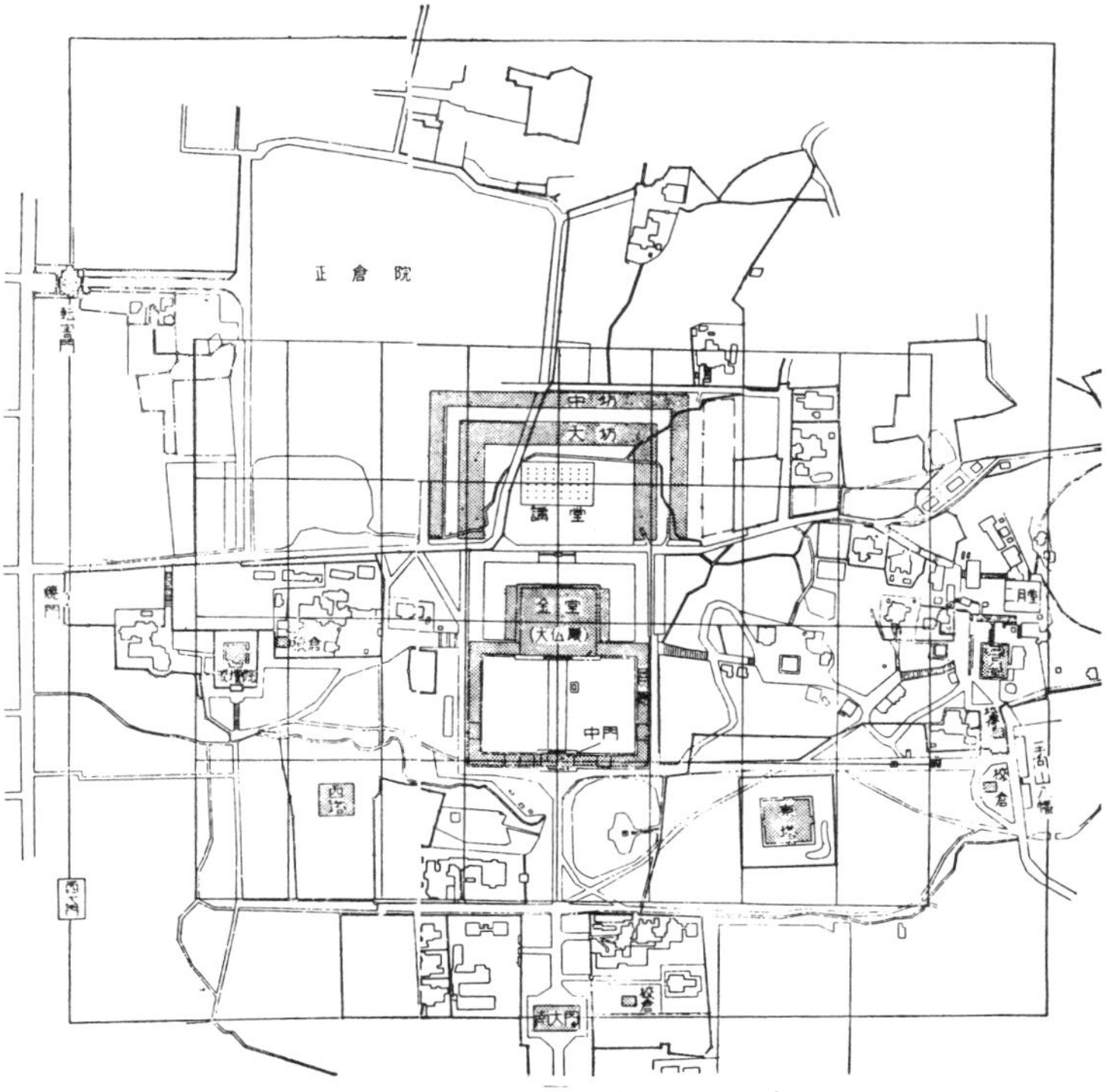

図 23　**東大寺の伽藍配置**（石田茂作『東大寺と国分寺』1959）

同様な例としては、さらに東大寺の場合がある（図23）。東大寺式伽藍配置の標準とされる同寺は、金堂を中心とする仏地と講堂を中心とする僧地に明確に区分されている。仏地の北に講堂を中心におき東西北の三面僧房が造られている。そして二基の塔は、仏地の南に離れて廻廊外に東西に建造されている。蓋し、東西両塔は仏地の分割された部分として理解されよう。この東大寺と類似する例に大安寺がある。大安寺は、仏地の北に講堂を中心として三面僧房がつくられ、北僧房の中央北に講堂より北に派生する廻廊で結ばれた食堂が存在する（図22）。大安寺の場合において東大寺と異なる点は、仏地の東及び西にも僧房的建物が存在することである。

四天王寺式伽藍配置の標準としての四天王寺においては、仏地の北に僧地が造られている。その詳細は分明でないが、仏地の北に講堂があり、その北方域に僧房が存在する。

このような若干の例より察せらることは、仏地の北方に多く僧地が形成されていることであり、仏地と僧地との画然が平面的に果されている。しかし、法隆寺のごとき法隆寺式伽藍配置にあっては必ずしもそうではないようである。法隆寺は、廻廊で囲まれた塔・金堂が位置している仏地の北方に講堂が存在する。そして僧房は、仏地の東及び西側に造られたようである（図24）。東に食堂、西に浴室の存在が認められるのも僧房の位置と関係をもつものであろう。

このように見てくると、仏地と僧地が画然されている初期伽藍の多くは官寺であり、その場合、原則として仏地を南方に僧地を北方に配することが一般的である。

しかし、いずれにしても、現在の資料の示すところより考えるには限界がある。それは、従来における伽藍調査の視点が仏地の解明に主体性がおかれていたことであり、僧地の調査は極めて不十分であることに起因している。

今後における伽藍の調査に際しては、仏地における建築物跡の検出と同時に僧地比定区域の発掘も実施することが必要であることはいうまでもないことであろう。伽藍の調査は、仏地と僧地の両地を有機的関連性のもとに究明することに主眼がおかれるべきであり、仏地のみの調査では極めて不十分であることを強調しておきたい。

以上、日本の初期平地伽藍に見られる仏地と僧地の問題について概観してきた。その両地の平面的な位置は、原則として南と北との関係において把握できることが明らかであり、そこに平地伽藍の特性を窺うことができる。それは、まさに石窟伽藍とは異なる構成上の特質点として看取することができるであろう。

また、仏地の北方に僧地を形成しているという規制的な面が認められることは、日本における古代仏教の性格を示す一事象として看過することができないのである。

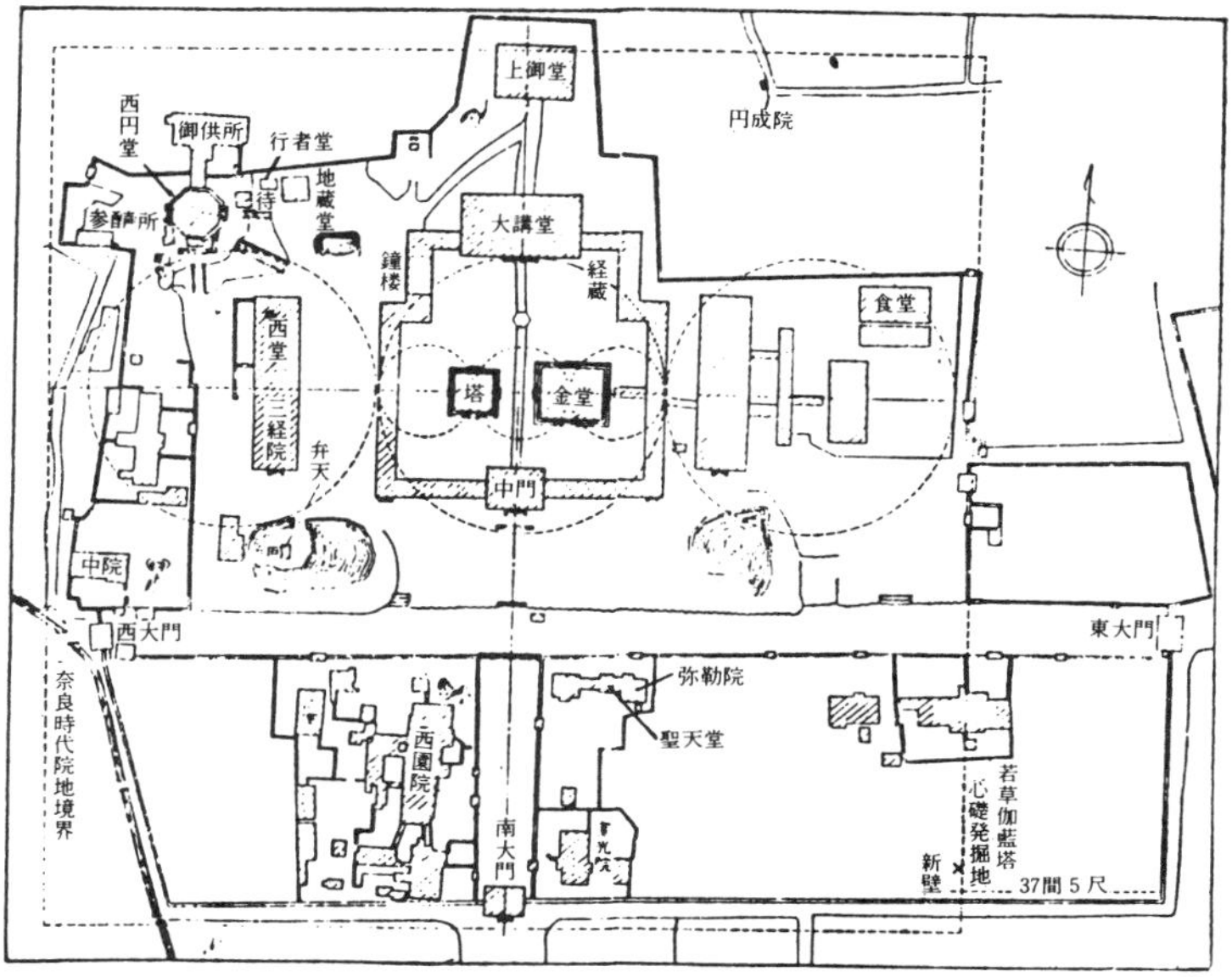

図24　法隆寺の伽藍配置（石田茂作『法隆寺雑記帳』1969）

四

日本における初期伽藍は平地伽藍であり、その構成建築物の平面的あり方より類型が設定されている。この類型は、塔と金堂の配置形態を分類の目安として類型化されたものであり、それをさらに細分することも可能である。一部の研究者によってその試案の提示もなされてはいるが、現在の段階においては大分類的方向を有する類型で把握することが便宜であるといえよう。

かかる研究は、類型認識の基準が塔と金堂に向けられていたため、その仏地の実態については明らかにすることができたが、反面、僧地の実態に関し等閑視されてきた憾みがある。[24] 伽藍遺跡調査に際して、まず着手する遺構の発掘は、中心堂宇としての塔と金堂であり、次いで講堂、廻廊、門であったことはそれを示している。多くの調査報告書を紐解いてみるとき、僧地としての僧房・食堂などの遺構が存在するであろう区域の推定を試みることはあっても、その地を中心堂宇構造の検出と同様なウエイトをもって発掘した例は極めて稀であることを知ることができる。

仏地と僧地を包括して伽藍の形式を考えたい、という私にとってそれは極めて残念なことである。最近、各地において見られる古代伽藍遺跡の保存方法が、仏地中心であることは伽藍本来の実態を把握する立場にとって極めて遺憾であることはいうまでもない。僧地をも同時に保存してこそ意味があるのであって、仏地のみの保存は、僧地を切り捨てる方便以外の何物でもないであろう。

さらにまた、伽藍構成において仏地・僧地と同様に考慮さるべき空間に俗地の存在がある。ここで俗地と仮称する空間は、仏地・僧地に造営さるべき堂宇と性格的に異質な建築物群が造営されている場所である。俗地における建造物群は、多くの場合〝政所〟[25]と称呼されている一群の造営・修理をはじめとする伽藍そのものの運営に際し必要なものである。その一部については僧地と接し、あるいは重複する空間地域と認識される場合もあろうが、基本的に僧地と俗地とは区別さるべきものであろうと考えている。

したがって、すでに述べてきた僧地の問題と同じく俗地の認識についても考慮さるべきである、といえるであろう。

仏地の実態がそこに造営された堂宇の空間的配置状態の認定によって類型的に明らかにされつつある現在、それに僧地及び俗地をも加えて伽藍そのものの実態を把握する方向に進むことが肝要であろうと考えられるのである。

註

（1）S. Dutt : *Buddhist Monks and Monasteries in India*（1962）
P. Brown : *Indian Architecture—Buddist & Hindu Periods—*（1965）
H. Sarkar : *Studies in Early Buddhist Architecture of India*（1966）

高田　修「僧院と仏塔―インドにおける伽藍の形成―」（『佛教芸術』六九、一九六八）
D. Mitra : *Buddhist Monuments*（1971）
塚本啓祥「インドにおける仏教伽藍の形成」（『法華文化研究』一、一九七五）
（2）J. Fergusson & J.Burgess : *The Cave Temples of India*（1880）
高田　修「インドの石窟寺院」（『佛教芸術』四一、一九五九）
V. Dehejia : *Early Buddhist Rock Temple—A Chronological Study—*（1972）
（3）朝鮮半島の石窟伽藍については、統一新羅時代に造営された慶州の石窟庵の存在をもってそれを説く人もいるが、石窟庵を本来の石窟伽藍とすることはできない。半島においては、類石窟伽藍とでも称すべき遺例は若干認められるが、インド・中国に見られるごとき仏窟（Caitya）と僧窟（Vihāra）を具備したものの存在はない。日本においても同様である。
（4）初期伽藍の時代的設定は、日本においては、いわゆる古代としたいと考えている。
（5）高橋健自「古刹の遺址」（『考古界』四―一・三・五、六―七、一九〇四・一九〇七）、「飛鳥京古刹の堂塔配置の三様式」（『宗教界』一―一、一九〇五）
（6）石田茂作「法隆寺伽藍に就いて」（『考古學雑誌』一九―六、一九二九）
（7）足立　康「斑鳩地方に於ける飛鳥寺院の伽藍配置」（『夢殿』三、一九三〇）。ここで述べた「太子様配置」と「百済様配置」については、「法隆寺推古天皇十五年焼失説の疑」（『夢殿』一二、一九三四）において撤回した。そして註（8）・（9）のごとき提案となった。
（8）足立　康『飛鳥奈良時代の仏教建築』（『岩波講座・日本歴史』一九三三）
（9）足立　康「飛鳥式伽藍配置の名称に就いて」（『以可留我』一―五、一九三七）
（10）田中重久「施鹿薗寺式伽藍配置の提唱」（『以可留我』一―四、一九三七）
（11）田中重久「高麗寺創立の研究」（『考古學』九―六、一九三八）
（12）田中重久「平隆寺創立の研究」（『考古學』九―一一、一九三八）

(13) 四天王寺式伽藍配置については、石田が「四天王寺式伽藍配置の地割法に就いて」(『立正大学論叢』九、一九四四)において見解を披瀝している。
(14) 田中重久『聖徳太子御聖跡の研究』(一九四四)
(15) 石田茂作「飛鳥奈良時代―仏教考古学―」(原田淑人編『日本考古学入門』一九五〇)
(16) 石田茂作「伽藍配置の変遷」(『日本考古学講座』六、一九五六)
(17) 奈良国立文化財研究所『飛鳥寺発掘調査報告』(一九五八)
(18) 石田茂作「伽藍配置の研究」(『新版仏教考古学講座』二、一九七五)
(19) 奈良国立文化財研究所『川原寺発掘調査報告』(一九六〇)
(20) 稲垣晋也「日本各地の寺院跡・近畿」(『新版仏教考古学講座』二、一九七五)
(21) 浅野　清・鈴木嘉吉「埋れた寺院」(『世界考古学大系』四、一九六一)
浅野「先進地域における寺院の成立と展開」鈴木「地方寺院の成立と展開」(『日本の考古学』Ⅶ、一九六七)。大岡実『奈良の寺』(日本の美術七、一九六五)など。
(22) 斎藤　忠「寺院跡」(『新版仏教考古学講座』二、一九七五)では、初期伽藍を(1)一塔式、(2)二塔式、(3)無塔式にわけ、さらにそれぞれ次のごとき伽藍式を提唱している。(1)一塔式　1四天王寺式、2飛鳥寺式、3法隆寺式、4法起寺式、5観世音寺式、6川原寺式、7元興寺式、8遠江国分寺式、9出雲国分僧寺式、(2)二塔式　1薬師寺式、2東大寺式、(3)無塔式、観世音寺式は、法起寺式金堂の東面例をもって分離したものである。また、元興寺式・遠江国分僧寺式・出雲国分僧寺式は、二塔の東大寺式と異なり一塔建立の点に視点をおいた分類である。
(23) 初期伽藍の展開問題については、村田治郎「初期伽藍配置の展開過程」(『史迹と美術』四〇―八、一九七〇)がある。村田見解は、塔と金堂に視点をおいてそれの変遷について究明したものであり、そこには極めて示唆に富む考察が加えられていて有用である。また、井内　潔「初期伽藍配置形式の変遷について」(『史迹と美術』三五―一〇、一九六五)の労作もあり、仏地における建築一塔と金堂に視点がおかれている。
(24) 註(5)参照。

（25）　俗地における政所については、石村喜英「古代寺院組織に見える政所小考」（『立正史学』四四、一九七八）がある。

追記

伽藍構成における〝仏・法、僧、俗地〟をめぐる問題について触れた小文である。それを、とくにインドの初期伽藍に見られる一般的なあり方を通して再確認し、あわせてわが国における伽藍研究の発達史を展望しながら、研究の視点を考えてみた。それはまた、伽藍遺跡（寺院跡）の調査と保存の現状について見ると、とかく僧地及び俗地の究明が後回しになっているような感が強い、という認識があるからでもある。

五　「瓦」の名称

㈠　「瓦」の語源

日本における「歴史」考古学の研究史を繙いてみると、瓦についての関心が極めて高かったことが理解される。古代の都宮・寺院跡、中世の寺院・城館跡、近世の城郭・屋敷跡を代表とする諸遺跡からの出土瓦、加えて窯跡出土瓦に対する知見は、「歴史」時代の研究対象として顕著な存在であった。

さらに遡って、江戸時代における『古瓦譜』（藤貞幹）をはじめ『古瓦圖』、『古瓦集』、『古瓦帳』などの存在は、古瓦に対する識者の関心を窺うことができて興味深い。[1]

このような瓦に対する関心は、考古学研究の高まりと共に、すでに明治時代において科学的な研究が着手されていた。

瓦の研究は、以降、好事家による蒐集と並んで発展を遂げ、石田茂作編集の『古瓦圖鑑』（一九三〇）をはじめとして多くの古瓦の資料集が編まれるにいたった。なかでも玉井伊三『吉備古瓦圖譜』（一九二九）、『続吉備古瓦圖譜』（一九四二）、保井芳太郎『大和古瓦圖録』（一九三二）、鈴木敏雄『三重県古瓦圖録』（一九三三）などの地域的な古瓦集成図の刊行は、地域の研究者にとって瓦の収集と研究が大きな関心事であったことを示している。

このような瓦それ自体の集成的な研究の方向に対して、瓦を考古学・建築史学の対象として真正面から取り組む本格的な研究も行なわれ多くの業績が関係の学界に提示されるようになり、古瓦の研究が飛躍的に展開することになっていった。

古瓦研究の隆盛は、必然的に古瓦の名称問題にもおよび〝古瓦名称論〟となって学界を賑わしたのである[2]。瓦の集成と分析は、瓦当紋様の認識による様式的発達の編年研究を生み、造瓦技法の検討は、造瓦窯の構造把握に向かっていった。

しかしながら、「瓦」の語源については、さして論じられることなく過ぎてきた[3]。「瓦」は、梵語（kapāla）の転訛ともいわれると説かれてきたに止まっているのである。

そこで、「瓦」の語源をめぐる問題について若干の私見を述べることにしたいと思う。

①「瓦」語源解釈の現状

瓦の語源について触れられた考古学の研究者は八木奘三郎が最初であろうか。八木は「古瓦の研究」（『考古便覧』一九〇二）において次のように述べた。

「瓦『カワラ』此名称に二様の別有り、一は印度語に淵源すと説くものにて、秋齋閑語なぞ記されたるが始めなる可し、二は鱗甲に類するより出し語ならんと説くもの……（略）……予は二語を別個に見る方正しかる可しと考ふ。」

八木自身は、瓦の語源を梵語説と日本語説との二様あると指摘しながら、そのいずれとも断じられるところがなかったのである。

以降、古瓦研究の隆盛にともない、多くの研究者によって古瓦の研究成果が発表されるにいたったが、それは総論的論文においても、また、個別的論文においても、八木の説明を超えるものではありえなかった。もちろん、古瓦の名称論については、歴史的名称を軸として新造語の主張をめぐって活発な議論が展開されたものの「瓦」字の語源問題は等閑に付されてきたのである。

したがって、考古学の辞典類の解説においても、「本来は土製品。梵語の迦波羅《ガパーラ》の転訛ともいわれる」（内藤政恒『日本考古学辞典』一九六二）と説かれ、また、「漢語の瓦《ガ》（Wa.中）、日本古語の『かはらけ』は、ともに原義は素焼の土器の意。一般的には屋根瓦をいう」(『新潮世界美術辞典』一九八五)と説明される程度に止まっている。

漢和辞典においては、「1かはらけ 素焼の土器の名称、もと瓦に作る。2かはら 屋根を葺く土器」と説き、『廣韻』に「瓦、古史考曰、夏時昆吾氏作瓦也」、『正字通』に「瓦、瓦以覆屋蔽風雨、四周皆方、中稍隆起、似亀殻」とあることを示している(諸橋轍次『大漢和辞典』七)。

国語辞典類には「かわら〔瓦〕(梵語 kapāla) 粘土を一定の形に固め、瓦窯で焼いたもの」(新村出『広辞苑』第一版—一九五五年、第二版—一九六九年)、「かわら〔瓦〕(梵語 (kapāla から) ……(『広辞苑』第三版—一九八三年、第四版—一九九一年)とあり、(4) また、「かはら〔瓦・航〕(梵語 kapāla からか) 粘土を一定の形に固め、かまで蒸し焼きにしたもの」(『小学館国語大辞典』一九八一)、「かわら〔瓦〕……▽梵語の音写からという」(集英社『国語辞典』一九九三)とある。

このように一、二の辞典類を見てくると、「瓦」は梵語 kapāla からの転訛、音写という印象をうけるであろう。一方、建築の分野においては「瓦」の語源についてどのように説かれているのであろうか。現在、普及している一、二の著作からこの点を瞥見してみたい。

坪井利弘の『日本の瓦屋根』(一九七六)は「斯界の人々に大変役立つ」(玉置豊次郎の序)実務書であるが、そのなかに「瓦の語源と定義」として語源について触れられている。瓦は中国で生まれた象形文字であるとし、中国では「ワ」、日本では「ガ(グワ)」または「カワラ」と読むと説き、「カワラ」語源について次のように五つの説を紹介する。①サンスクリット(梵語…ぼんご)の「カパラ」。②甲冑の古語「伽和羅」。③亀の甲の古語「加宇良」。④屋根の皮(カワ)。⑤「カワラケ」(日本に古くからあった土器)。そして、「『カワラケ』ということばのなかから、屋根瓦を『カワラ』といって、『カワラケ』を土器の総称として残した」と説いている。

藤原勉・渡辺宏の『和瓦のはなし』(一九九〇)には、「『かわら』はサンスクリットのカパラから?—瓦の語源考一」が収められている。諸種の辞典類の記述を紹介した後、「『瓦』の語源は、『カワラケ』の『カワラ』であったかもしれないし、また遠くインドで用いられていた『kapāla』が、仏教思想とともに……わが国に到達したのかもしれない」と二様の考え方を示している。

右のように建築の分野においても考古学と同様に「瓦」の語源問題を積極的に解決しようとする気運は見当たらない。

こと「瓦」の語源問題については、明治三〇年代とさして変わっていないのである。

② 「瓦」語源の私見

「瓦」を「カワラ」と読むことについてはサンスクリットの「カパーラ」の転訛とする考え方が、明治時代以来、仏教そして考古学の研究者の間において伝統的、暗黙的に受け入れられてきた。しかし、一方においては、甲冑を「伽和羅」、亀甲を「加宇良」と読む古典例から日本語説をとる人も決して少なくない。『和名類聚抄』でも「加波良」と読んでいることは、平安時代に「瓦」は「カワラ」と読まれていたことを示している。

この問題に対して、私は、かつて次のように記述したことがある。

「瓦の語源はサンスクリットのカパーラに求める説が一般的であるが、カパーラは素焼の土製容器を意味するものであって妥当とはいえない。チベットにおいてカパーラとは眼窩より上方の頭蓋骨をもってつくられた坏をさしており『眼より上の土製の焼物』という意味より瓦概念が定着したものであろう」(「瓦」『世界考古学事典』一九七九、平凡社)。

「瓦」は□ではなく□であると説いた會津八一は、屋根や地べたに布いた瓦として、甓（シキガハラ）、㽁（シキガハラ）・甗（シキガハラ）・甍（ムナガハラ）をあげ、容器・食器類として、瓵（モタヒ、カメ）、瓨（モタヒ、カメ）、瓬（モタヒ、カメ）・瓫（モタヒ、カメ）・甇（ホトギ、カメ）・甈（ホトギ、カメ）・甂（ホトギ）、甌（カメ、ハチ）、瓫（ハチ、サラ）・瓺（カメ）・甑（コシキ）・甗（コシキ）を指摘した。「瓦」の篆体として、屋瓦と容器とは別物であり、象形の根源を考えるとき注意することが必要と説いたのである。

會津の指摘は「瓦」の語源を考えるとき極めて重要な提言であるといえる。

サンスクリットの kapāla（カパーラ）は、土器であり、また、衣類などを表現するときに用いる。それは、素焼の土製容器であり、また、身体を覆う衣類のことを指す。食物・身体を覆うもの、これすなわちカパーラである。

サンスクリットのカパーラは、漢字で「瓦」が充てられたと見るべきであろう。會津が性質の異なる二つの別物字に「瓦」が見られることを指摘したのは、まさにサンスクリットのカパーラに含まれている異物同一称呼がそのまま中国に受け入れられたことを示している。ものを覆うモノはすべてカパーラと表現するサンスクリット的表現は、日本においても身体を覆う「伽和羅」であり、亀の甲羅の「加宇良」であった。したがって「瓦」を「加波良」と読んだ『和名類聚抄』は、カパーラの一つの表現を忠実に説いたものであった。

屋根、それは建築物を覆うもの、まさにカパーラであったし、一方、素焼の焼物もカパーラであった。

漢字の「瓦」は、すでに中国において二様の意味をもつ用字として定着した。その「瓦」が日本に入ったとき、建築物を覆う「瓦」として受容された。

ここにおいて「瓦」は「カパーラ」となったのである。

(二) 瓦名称論

① 問題の所在――古瓦名称論の回顧

古瓦の名称についての論争を学史的に回顧するとき、それは極めて現在的な課題として認識することができる。

歴史的名称である鐙・宇・堤・男・女瓦については『正倉院文書』に見える例を上限として、多くの史料類に散見する。一方、足立康によって造語された軒丸・軒平瓦も広く用いられているし、藤澤一夫による端丸瓦・端平瓦の称もある。

同一のモノに対して、かくも異なる名称がともに使用されていることは、学術用語の統一といった視点から見るとき、それは決して望ましい現状ではありえないであろう。しかしながら、かかる三通りの名称、とくに鐙瓦＝軒丸瓦＝端丸瓦、宇瓦＝軒平瓦＝端平瓦については、それぞれの研究者の主体的判断によって使用されている。近年、各地において発掘調査される「歴史時代」遺跡から瓦を伴う遺構の検出が、かなり日常的に知られるようになり、それに関する報告書の刊行も相次いでいる。

かって、「古瓦名称論争」として学界を賑わした先学の応酬について改めて整理し、それぞれの論者の主張を展望することは、右のごとき現状にある学界にとって必ずしも徒爾とはいえないであろう。「古瓦名称論争」は現在においても生きているからである。

わが国において、古瓦を巨視的かつ大系的に論述した関野貞「瓦」が公けにされたのは一九二六年（大正一五）のことであり(5)、古瓦の名称について次のごとき見解が示された。

「我国にて普通称する所の平瓦は牝瓦であつて支那にては㼧《トウ》瓦（又は甋瓦）と書き丸瓦は牡瓦であつて彼にては瓪瓦と書いている。併し余は便宜普通の名称に従ひ平瓦、丸瓦と呼ぶこと丶する。又巴瓦唐草瓦は支那にては何と称してゐるかを知らぬが、其文様のある部分を瓦當と曰つている。和名抄に巴瓦を疏瓦と唐草瓦を花瓦又鐙瓦と載せたれども今普通の名称ではなく其上疏の字の意味は不明である。巴瓦の名称も適当では無いが他に都合の善い名称が無いから今姑く普通の称呼に従つて置く。」

このように、関野は、「巴瓦・唐草瓦」を用いたのであった。

関野の「瓦」とともに古瓦に関する纏った論文を公けにした八木奘三郎は「古瓦の研究(6)」において、

「古瓦を研究するには予め其名称の意義を知らざる可からず、若し之を知らずして単に物のみを云為するは稍や片輪《ママ》の誚りを免れざるによ」って次頁の図のごとく表示したのである。

「古瓦の研究」は一九〇二年（明治三五）刊の『考古便覧』に収録されたものであり、同書の増補異名書『考古精説』（一九一〇年）にも「古瓦研究補遺、古瓦研究沿革補遺」を巻末に加えて収められている。

これによって、八木は、牡牝瓦などは丸瓦（中国では筩瓦・甋）、鼓瓦（疏瓦、中国では瓦當）、鐙瓦（華瓦・唐蔓瓦、中国では階瓦・瓪）の三種があると説いたのである。ついで、八木は『考古の栞』（一九〇四）においては、「鼓瓦・唐草瓦」の称を用いた。

大正時代の中頃以降、大脇正一・天沼俊一は、相次いで古瓦図録を刊行した。大脇の『大阪府家蔵古瓦圖録』（一九一九）『續大阪府家蔵古瓦圖録』（一九二〇）、天沼の『家蔵古瓦圖録』（一九二一）『續家蔵古瓦圖録』（一九二六）がそれである。この図録において用いられた古瓦名称は、「疏瓦・花瓦」であった。一方、三輪善之助『古瓦行脚』（一九二五）は、「巴瓦・唐草瓦」を用い、内務省の報告書（『史蹟調査報告』一、一九二六。『史蹟精査報告』二、一九二七）は、「花瓦・唐草瓦」を使用した。また、昭和時代に入り公けにされた保井芳太郎『大和古瓦圖録』（一九二八）、小谷方明『和泉古瓦譜』（一九三二）、住田正一『國分寺古瓦拓本集』（一九三四）、岩井孝次『古瓦集英』（一九三七）などは「巴瓦・唐草瓦」を、大脇『佛像寶塔及梵字瓦圖録』（一九二七）、保井『南都七大寺古瓦紋様集』（一九二八）、玉井伊三郎『吉備古瓦圖譜』（一九二九）、鈴木敏雄『三重縣古瓦圖録』（一九三三）などは「疏瓦・花瓦」を使用し、上田三平は「疏瓦・唐草瓦」を専ら用いた（内務省『史蹟調査報告』四、一九二八。文部省『史蹟調査報告』五、一九三〇）。石田『古瓦圖鑑』（一九三〇）、相川龍雄『上野國分寺文字瓦譜』（一九三四）、四天王寺『四天王寺圖録』古瓦篇（一九三六）などは「鐙瓦・宇瓦」を用いたのである。

- 古瓦
  - 第一　家　瓦
    - （甲）屋根瓦
      - （イ）棟瓦
      - （ロ）牡瓦
        - （一）丸瓦
        - （二）皷瓦
        - （三）鐙瓦
      - （ハ）牝瓦
      - （ニ）詰瓦
    - （乙）壁瓦（即ち煉瓦及平瓦）
    - （丙）塼瓦（即ち敷瓦）
  - 第二　銘経瓦
    - （甲）銘　瓦
      - （イ）紀念瓦
      - （ロ）埋葬瓦
    - （乙）経　瓦

　他方、梅原末治は、朝鮮半島のとくに新羅の瓦について関心を寄せ、諸鹿央雄所蔵『新羅古瓦譜』一（一九二六）の「序」において「疏瓦・花瓦」の称を用いた。しかし、実際の図版においては「華瓦」が用いられている。さらに、濱田耕作・梅原『新羅古瓦の研究』（『京都帝國大學文學部考古學研究報告』一三、一九三四）においては「圓瓦・平瓦」を用いた。この圓瓦・平瓦はともに文様を有する瓦当付きのものを指したものであった。

　このように古瓦名称の用い方については、大正時代の後半から昭和の初期にかけて、「巴瓦・唐草瓦」と「疏瓦・花瓦」の二通りが認められるのであり、前者は東京、後者は京都における研究者間にあって用いられていたのである。「花瓦・唐草瓦」は柴田常恵が石田茂作と相談して内務省の報告書に用いた。

　「花瓦・唐草瓦」を柴田に提言した石田は「本邦古瓦に就て」[7]と題する論文を一九二九年（昭和四）に公けにし、「平瓦・丸瓦・花瓦・唐草瓦・文字瓦・桟瓦・鬼瓦」の名称をもって説いた。そして「研究に最も多く役立つものは、就中（一）花瓦、（二）唐草瓦、（三）文字瓦である」とし、それぞれの名称について次のごとく説明を加えたのである。

「花瓦は一般には巴瓦と云つた方が判り易いかも知れぬ。屋根の軒先きにある円い輪廓の中に巴や家の紋所などを円した瓦である。巴瓦といふ名称もさういふ所から起つたのであろうが、この種の瓦の文様に巴文をつけるのは比較的新しいことで、古くはいづれも蓮花文を図案したもので、（中略）唐草文を図案した唐草瓦と対して用ひられたものであるから、花瓦と呼ぶのが適当だと考える。尚この花瓦は、これを懸倒した形が馬具の鐙みに似てゐるところから疏瓦又鐙瓦といふ人もあるが、それは気取りすぎた名称と云つてよい。（中略）

唐草瓦は軒先に於いて花瓦と花瓦との間を連ねてゐる文様ある横長い瓦である。その文様は多く唐草を図してゐる為この名があるが、花瓦に花文以外の種々の模様がある如く、この種の瓦にも唐草以外の文様を附したものも無いでは無い。（中略）

文字瓦とは瓦當面以外のところに文字あるものを仮りに名づけた名称である。」

このように石田は、「花瓦・唐草瓦」の名称を用いたのである。

ついで、石田は「本邦古瓦概説」(8)を執筆し、さきの論文において用いた「花瓦・唐草瓦」の名称を「鐙瓦・宇瓦」と変更した。その要因は、『正倉院文書』正集第七に収められている次のごときわが国最古の瓦名称文献の存在であった。

造東大寺司　牒興福寺三綱務所

應造瓦參萬枚

男瓦玖仟枚　　女瓦壹萬捌任枚

堤瓦貳仟肆伯枚　鐙瓦參伯枚

宇瓦參伯枚

右、限十一月十五日以前、可用件瓦、然司造物繁忙、不堪造瓦、乞察此趣、彼所令造、期内欲得、其所用人功竝食料、依數將報、今以状牒、牒至早速處分、以牒

天平勝寶八歳八月十四日　主典正七位上葛井連根道

長官正五位上兼下総員外介佐伯宿禰今毛人

判官正六位兼下野員外椽上毛野君眞人大僧都良辨

この文献によって、石田は以降、「男瓦・女瓦・堤瓦・鐙瓦・宇瓦」の名称を用いることになる。

而して、それについては、

「鐙瓦《アブミカワラ》は俗にいふ巴瓦の事で、其の懸倒した形の乗馬の鐙に似てゐるから名づけたもの、女瓦は俗に云ふ平瓦の事で、今も平瓦を『メイタ』と呼ぶ事が職入仲間では通用している。（中略）女瓦に対する男瓦は今いふ丸瓦又壺瓦に該当するものである事、鐙瓦に対する宇瓦《ノキカワラ》（文書に見える其の枚数共に參伯である事は、両者が相よつて対をなすものと思はれる）は、俗に云ふ唐草瓦をさすものである事も、つづいて察せられるところである。残る堤瓦《ツツミカワラ》は其の数から見ても名称から考へても棟に用ひたものとして疑ひ無いであろう。」

と述べたのである。

明治以降、昭和初期にいたる古瓦名称に関する主なる論著は以上の通りであるが、一九三〇年に石田茂作が提唱した歴史的名称が学界の注視をうけ、「古瓦名称論争」を誘発する一つの要因となったのである。

②　問題の展開――論争の経過

古瓦名称論争に登場する直接的な主要論文は次の通りである。

関係文献

文献1　石田茂作「本邦古瓦概説」(『古瓦圖鑑』一九三〇年八月。のち『伽藍論攷』所収、一九四八年一〇月)
文献2　會津八一「古瓦の名稱について」(『考古學雜誌』二三―一二、一九三三年一二月。のち『會津八一全集』三所収、一九六九年三月)
文献3　石田茂作『佛教の初期文化』(『岩波講座　日本歴史』一九三四年五月)
文献4　足立　康「軒瓦の名稱に就いて」(『考古學雜誌』二六―一二、一九三六年一二月。のち『足立康著作集』二所収、一九八七年四月)
文献5　足立　康「軒瓦の名稱に就いて」(『夢殿』一八「綜合古瓦研究」一九三八年三月)
文献6　久保常晴「鎌倉・室町時代の瓦の名稱」(『銅鐸』七、一九三八年六月。のち『続々佛教考古學研究』所収、一九八三年一〇月)
文献7　村田治郎「軒先瓦の名稱私見」(『考古學雜誌』二九―二、一九三九年二月)
文献8　足立　康「再び軒瓦の名稱に就いて」(『考古學雜誌』二九―三、一九三九年四月。のち『足立康著作集』二所収、一九八七年四月)
文献9　足立　康「再び軒瓦の名稱に就いて」(『夢殿』一九「綜合古瓦研究」二、一九三九年一一月)
文献10　石田茂作「本邦古瓦に就いて」(『夢殿』一九「綜合古瓦研究」二、一九三九年一一月)
文献11　足立　康「軒瓦名稱の問題」(『建築史』二―一、一九四〇年一月)
文献12　足立　康「三たび軒瓦の名稱に就いて」(『考古學雜誌』三〇―三、一九四〇年三月。のち『足立康著作集』二所収、一九八七年四月)
文献13　久保常晴「古瓦名稱の變遷」(『考古學雜誌』三〇―八、一九四〇年八月。のち『佛教考古學研究』所収、一九六七年一一月)

文献14　井本正三郎「瓦の名稱に就いて」（『考古學』一一―九、一九四〇年九月）

文献15　足立　康「四たび軒瓦の名稱に就いて」（『考古學雜誌』三〇―一〇、一九四〇年一〇月。のち『足立康著作集』二所収、一九八七年四月）

文献16　會津八一「古瓦名稱の用例について」（『考古學雜誌』三〇―一〇、一九四〇年一〇月。のち『會津八一全集』三所収、一九六九年三月）

文献17　久保常晴「再び『古瓦名称の變遷』に就いて」（『立正史学』一四、一九五〇年一〇月。のち『佛教考古學研究』所収、一九六七年一一月）

文献18　石田茂作「古瓦名称の意義と名称」（『飛鳥・白鳳の古瓦』一九七〇年一一月）

「本邦古瓦概説」（文献1）において瓦の歴史的名称を正しく復活させた石田茂作の主張を強く支持したのは、會津八一であった。

會津は、「古瓦の名稱について」（文献2）において、古文献を渉猟して「䟽瓦《ツツミ》」は「棟ツミ瓦」であり、「巴瓦」ではないことを説き、あわせて「巴瓦」は「鐙瓦」「花瓦」であろうと主張した。そして「唐草瓦」は「宇瓦」であることを再確認したのである。さらに「牝《メ》瓦」「牡《ヲ》瓦」について論及し、「牝瓦」（瓪瓦）は「平瓦」で、「牡瓦」（筒瓦）は平瓦と平瓦との間の「空隙」に「俯して押へつける」ものであると論じたのである。そして、

「今日学界で最も広く用ゐられる『䟽瓦《ツツミ》』『花瓦』の二語ともに、徳川時代中葉以後、学者の不注意に端を発した、誤用であつて、其実は、古来一貫した本格的な用例に従て『花瓦』『宇瓦』といふべきものであることが明にされる。不幸にして現在誤用の範囲が大分広いから、この復旧には、一時は幾分の困難があるかも知れぬが、何程の困難があつても、これほど明瞭な誤用を固執するほどの事も無かろう。そこで私は、今こゝに敢てその訂正を提議する。」

表1　古瓦名称用例一覧表（文献2による）

	平板状にて中央凹み左右の両端少し上に反りたるもの	上の如くにして前面の一端に唐草など文様のあるもの	半円筒状にて凹瓦の両端を覆ふべきもの	上の如くにして前面の一端に円盤あり其上に蓮華などの文様あるもの	棟の上を覆ふもの（形状は種類あり）	摘要
天平勝宝八年正倉院文書	女瓦	宇瓦	男瓦	鐙瓦	堤瓦	
宝亀十一年「西大寺資財流記帳」					隄瓦	
『廣隆寺資財交替實録帳』					堤瓦	活字本「堤風」とあるは「堤瓦」の誤なり。
『延喜式』木工寮	瓪瓦	宇瓦	筒瓦	鐙瓦	提《ママ》瓦	「堤瓦」は「堤瓦」なること論なし。
延喜五年『勸世音寺資財帳』					堤瓦	
『倭名類聚鈔』居處部	牝瓦 瓪 女加波良		牡瓦 甑 平加波良	花瓦 鐙瓦 阿布美加波良	疏瓦 都々美加波良	『和名鈔』の著者は「宇瓦」を脱落せるのみ。其他の名称は彼自身として誤りしにあらず。
応徳二年造法勝寺注文	平瓦		丸瓦			此文書は俗間の名称によりたるものと見ゆ。未だ原本を見ず裱齋の引用に據る。
嘉承元年『七大寺日記』法隆寺之條					裹瓦	褁《ツツミ》瓦なり。
永享十年在銘法隆寺南大門瓦				アブミ瓦		実物に箆書にせしものなれば、実際の用例として重視すべし。
寛正四年在銘百済寺三重塔瓦				アブミ瓦		これ亦た実物の箆書なることを注意すべし。
『和漢三才圖會』	牝瓦 版瓦 平瓦 戈瓦	唐草瓦 ×花瓦 ×鐙瓦	牡瓦 丸瓦 筒瓦	巴瓦 ×疏瓦 ×皷瓦 ×⿰同瓦 ×甑 ×⿰甬瓦		『和名鈔』を曲解せしもの、如し。「ツツミ」を「皷」のことに解せるより間違を生じたり。また誤りて上古の唐草瓦は形鐙に似たりなど云へり。

狩谷棭齋『倭名類聚鈔箋註』	牝瓦 女加波良 瓪 版瓦 仰瓦 平瓦	宇瓦 唐草瓦 ×牡瓦 ×乎加波良 ×甋	丸瓦 筒瓦 ×疏瓦 ×堤瓦 ×都々美加波良	花瓦 鐙瓦 阿布美加波良 巴瓦 （瓦當） （瓦頭）	棟瓦 ×甍	「宇瓦」「唐草瓦」と、「牡瓦」「甋」とを混同し、「丸瓦」「筒瓦」とを混同せり。「瓦頭」「瓦當」は文様ある部分の名なりとせり。
松崎慊堂「秦漢瓦當圖引」	瓪 版瓦	×甋 ×階瓦	筩瓦 甋	（瓦當）		棭齋の友人にして誤謬の傾向を同じうせり。
澤田名垂『家屋雑考』	牝瓦 女加波良 平瓦	から草 ×花瓦（アブミカハラ） ×鐙瓦 ×阿布美加波良 ×はな瓦 ×牡瓦	牡瓦 乎加波良 丸瓦	×疏瓦（ツヅミ） ×皷瓦 ×牡瓦 ×都々美加波良	棟瓦	『和漢三才圖會』の誤謬を伝承せるもの、如し。
中村達太郎『日本建築辭彙』		唐草瓦 ×鐙瓦		巴瓦 ×宇瓦	堤瓦	「宇瓦」と「堤瓦」を反対に解せられたるが如し。
關野貞『瓦』（『工業大辭典』所載）	牝瓦 平瓦	唐草瓦 ×花瓦 ×鐙瓦	牡瓦 丸瓦 海鼠瓦	巴瓦 ×疏瓦		「花瓦」「鐙瓦」「疏瓦」につきましては『和漢三才圖會』に據られしものと見ゆ。其他列挙の名称甚だ多きも今は重要なる一部のみを摘出せり。
關野貞『瓦』（『考古學講座』所収）		唐草瓦		巴瓦		関野自身は専ら此二種を愛用せらる。
現在一般学界諸家		×花瓦《アブミカハラ》		×疏瓦《ツヅミカハラ》		『和漢三才圖會』に據らるゝもの、如し。
石田茂作『古瓦概説』	牝瓦	宇瓦	牡瓦	鐙瓦	堤瓦	石田の命名はすべて古来の正格に協へり。
世俗一般称呼	牝瓦 メイタ 平瓦	唐草瓦	牡瓦 丸瓦	巴瓦	棟瓦	
宋李明仲『栄造法式』	牝瓦 瓪 瓪瓦 戊	華頭瓪瓦	牝瓦 甋 㽉 甋瓦	華頭甋瓦		流布本「牡」を「牝」と誤写せり。
清程敦『秦漢瓦當文字』	仰瓦		筒瓦	（瓦當） （瓦頭）		「瓦當」「瓦頭」は文様ある部分の名なり。
字典	瓪（『集韻』） 甗（同上） 甖（同上） 仰瓦（『六書故』） 瓴（同上） 瓦溝（同上）		甋（『玉篇』） 㽉（同上） 㼥（『集韻』） 㼧（同上） 覆瓦（『六書故』）		㽉（類韻）	

と述べ、さらに「花瓦」をやめて「鐙瓦」としたい、との見解を示したのである。

したがって、會津の主張は、「鐙瓦・宇瓦」にすべし、との提言であるといえよう。

歴史的名称として「鐙瓦・宇瓦」を提唱した石田は、『佛教の初期文化』（文献3）において、

「鐙瓦とは後世巴瓦と呼ぶ種類の瓦で、是を懸倒した形の鞍の鐙に似てゐるためこの名がある。（中略）鐙瓦に対して女瓦の端に連るものを宇瓦と云ふ。」

と説明を加え、鐙瓦・宇瓦の使用を一般化する方向を示した。

このような鐙瓦・宇瓦名称の使用に対して、「必ずしも妥当なものとは云へぬ」との観点から異見を提出したのが足立康である。

足立は、「軒瓦の名稱に就いて」（文献4・5）において、「鐙瓦と宇瓦」「巴瓦と唐草瓦」「軒丸瓦と軒平瓦」に関する見解を述べ、新たに「軒丸瓦・軒平瓦」の造語を提示した。

「鐙瓦・宇瓦」に関して、

「この名称は、例の正倉院文書を初めとし、其他の諸書に散見してゐるものであつて、鐙瓦とは軒先用の丸瓦を指し、宇瓦とは同じく軒先用の平瓦を指してゐるのである。しかしこれらの名称が従来正しく使用されて来たものであれば問題は別であるが、事実上『鐙瓦』は逆に軒先用平瓦の意味に誤用されて居り、また『宇瓦』は却つて軒先用丸瓦の意に解されたりして、両者は少なからず混雑してゐる。仍つて今日に於ける軒瓦名称の混乱を是正せんがために、新なる術語として、態々この錯雑せる経歴を有する鐙瓦・宇瓦を復活せんとするのは、妥当の事とは云へぬように思ふ。」

と述べ、さらに、

「一、命名の根據が不統一である事

一、鐙瓦命名の根據が不適当である事
一、宇瓦と云ふ名称が妥当でない事
一、名称が難解である事
一、鐙瓦が『軒先用平瓦』の意に誤用されてゐた事
一、宇瓦が『軒先用丸瓦』の意に解されてゐる事」

を指摘し、「今更この名称を復活し、以て軒瓦名称の混乱を是正せんとするのは、当を得た事とは云えぬ」としたのである。

また、「巴瓦・唐草瓦」については、

「この名称は、工匠間は固より一般の間にも通用してゐるものであるが、鐙瓦・宇瓦に較べると、却つて余程合理的なところがあると思ふ。第一その命名の根據がいづれも瓦當に用ひられてゐる文様に基いてゐる。（中略）第二にこの名称は通りがよくて誰にでもよくわかる。第三にこの巴瓦・唐草瓦両者の間に絶対に混雑が生じない。」

と説き、「唯一つの問題は（中略）命名の根據が使用文様中の或一種のみに基いて」いることであるが、それを、

「一、軒先用丸瓦を「巴瓦」と呼ぶ――その瓦當に巴文などがつけられるから
一、軒先用平瓦を「唐草瓦」と呼ぶ――その瓦當に唐草文などがつけられるから」

と定義すればよいであろう、と述べた。この見解は「従来のものの中から選ぶとすれば」との前提にたつものであった。

足立は、以上のごとく述べた後に、「新な定義のもとに別な名称を定めた方が便利である」として、

「棟に用ひる平瓦を『棟平瓦』と呼ぶ命名法に倣つて軒先に用ひる平瓦を『軒平瓦』と名付け、また丸瓦に就い

ても同様に扱ひ、以て

軒瓦　軒丸瓦——軒先に用ひる丸瓦（即ち巴瓦にあたる）
　　　軒平瓦——軒先に用ひる平瓦（即ち唐草瓦にあたる）

とするのである。」

と主張した。それは「少くとも次に示すような長所を有つて」いる、として、

「一、命名の根據が統一されてゐる事
一、よくその体を現してゐる事
一、平明である事
一、不合理の点がない事
一、誤用或は混雑の虞が全くない事」

を挙げたのである。

表2　古瓦諸名称比較表（文献4による）

	軒先用丸瓦	軒先用平瓦	命名の根據	備考
古い名称	鐙瓦	宇瓦	鐙瓦は軒先用丸瓦を裏返しにして見た形態により、宇瓦はその使用位置による	鐙瓦は軒先用平瓦の意に誤用されてゐた、宇瓦は軒瓦の総称
一般の名称	巴瓦	唐草瓦	両者共に、使用せる文様中の一つの名称による	巴文のない軒先用丸瓦も多い、唐草瓦に就いても同様
本稿の名称	軒丸瓦	軒平瓦	両者ともに、本瓦葺の基本材たる丸瓦平瓦の名称と、その使用位置の名称とによる	略して「軒丸」「軒平」とする事ができる

この足立新提唱の「軒丸瓦・軒平瓦」名称の学界への浸透は、文献5が掲載された『夢殿』第一八冊の「綜合古瓦研究」に寄せられたすべての論文中の瓦名称が「軒丸瓦・軒平瓦」に統一されたことによっても端的に見られるように、かなり恣意的な方向で進められた[9]。

一方、會津が文献2において提示した古瓦名称の用例を追加した久保常晴の論文（文献6）が公けにされ、「伝統ある名称としての鐙瓦・宇瓦の称呼」に同調する見解が示された。

また、「軒丸瓦・軒平瓦」名称に賛同したかに見えた村田治郎[10]は、「新名称には未だ不十分の点がある」との観点から足立提案を批判して自ら「圓瓦當・平瓦當」を提唱した（文献7）。

村田は「軒先瓦の名称私見」（文献7）において、

「軒丸瓦・軒平瓦なる新名称を、軒先瓦の先端部と同義のやうに取扱ふのは、新名称の特徴を生かす所以でないと同時に、従来の旧名称の欠陥をも其の侭うけ継いでゐる事になる。（中略）一個の瓦全体の名称を一個の瓦の一部分の名称であるかの如く誤用した点に原因がある。」

と述べ、「瓦の先端部だけの名称を定めて置」くとの考えから、

「軒丸瓦の瓦當を圓（又は丸）瓦當、軒平瓦の先端部を平瓦當と呼ぶこと」

を提唱したのである。このような村田の主張する名称は次のごときものであった。

「圓《マル》（丸）瓦《ガワラ》・平瓦《ヒラガワラ》 …………先端部のない普通の瓦の個々の全体を指すときの名称
軒圓《ノキマル》（丸）瓦《ガワラ》・軒平瓦《ノキヒラガワラ》…………先端部のある丸瓦・平瓦の一個一個の全体を指す場合の名称
圓《マル》（丸）瓦當《ガトウ》・平瓦當《ヒラガトウ》…………先端部つきの丸瓦・平瓦の先端部のみの名称。先端部が半円のは半圓瓦當」

かかる村田提言に対して、足立はただちに反論を公けにした。

「再び軒瓦の名称に就いて」（文献8）において、足立は「不審にも軒丸・軒平を恰も瓦當の名称であるかの如く誤

解」している、と述べ、

「抑々吾々が上記の名稱を与へたのは、固から軒先に用ひる丸瓦及び平瓦に対してであつて、決してそれらの先端部即ち瓦當に対してではな（く）（中略）軒瓦の一細部たる瓦當に根拠を置かぬところに著しい特色があると説いたのである。」

そして、「あまりに細部たる瓦當にのみ重きを置き、却つて大局を忘れられている」ことを指摘したのである。

村田提唱の「圓瓦當・平瓦當」に対して、

「一、古瓦の名稱を定められる態度が徒らに瓦當にのみ拘泥され、却つて軒先瓦・棟瓦・箕甲の瓦其他を区別せんとする根本目的を忘れられ勝ちである。

一、この新名稱は各種瓦當に共通してゐるため、的確に軒先瓦を表さず、他と混同する虞があり、建築術語として頗る不適当である。

一、「丸瓦」を「圓瓦」に改めんとする理由は非科学的であり、且つ「圓」字は「丸」字に較べて甚しく妥当を欠いてゐる。

一、「半圓瓦當」の「圓」と「圓瓦」の「圓」とはその用法に異同があり、混雑を来たす虞れがある。」

と述べたのである。

なお、「再び軒瓦の名稱に就いて」（文献9）も、文献8と同様の主旨を述べたものである。

足立が村田の新提唱に異を唱えた文献9が収録された『夢殿』第一九冊「綜合古瓦研究」第二分冊の巻頭には、石田の文献10が掲載された。

この「本邦古瓦に就いて」と題する石田の論文は、「近頃古瓦の名稱に就いて種々論議がある様であるが……」と書き出し、

「私は古瓦の新名稱の提案には同じがたく、奈良朝以来の歴史のある鐙瓦・宇瓦等の名称の使用こそ、古瓦の歴史的研究を持場とするものにとつて最も望ましい事と信ずる。」

との見解を示したものであった。

かかる石田見解に対して、足立は早速に筆をとり、「軒瓦名稱の問題」（文献11）および「三たび軒瓦の名稱に就いて」（文献12）を公けにしてその批判をなしたのである。

文献11は「雑評」欄に掲載したものであったが、文献12は、足立の文献4および文献8と一連のものとして位置づけられるものであった。

文献12において、足立の提唱した「軒丸瓦・軒平瓦」名称が、建築史家をはじめ考古方面においても使用されつつある現状を指摘した後、

「然るにこれらの間にあつてひとり帝室博物館の石田茂作氏は、如何なるわけか、これを使用する事を拒まれ、敢て宇瓦鐙瓦なる非科学的なる名稱を固執されてゐるのは遺憾とするところである。（中略）改めて問題となるのは氏が宇瓦鐙瓦を正当なる学術語であると主張されている点である。」

と述べ、文献10の批判を展開したのである。要は、かつて用いられた名称を歴史的であるからといって復活する必要はない、という主張であった。[11]

文献6において、鎌倉、室町時代の瓦名称を紹介した久保は、さらに関係資料を博捜して、會津の文献2の「古瓦名称用例一覧」に加うべき資料を提示した「古瓦名稱の變遷」（文献13）を公けにし、

「明治以後に於いて、江戸時代中期以後の正濁併せ呑む態の無差別をそのまま継承して各人各様の名稱を以つて唱えられ来つた、此の鐙瓦と宇瓦の名稱は、斯く変遷の略明らかになつた現在、過去の誤用にこだわる事なく正しき名に復して、統一ある称呼の行われん事を希望する次第である。」

との見解を述べたのである。

この久保見解に対して、足立は「四たび軒瓦の名稱に就いて」（文献15）をもって応酬した。すなわち、足立などの「所説を曲解又は誤解されてゐる」とし、「宇瓦鐙瓦の変遷がわかり、その誤用が訂正されたから、これを今日の術語として用ふべしと云はれるのは、これは質の異なる両問題を混同しての素朴な議論であって、石田氏の謬見をそのまゝ継承されてゐると思はれる」と。さらに「要するに吾々が宇瓦鐙瓦の復活に賛意を表し得ないのは、この名稱そのものが非科学的であるからである」と断じ、次のごとくその理由を列挙したのである。

「一、既にその伝統が断えていること

一、名稱が頗る難解であり、一般人殊に工人達にとつて使用し難いこと

一、命名の根拠が不統一で、鐙瓦はその外形により、宇瓦はその使用位置に基いてゐること

一、宇瓦即ち『のきかはら』は軒先に用ひる丸瓦及び平瓦の総稱であるから、これらによつて軒先の平瓦だけを示さんとするのは、恰も『人間』と云ふ名稱によつて男又は女の一方だけを示さんとするに等しいこと

一、宇瓦即ち『のきかはら』は『軒瓦』と混同される虞があること

一、曾て『鐙瓦』は『宇瓦』の意に用ひられてゐたこと

一、曾て『宇瓦』は『鐙瓦』の意に解せられたことがあること」

なお、文献14は、「鐙瓦・宇瓦」を使用するのが妥当である、との見解を述べたものであり、また、「古瓦名稱の用例について」（文献16）は、文献2の「古瓦名稱用例一覧表」の誤植を正したものである。

「再び『古瓦名称の変遷』に就いて」（文献17）は、文献6・文献13に続く「古瓦名稱用例」の追加資料を掲げ、あわせて「歴史的名称なる男・女・鐙・宇瓦の称への復活を希望」したものである。

「古瓦名称の意義と名称」（文献18）は、古瓦研究の意義と名称について述べたものであるが、とくに古瓦名称論争

の当事者の一人として、当時、石田が見聞した論文にあらわれぬ事柄についても記述したものであり、古瓦名称論争の裏面史ともなっている。とくに、石田はその稿を閉じるにあたって、

「軒丸瓦・軒平瓦の称は古瓦を知らぬ素人にも判り易い呼称であるが、鐙瓦・宇瓦の称はそれに比べると難解で、古瓦に就いて一応の説明を聞かぬと納得がゆかぬ。然しそれは奈良時代以降平安・鎌倉・室町・江戸時代にわたりずっと使用されて来た名称である。それを素人に難解だと言って捨て去ってよいものであろうか。（中略）伝統ある鐙瓦・宇瓦の称を捨てて、新しい軒丸瓦・軒平瓦に乗り替える気にはなれない。」

と感懐を披瀝したのである。

「軒丸瓦・軒平瓦」を造語した足立は、その非同調者に対して筆鋒鋭く論難したが、一九四一年一二月に没した。したがって、文献17・文献18は没後に公けにされたものであった。

③　課題と展望──名称統一をめぐる私見

古瓦の名称に関する論争は、究極的には一連の「歴史的」名称の使用を主張する石田茂作・會津八一・村田治郎・久保常晴に対し、「科学的」名称の造語の使用を強く主張した足立康との間に行なわれたものであった。それは、足立の強烈な個性によって展開されたものであり、古瓦に限らず、歴史的史料そのものの名称を学術的に如何に定めるか、といった視点が含まれている。

この論争の一つの特徴は、足立の対応した方法にあった。『正倉院文書』中から、当時、用いられていた瓦の名称を具体的に指摘して歴史的名称によって古瓦の名称を定めようとした石田、その歴史的名称が平安時代以降にも存在することを示すことによって石田提案に同調しようとした會津に対し、足立は独自に学術用語を造り対応したのである。

足立は、自己の主張を述べるにあたって、常に二誌にほぼ同一内容の論文を掲載した。

「軒瓦の名稱に就いて」（文献4）にはじまる一連の論文は『考古學雑誌』を軸にして、『夢殿』『建築史』を一方の発表誌とした。文献4・5、文献8・9、文献11・12の組合せがそれである。

このような発表方法は、個性ある足立にしてはじめて可能であったことは想像に難くない。新造語である「軒丸瓦・軒平瓦」を提唱した文献4・5においては、対応する論者の論文を註記する程度であったが、一度、批判を受けるやその筆鋒は、文献8・9および文献15に見られるごとく鋭く、また非同調者に対しても文献11・12のごとく一方的に論断したのである。

この古瓦名称論争は、一九三九年から一九四〇年にかけて展開するが、とくに、一九三九年は、足立にとって法隆寺新非再建論の新説発表、そして、喜田貞吉・源豊宗・田中重久との論争の年であり、[12]また、石田などによって若草伽藍跡が発掘された年でもあった。

古瓦名称論についての足立の主張は、一九四〇年に公けにした久保批判の文献15で終わる。それは、一応、自己の主張は『考古學雑誌』に掲げた「四つの論稿」（文献4・8・12・15）に尽されていると判断したからでもあろう。足立なき後も古瓦名称についての関心は決して等閑視されることなく続いている。それは、軽部慈恩が百済の古瓦を論じるにあたって名称問題に触れ「歴史的な名稱」を使用するとされたこと、[13]あるいは、近年にいたって田中重久が『奈良朝以前寺院址の研究』（一九七八年八月）中に旧稿「古瓦の説」[14]とともに「再び古瓦の名称について」を収録したことによっても明らかであろう。田中は、村田が文献7で主張した「圓瓦當・平瓦當」を学術語として使いたいと表明している。

また、藤澤一夫は「軒丸瓦、軒平瓦の学名は、軒先に位置する瓦という拠所をもって命名された。しかし、その使用場所は軒先とはかぎらず、箕甲もあれば、桧皮葺などの棟甍もある。これらの使用位置は、軒先、箕甲などは屋根全体の縁端であり、棟甍においてはその部分の縁端である。このような理由から、軒のかわりに端《はな》とかえ、端丸瓦、端平瓦とよぶのがよい」と主張した[15]。

さらに、『奈良国立文化財研究所基準資料』Ⅰ瓦編1解説（一九七四年三月）は「瓦類の名称は、研究者によってまちまちであり、すべてに納得のゆく統一名称はないとも言える。軒丸瓦・軒平瓦については、その名称に関して議論がおこなわれたこともあるが、いまだに多くの名称が用いられている。たとえば鐙瓦・巴瓦、宇瓦・唐草瓦などと言われたり、あるいはこれらの瓦が必ずしも軒先のみに用いるものではないという理由から、端（はな）丸瓦・端平瓦の名称を用うべきとの考えかたもある。また、軒丸瓦に対して『軒円瓦』の用字をあてる場合も見られる」と、説明を加えたうえで「軒丸瓦・軒平瓦」を用いている。そして軒丸瓦・軒平瓦ともに、瓦当部および丸瓦部・平瓦部から成っているとの解説を施している。このように古瓦の名称については、いまだに統一がなされていない。

古瓦名称論争は、昭和一〇年代のとくに中頃に花花しく展開したが、法隆寺再建非再建論争と時期的に重なり、その一方の当事者が同一人であったこともあって学界の注目をうけた論争であったと言えよう。

以上のごとく、古瓦名称論争について見てくると、それは、日本の考古学界が宿命的に内包している用語の統一問題と決して無関係ではないことが知られる。とくに「瓦」が建築分野の学問と深くかかわっているだけにより統一に困難を来たしている側面があり、現代の瓦について説いている著書のなかに「軒巴《ノキドモエ》・平唐草《ヒラカラクサ》瓦」の名称が用いられているる[16]ことも注意しておいてよいであろう。

このような古瓦の名称を一般の人びとに対して説明する場合はどうであろうか。いま、手元にある近頃の古瓦特別展の目録からそれの一端を窺ってみることにしよう。

「太宰府古瓦展」（福岡・観世音寺宝蔵、一九六四年）――軒丸瓦・軒平瓦
「飛鳥・白鳳古瓦展」（奈良国立博物館、一九六八年）――鐙瓦（軒丸瓦）・宇瓦（軒平瓦）
「京の古瓦」（京都国立博物館、一九七〇年）――軒丸瓦・軒平瓦

「京都府の古瓦」（京都・丹後郷土資料館、一九七三年）――軒丸瓦・軒平瓦
「九州の古瓦と寺院」（福岡・九州歴史資料館、一九七四年）――軒平瓦・平瓦と丸瓦の軒先瓦当《ノキサキガトウ》
「山陰の古瓦展」（鳥取・倉吉博物館、一九七五年）――軒丸瓦・軒平瓦
「房総の古瓦」（千葉・房総風土記の丘、一九七八年）――軒丸瓦・軒平瓦
「法隆寺古瓦展」（奈良・法隆寺宝蔵殿北倉、一九七八年）――軒丸瓦・軒平瓦
「豊前の古瓦展」（福岡・北九州市立歴史博物館、一九七九年）――軒丸瓦・軒平瓦
「特別展　国分寺」（奈良国立博物館、一九八〇年）――鐙瓦（軒丸瓦）・宇瓦（軒平瓦）
「群馬の古代寺院と古瓦」（群馬・県立歴史博物館、一九八一年）――軒丸瓦・軒平瓦
「吉備の古代瓦」（岡山・岡山市教育委員会、一九八一年）――軒丸瓦・軒平瓦
「歴史時代の徳島市―阿波の古瓦―」（徳島・徳島市教育委員会、一九八二年）――軒丸瓦・軒平瓦
「神奈川の古瓦」（神奈川・県立博物館、一九八四年）――鐙瓦・宇瓦
「尾張の古代寺院と瓦」（愛知・名古屋市博物館、一九八五年）――軒丸瓦・軒平瓦

このように、多くは、「軒丸瓦・軒平瓦」を用いているが、「鐙瓦・宇瓦」を用いている場合もあり、必ずしも統一的な名称が流布しているわけでもない。同様な事例は、古瓦出土遺跡の報告書にも見ることができる。かかる現状において、それを統一することは難事であり、時の経過が必要とされよう。

ただ、私見としては、瓦のごとき中国・朝鮮半島・日本に共通して用いられているモノに対しては、共通する用語の設定が望まれる。中国あるいは韓国においては「瓦當」が使用されている現状を見るにつけ、新たなる発想から古瓦名称を巨視的に検討することも徒爾ではないであろうと考えている。

東アジアに展開した文化のなかで、地域を超えて、また、国を超えて共通性をもつ考古学的資料の名称について

は、多くの問題はあるにしてもそれの統一が期待される。いわば、漢字使用圏に共通する考古学用語の統一の方向が樹立されたときこそ、古瓦名称に関する論議が共通の問題として提起されてくるであろう。

㈢　古瓦名称の統一

①　非統一の現状

日本考古学における用語の統一問題は、古くして常に新しい課題である。すでに多くの先学が、それぞれの立場で用語問題を論じてきたことは学史に明らかであるが、なかでも古瓦の名称論については、論争にまで発展したことは広く知られている[17]。

現在、日本各地で発掘調査の実施されている瓦葺建築の遺跡数は極めて多く、その報告書の刊行も汗牛充棟の状態を呈している。一方、日常的に眼に触れ耳に入るマスメディアの普及、さらに博物館などの通常展示、各種展覧会の開催に際して古瓦に接する機会が増加しているのが現状である。

このような状況のなか、一九三〇年代に足立康が提唱した「軒丸瓦・軒平瓦[18]」の新造語が慣用化されつつあるのに対して、歴史的名称「鐙瓦・宇瓦[19]」、さらには藤澤一夫の新造語「端丸瓦・端平瓦[20]」、加えて〝瓦業界〟用語の「軒巴瓦・平唐草瓦[21]」の名称が用いられているし、また、瓦当面を重視した村田治郎の提案「圓瓦當・平瓦當[22]」を継承する傾向も見られる。

古瓦の調査研究は、独りわが国のみでなく東アジア地域における瓦葺建築遺跡の調査が進むにしたがって、中国大陸、朝鮮半島においても関係の報告書が陸続と刊行されている。そこにおいては日本のごとく名称の混乱なく「瓦當」が普遍的に用いられている。

古代の東アジア地域における木造瓦葺建築は、地域を超えて発達した建築であることから多くの共通点を見出すことができる。よって、将来、東アジアの全域を網羅した古代建築論がそれぞれの国の研究者によって説かれることは当然の成行きであり、また、現に試みられつつある。

このような諸点について想いをめぐらすとき、わが国における古瓦名称の非統一の問題について等閑視することはできないのである。

以下、古瓦名称の統一をめぐる問題について、現状に立脚して若干の私見を披瀝しておきたいと思う。

② 名称論の現状

一九七四年三月、奈良国立文化財研究所は『奈良国立文化財研究所基準資料』Ⅰ—瓦編1解説—を公けにした。そこでは研究所創立二〇有余年の輝しい業績を自負し、八世紀の「軒瓦」に関する基準が提示された。

「瓦類の名称は、研究者によってもまちまちであり、すべてに納得のゆく統一名称はないとも言える。軒丸瓦・軒平瓦については、その名称に関して議論がおこなわれたこともあるが、いまだに多くの名称が用いられている。たとえば鐙瓦・巴瓦、宇瓦・唐草瓦などと言われたり、あるいはこれらの瓦が必ずしも軒先のみに用いるのではないという理由から、端（はな）丸瓦・端平瓦の名称を用うべきとの考えかたもある。また、軒丸瓦に対して『軒円瓦』の用字をあてる場合も見られる。」

と「瓦類の名称」項において説き、「軒丸瓦」と「軒平瓦」を用いたのである。

奈良国立文化財研究所においては、すでに一貫して「軒丸瓦・軒平瓦」を用いてきていたが、それは日本古文化研究所が実施した藤原宮跡の発掘報告書[23]における古瓦名称をそのまま踏襲したことによるのであろう。藤原宮跡の発掘を担当し、報告書を執筆したのは新造語の提唱者・足立康その人であったことから「軒丸瓦・軒平瓦」の使用は当然のことであったといえる。

足立は、報告書の当該章の註[24]において

「茲に用ひる軒丸瓦及び軒平瓦とは軒先にある丸瓦及び平瓦の平明なる名稱である。近頃正倉院文書に基く鐙瓦宇瓦と云ふ六ケ敷しい名稱が一部に用ひられてゐるようであるが、鐙瓦は先頃まで軒平瓦と誤られ、また宇瓦とは軒先瓦の総稱とも云ふべきものであり、しかも軒先瓦だけをかく呼んだところで、其他諸種の屋根瓦の名稱まで悉く奈良朝のものに復活せしめる事もできないから、今更かかる名稱を新に使用する必要はないと考へる」と主張したのである。この報告書の刊行は、足立の新造語提唱の論文[25]が公けにされた一月前のことであり、遺跡の報告書において「軒丸瓦・軒平瓦」が用いられた最初の例となったのであった。

奈良国立文化財研究所は、平城宮跡・藤原宮跡をはじめ、諸古代寺院跡の発掘報告書においても「軒丸瓦・軒平瓦」を用いていることは周知の通りであるが、難波宮跡においては、当初「重圏文円瓦」「蓮花文円瓦」、「重弧文平瓦」「唐草文平瓦」と表現していた。すなわち「軒円丸・軒平瓦」を用いていたのである。[26]また、長岡宮跡の発掘調査に関する報告などは「軒丸瓦・軒平瓦」を用い、[27]さらに平安京跡関係のそれも「軒丸瓦・軒平瓦」を専ら使用している。[28]

このような「軒丸瓦・軒平瓦」を用いる報告書は、古代都京関係で大津京跡、古代城柵関係で多賀城跡をはじめすべての城柵跡の発掘報告書で共通している。それは、都府県さらに市町にいたる行政単位の官あるいはそれに準じる第三セクター的な法人などにおいても共通性をもっている。[29]

かかる状勢のなかにおいて、奈良国立博物館が公けにした『飛鳥・白鳳の古瓦』（一九七〇）は「鐙瓦・宇瓦」を、東京国立博物館の『日本考古展図録』（一九七〇）も同じく「鐙瓦・宇瓦」を用いた。それに対して京都国立博物館の『瓦と図録』（一九七四）『古瓦図録』（一九七四）は「軒丸瓦・軒平瓦」を用いている。

同様な現象は、埼玉県の県史編さん室『埼玉県古代寺院跡調査報告書』（一九八二）が「軒丸瓦・軒平瓦」、千葉県の市立市川考古博物館『市川市出土のかわら』（一九八八）が「鐙瓦・宇瓦」となっている。

また、一般向けの著作として、大川清『かわらの美―埋れた日本古代史―』（一九六六）、住田正一・内藤政恒『古瓦』（一九六八）、稲垣晋也『古代の瓦』（一九七一）は「鐙瓦・宇瓦」、森郁夫『かわらのロマン―古代からのメッセージ―』（一九八〇）『瓦と古代寺院』（一九八三）『瓦』（一九八六）は「軒丸瓦・軒平瓦」を用いている。

古瓦の図録類としては、原田良雄『東北古瓦図録』（一九七四）、前場幸治『国分寺古瓦拓本集』（一九七八）などは「鐙瓦・宇瓦」、九州歴史博物館『九州古瓦図録』（一九八一）、山本静古『佐渡国分寺古瓦拓本集』一（一九八四）などは「軒丸瓦・軒平瓦」を用いている。『古瓦百選―讃岐の古瓦―』（一九七四）は、総説（稲垣晋也）で「鐙瓦・宇瓦」、本文解説（安藤文良）で「軒丸瓦・軒平瓦」が使われている。これに近い例は、長野県の常楽寺美術館の『古瓦図版目録』（一九七二）であり、総説（難波田徹）で「鐙瓦（軒丸瓦）・宇瓦（軒平瓦）」、本文で「鐙瓦・宇瓦」と表現している。この図録は三年後に『古瓦百選』（一九七五）と改題して出版され「軒丸瓦・軒平瓦」となった。『四天王寺古瓦聚成』[30]（一九八六）は、監修者・藤澤一夫の「蓋瓦」（まえがき）、本文解説は「軒丸瓦・軒平瓦」が用いられている。また、廣田長三郎『古瓦図考』（一九八九）は、「古瓦図」には「鐙瓦・宇瓦」が用いられているが、付載された「古瓦考」論文の多くは「軒丸瓦・軒平瓦」を使っている。[31]

以上のごとく、二、三の出版物から古瓦名称の使用について瞥見してくると、そこには明らかに〝歴史的名称〟である「鐙瓦・宇瓦」を使用する研究者と〝新造語〟である「軒丸瓦・軒平瓦」を用いる研究者の二つの流れがあることを改めて認識することができる。それは、研究者の個人の責任において執筆され公けにされる著作とともに公けの機関の責任において刊行される出版物にも二つの用い方が認められる。奈良国立文化財研究所が公けに使用した足立康の新造語「軒丸瓦・軒平瓦」も、まだすべての研究者を納得させるにいたっていないことを知ることができるのである。このほか、村田治郎の「圓瓦當・平瓦當[32]」、藤澤一夫の「端丸瓦・端平瓦」名称もあるが、それを用いる研究者は、現在のところ一、二の研究者に限られているようである。

③　統一への期待

日本における古瓦の名称については以上のごとく統一されていない。歴史的名称として「鐙瓦・宇瓦」、新造語である「軒丸瓦・軒平瓦」と「端丸瓦と端平瓦」、中国および朝鮮半島で使用されている瓦当を軸にした「圓（丸）瓦当・平瓦当」が鼎立しているが、なかでも「鐙瓦・宇瓦」と「軒丸瓦・軒平瓦」が学界を二分しているのが現状である。

漢字を使用している中国および韓国においては如何なる状況にあるのであろうか(33)。

中国においては、例えば、「中国科学院考古研究所工作人員業務学習教材」と副題のついている『考古学基礎』（一九五八）には「瓦當」が使用されている。近年の『中国大百科全書・考古学』（一九八六）には、「瓦当即档」と説き「秦汉瓦当」の項がある。同書の「平城京遺址」項（王仲殊）にも「瓦当」が用いられているが、それは『中国考古词汇―汉英対照―』（一九八三）に見える「瓦当、半瓦当 tile―end；Semi―Circular tile―end」と同じく、外国の同種遺物に対する称呼として定まっているからであろう。国内的にも王仲殊『漢代考古学概説』（一九八四）、新疆社会科学院考古研究所『新疆考古三十年』（一九八三）、汪宁生『雲南攷古』（一九八〇）など最近の各地出版物には共通して「瓦當」が使用されている。定期刊行物の『考古学報』『考古』『文物』をはじめとする一連の雑誌類に掲載される論文・報告にもすべて「瓦當」が用いられていることはいうまでもない。

韓国においては、金元龍『韓国美術史』（一九六八）などの概説書、國立博物館の図録（『國立中央博物館』『陳列品圖録―國立慶州博物館―』『扶餘博物館陳列品圖鑑』など）、国立博物館の特別調査報告（『感恩寺』一九六一など）、さらには、忠南大学百済研究所編『百済瓦塼図譜』（一九七二）など、すべて「瓦當」が使用されている(34)。

このように中国および韓国においては、古来、中国において使用されてきた「瓦當」が依然として用いられているのである。とくに中国においては「秦漢瓦當文字」が一般化し多くの図録が編集されてきたことは周知の通りである。その瓦当の半截は「半瓦當」と呼ばれ、中国古瓦を代表するものとして知られてきた。そこにおいては、名称の混乱はなく一貫して「瓦當」と表現されてきたのである。

日本においては、かつて用いられていた名称「鐙瓦・宇瓦」などが『正倉院文書』（正集第七）に見え、また、近年、平城宮跡朝堂院の東北隅から「鐙瓦・宇瓦」など当時における瓦名称が記載された木簡が出土し(35)、かかる名称が一般的に用いられていたことを、さらに明らかに認識することができたのである。

以上のごとく東アジアにおける古瓦の名称問題について瞥見してくると、同一の遺物に対して共通性をもつ名称の設定が望まれてくる。中国・韓国においては「瓦當」で統一されているが、日本においてはいまだ定っていない。用語の統一は極めて難事であるが、日本の考古学が東アジア地域の考古学の一として隣接諸国の考古学と共同歩調をもって展開するためには、是非とも解決しなければならない課題の一つである。古瓦名称の統一問題もかかる認識による論議が必要であろう。

その場合、現状において考えられるいくつかの案が提示されよう。

1は、「瓦當」を念頭におく説。かつて村田治郎が提唱した「圓瓦當・平瓦當」、そして「半瓦當」である。

2は、日本独自の名称「鐙瓦・宇瓦」を用いる説。斎藤忠・軽部慈恩そして井内功が朝鮮古瓦について論じた際に用いた方向。

3は、新造語として（a）「軒丸瓦・軒平瓦」（b）「端丸瓦・端平瓦」のいずれかを用いる考え方。

4は、関係諸国間において国際シンポジウムを開催し、それぞれの主張のうえにたって共通用語を定めること。

これらの四案中、理想としては4であろうが、それの実現は短期日の間に実現しそうもない。2は、日本の一部の研究者は歓迎するであろうが、国内において統一することができないことは現状の示す通りである。3の場合も2に近いが、3（a）は日本国内では漸次広まってきているが、外国には弱い。3（b）は、まだその喧伝が充分でないが3（a）と同様であろう。残る1は、中国・韓国で現に使用されていることから日本の研究者の考え方によっては実現が可能となろう。その場合、かつて足立康が指摘した問題が残るが、提案者の村田治郎の見解を改めて検討することが肝要であろう。しかし「瓦當」は瓦それ自体の形態名称ではなく、瓦の当（底）の部分の平面的称呼に過ぎないことが自明であり、形態的な分類を考慮しての名称が望まれる限り不都合であろう。

このように見てくると、瓦の形態分類による限り「丸瓦・平瓦」の二大別を前提とすることが望まれる。「丸瓦」に瓦当のついたものに対して「端丸瓦」、「平瓦」に瓦当のついたものに対して「端平瓦」とする藤澤一夫の造語は、「軒丸瓦・軒平瓦」の「軒」字使用の不適当を指摘したものとして注目される。(36)

考古学に限らず学術用語は、簡にして明なることが必要であるが、それは同時に用語がもつ本来的な意味が含有されたものでなくてはならないであろう。

誤用流布されている用語は一日も早く訂正すべきである、と日頃考えている私にとって古瓦の名称問題は、個人的な感情を超えて統一化の方向を望んでいる。〝用途不明の「土壙」〟式な用語が公然と用いられている考古学界の現状をここいらで真剣に考えることも必要であろう。

註

（1）江戸時代の古瓦の研究については、清野謙次『日本人種論変遷史』（一九四四）の「古瓦に関する研究史」参照。

（2）古瓦名称をめぐる論争については、坂詰秀一「古瓦名称論」（『論争・学説日本の考古学』六歴史時代、一九八七）および「古瓦名称の統一問題」（今里幾次先生古稀記念『播磨考古学論叢』一九九〇）。

（3）「瓦」の語源について研究を進めたのは、會津八一である。會津の古瓦研究は、とくに名称論において有名であるが（「古瓦の名称について」『考古學雜誌』二二―一二、一九三二）、同時に「瓦」（『國史辞典』二、一九四〇）、「『瓦』とい ふ漢字について」（『天平』一、一九四七）において語源問題について論じている。とかく、辞典に当該語の説明的記述が多いなかにあって真正面から「瓦」字について説かれた注目すべき業績である。なお、『會津八一全集』三（一九六九）には瓦関係の論文が収録されている。

（4）『広辞苑』の第一・二版には「梵語 kapāla」とあり、第三・四版には「梵語 kapāla からか」と説明されている。一・二版になかった「からか」が三・四版に加えられている事情について触れておく必要があろう。「からか」が加えられたのは、駒井鋼之助の『広辞苑』編集部（岩波書店）に対する執拗な問題提起の結果であると推察する。この事情については、同『古瓦の文化史』（一九八九）にみられる。私も直接、駒井から右の事情を聞いたことがある。

（5）関野貞の「瓦」は、『考古學講座』〈紫本第一～四・七・一二・一四・一五・一七・一九・二〇・二四号、一九二六～一九二八〉、〈黄本第五・九巻、一九二八〉に収められたもので、後、「日本古瓦文様史」と改め、体裁・挿図その他を改訂して『日本の建築と藝術』上巻（一九四〇）に収録された。ただし、関野は「瓦」以前に「古瓦模様沿革考」を『考古界』に連載し（一―六～八、二―六・一〇、三―一、一九〇一～一九〇三）、その劈頭に「唐草瓦及巴瓦の称呼は、近世多く附する所の紋様により与へられたる俗称に過ぎずして、其名の甚だ当らざるを見る。何となれば、巴紋は比較的後世の者にして、昔時は蓮花文を附すること多く、又唐草瓦の如きも、往々巴紋若しくは文字等を用うることあればなり。『和漢三才圖繪』には巴瓦を蹄瓦となし、『ツヽミカハラ』と訓し、唐草瓦を華瓦となし、『アブミカハラ』と訓ぜり。然れども、巴瓦及唐草瓦の称呼が、既に長く普通の用語となり来れるを以て、玆には便宜之に随ふこととなせり」と述べて、「巴瓦・唐草瓦」を用いている。

関野が参考にしたのは、江戸時代における古瓦名称について触れている寺島良安『倭漢三才圖繪』（一七一二、正徳二年）である。そのなかに「巴瓦・唐草瓦」の名称についての記載があり、巴瓦は蹄瓦《ツツミ》のことで牡瓦《マル》の端にあり巴文をもち、端の形が鼓の面に似ている。唐草瓦は花瓦《アブミ》のことで牝瓦《ヒラ》の端にあり草文をもっているので唐草瓦と名付けている。鐙の形に似ている、と説かれている。この記載が、後世、古瓦名称の混乱の一因をなしている。同様のことは、澤田名垂の『家屋雑考』（一八四二、天保一三年）にも引き継がれている。

なお、一八九七年の奥村探古「本邦各地より掘出す古瓦に就て」（『考古學會雜誌』一―五）には、平瓦・丸瓦・文字瓦のほか「花模様ノ丸瓦」「菊花の瓦」と見えている。

(6) この論文は「緒言、第一古瓦の採集と右記載の著書、第二名称の意義と種類の区別、第三使用の年数、第四沿革、第五棟瓦、第六壁瓦、敷瓦、経瓦」から構成され、巻末に「古瓦一覧表」が掲載されている。

(7) 『大崎學報』七七。この論文はほとんど知られていないので、古瓦名称に関する部分を引用しておきたい。石田の古瓦についての最初の総括的論文であり、日本における古瓦の歴史的名称を「男瓦・女瓦・堤瓦・鐙瓦・宇瓦」と明らかにした論文に先行したものであることを注意したい。

(8) 『古瓦圖鑑』（一九三〇）

(9) 「夢殿」第一八冊の「綜合古瓦研究」に寄せられた諸論文は、「ゲラ刷の段階において（中略）総てに渡つて軒丸瓦・軒平瓦に」統一されたという。それは編集者の佐伯啓造が「あれは足立先生が強引で……」と平謝りしたということが石田茂作によって記録されている（文献18）。しかし、「強引に古名使用の原稿をも新学名に統一した」のは、「付図の編輯作成を担当した」藤澤一夫であったという（藤澤「瓦と私―昭和初期における瓦研究の問題―」『古代の瓦を考える―年代・生産・流通―』一九八六年一〇月）。

(10) 「綜合古瓦研究」に「満州に於ける古瓦に就いて」を執筆し、「軒丸瓦・軒平瓦」を用いた。

(11) 石田は、この足立の批判に対して、とくに答えていない。後年、足立との古瓦名称問題については文献18でも述べているが、その一端については「八一先生と私」（『會津八一全集』三附録『月報』六、一九六九年三月）のなかで次のように回想している。

「私が嘗つて正倉院古文書から見付けて、従来の巴瓦が鐙瓦、唐草瓦は宇瓦《のき》とすべきと言ったのに賛成して、更に平安鎌倉時代の文献からもそう称するのが正しいと力説して下さったのが會津先生だった。これに依ってか、巴瓦を疏瓦・唐草瓦を花瓦と称しつづけて来た京都の天沼俊一博士も鐙瓦宇瓦説に同調して下さるようになった。

ところがこれに対して鐙瓦宇瓦は素人には判り憎いから軒丸瓦・軒平瓦とすべきだと提唱していた足立康君は、瓦の議論はさておいて、会津先生の書いた論文に片端しからケチをつけるようになった」と。

(12) 村田治郎『法隆寺の研究史』（一九四九年一〇月）

(13) 『百済美術』（一九四六年一〇月）

（14）この論文は『郷土』四―七（一九三六年六月）に発表されたものである。

（15）「屋瓦の変遷」（『世界考古学大系』四日本Ⅳ　歴史時代、一九六一年七月）。藤澤は、さらに「造瓦技術の進展」（『日本の考古学』Ⅵ歴史時代上、一九六七年七月）において、「鐙瓦すなわち端丸、宇瓦《のき》すなわち端平瓦」と説明した。また、「瓦と私―昭和初期における瓦研究の問題―」（前出、註（9））は、Ⅰ古代蓋瓦名称史、Ⅱ蓋瓦学名論争史、からなり、古瓦名称論争に関与し、かつ、新造語提唱者としての見解が披瀝されている。すなわち、鐙瓦を端丸瓦（はしまるかわら）、宇瓦を端平瓦（はしひらかわら）とし、以前の「はな」訓みを「はし」と訓むことにしたい、としている。「瓦と私」は、一九八六年一〇月四日、帝塚山考古学研究所（堅田直所長）の主催により、奈良市史跡文化センターにおいて開催された「シンポジウム古代の瓦を考える―年代・生産・流通―」の記念講演の要旨として書かれたものである。古瓦名称論についての総括的論文でもあり、論争の裏面史についての記載もある。小文の執筆にあたり、時間的な都合で充分に参考にすることができなかったことは残念である。

（16）坪井利弘『日本の瓦屋根』（一九七六年五月）

（17）古瓦名称をめぐる論争については「古瓦名称論」（『論争学説日本の考古学』六「歴史時代」一九八七）において一応の総括をしたことがある。本稿はその続編としての意味をもつものである。以下ここで主対象とするのは、瓦当をもつもの「鐙瓦―軒丸瓦―圓（丸）瓦當―端丸瓦」「宇瓦―軒平瓦―平瓦當―端平瓦」についてであり、「男瓦・丸瓦」と「女瓦・平瓦」などについては触れない。その理由は、「男瓦・女瓦」「丸瓦・平瓦」のいずれも歴史的名称として捉えられるからであり、態勢として「丸瓦・平瓦」が広く用いられているからである。

（18）足立康の古瓦名称に関する論文は『古代建築の研究』下（『足立康著作集』二、一九八七）に収録されている。ただし、それは『考古學雜誌』に掲載された論文のみである。

（19）歴史的名称については、石田茂作「本邦古瓦概説」（『古瓦圖鑑』一九三〇、『伽藍論攷』一九四八に所収）および「古瓦名称の意義と名称」（『飛鳥・白鳳の古瓦』一九七〇）が代表的論文である。

（20）藤澤一夫「瓦と私―昭和初期における瓦研究の問題―」（『古代の瓦を考える―年代・生産・流通―』一九八六）に端的に述べられている。

(21) 平井利弘『日本の屋根瓦』(一九七六)『古建築の瓦屋根―伝統の美と技術―』(一九八一)など。
(22) 村田治郎「軒先瓦の名称私見」(『考古學雜誌』二九―二、一九三九)
(23) 『藤原宮阯伝説地高殿の調査』一・二(一九三六・一九四一)
(24) 『藤原宮阯伝説地高殿の調査』一(一九三六)
(25) 足立　康「軒瓦の名稱に就いて」(『考古學雜誌』二六―一二、一九三六)
(26) 山根徳太郎など『難波宮阯の研究』研究豫察報告第壱(一九五六)『大阪城の研究』研究豫察報告第壱(一九五三)では「瓦當」を用いていた。その後、『難波宮阯の研究』研究豫察報告第六(一九七〇)までは「軒円瓦・軒平瓦」、『難波宮跡研究調査年報』一九七一年からは「軒丸瓦・軒平瓦」と表現するようになった。
(27) 『長岡京古瓦聚成』(向日市埋蔵文化財調査報告書二〇、一九八七)など。
(28) 平安博物館『平安京古瓦図録』(一九七七)など。
(29) 関係の報告書を列記すると「軒丸瓦・軒平瓦」の使用文献目録となり膨大な量となるので省略したい。現在、刊行され続けている都府県市町の報告書のほとんどは「軒丸瓦・軒平瓦」である。ただ、例えば、栃木県など「鐙瓦・宇瓦」を用いている場合もあるが少数である。
(30) 四天王寺の古瓦については『四天王寺圖録』古瓦編(一九三六)がある。この図録は天沼俊一が編集したもので「鐙瓦・宇瓦」が用いられている。古瓦図録に歴史的名称が用いられた嚆矢的な著作である。
(31) この図録の監修者は木村捷三郎である。木村の『造瓦と考古学』(一九七六)には「鐙瓦・宇瓦」「あぶみ瓦(軒丸瓦)・のき瓦(軒平瓦)」と見えている。
(32) 「円瓦当・平瓦当」を用いる研究者は、田中重久である。「北白川廃寺址は粟田寺と官寺円覚寺の複合遺跡(下)」(『史迹と美術』四六―一八、六古瓦の名称)。なお、田中の見解については「古瓦の説」(『郷土』四―七、一九三一)を参照されたい。この二論文は『奈良朝以前寺院址の研究』(一九七八)に収録されている。
(33) ここでは、ごく近年の文献若干について触れるに止どめたい。管見に入った文献中、代表的と考えられる例についてのみ記載する。

(34) 京都帝國大學文學部考古學研究報告の第一三冊として刊行された『新羅古瓦の研究』(一九三四)は、濱田耕作・梅原末治の執筆したものであるが、「圓瓦・平瓦」と表現し、それに「瓦當」の有無が考慮されている。本書は足立の新造語の提唱以前の執筆であることを注意する必要がある。その後、梅原は「東亜の古瓦に就いて」(『夢殿』綜合古瓦研究、一九三八)を発表し「軒圓瓦當・軒平瓦當」を用いた。斎藤忠『朝鮮古代文化の研究』(一九四三)『朝鮮佛教美術考』(一九四七)および軽部慈恩『百済美術』(一九四六)は「鐙瓦・宇瓦」を使用している。また、井内古文化研究室(井内功)の『朝鮮瓦塼図譜』Ⅰ～Ⅶ(一九七六～八一)は、かつて伊藤庄兵衛が蒐集した資料を核として編集されたものであり、村田治郎の学的援助のもとに成ったこの図録は「鐙瓦・宇瓦」を用いている。東潮・田中俊明『韓国の古代遺跡』一新羅篇、二百済・伽耶篇(一九八八・八九)には「軒丸瓦・軒平瓦」と「瓦當」が併用されている。

(35) 奈良国立文化財研究所『平城宮発掘調査出土木簡概報』一一(一九七七)

(36) 藤澤は註(20)において、「端丸瓦・端平瓦」名を「至上の術語として採用し、またその使用に対し大方の協賛を求めたい」と述べている。日本を含めた東アジアの古瓦名称として差障りのない用語であり広く喧伝したら如何であろうか、と考えている。関係者の一考を煩わしたいと思う。

V　塔婆と墓標

一　宝篋印塔の源流

宝篋印塔は、五輪塔とともに日本における石造塔婆の代表的な塔形として造立され、その「祖型」「起源」問題・形態のバリエーション・時空的あり方などについて論議されてきた。とくに「祖型」「起源」をめぐる問題については村田治郎(1)・藪田嘉一郎(2)をはじめ川勝政太郎(3)・杉山信三(4)などによって、それぞれ高説が発表され、関係学界の耳目を引いてきたところである。

それらの研究を通して、宝篋印塔の「祖型」は中国の金塗塔に求められる、とする現在的通説が膾炙されてきた。この問題について石田茂作は『日本佛塔の研究』（一九六九）の「日本佛塔の諸相と系譜」のなかで、宝篋印塔の「形は飛鳥時代からあり、それは印度古塔とつながるもの」と指摘し、インドの覆鉢塔の「基壇と覆鉢を無視して平頭を異状に発達させたもの」であり、舎利を宝篋中に入れて平頭中に安置したので「礼拝の対象は平頭」としたのである。そして「四隅の方立て」は種々施された装飾の一つ、と理解された。この石田説は極めてダイナミックな構想にもとづく所論であり魅力的な考えである。

宝篋印塔の塔形の直接的「祖型」は、金塗塔とする藪田見解はその通りであると思われるが、金塗塔の塔形「祖型」の問題となるといま一つ明瞭ではない。

一方、日本の宝篋印塔の「源」は、中国の石造宝篋印塔とする吉河功の見解が『石造宝篋印塔の成立』（二〇〇〇）

として公けにされた。

この二つの説は、いずれも宝篋印塔の「祖型」「源」が中国に求められるという点では軌を一にしているが、その「源流」がどこに求められるか、いうことについては論及されていない。ともに日本の「宝篋印塔」の形の「祖」「源」は中国と考えられているようである。

宝篋印塔の形の源流をめぐる問題については、かつて、日本考古学協会第六三回総会の公開講演「仏教考古学の諸問題」（一九九七・五・二四）において「薬師寺」仏足石の流伝問題とともに触れたことがある。[5] その要旨は、日本の宝篋印塔の形態は中国において形成されたが、形態の源流はインドに求められるであろう、という憶説であった。

宝篋印塔の形の源流問題を中国よりさらに西に求める見解は、小谷仲男によって〝隅飾り〟を「西アジア起源の都市城壁につく凸形胸壁に由来する」との見解が提唱されている（『ガンダーラ美術とクシャン王朝』一九九六、但し、初出は「宝篋印塔隅飾りの源流」『史迹と美術』五五二、一九八五）。この小谷見解は、天沼俊一[6]・村田治郎のガンダーラ仏塔の平頭装飾説から導きだされたものであり、建築史の立場からの提言であったと言えるのであろう。

石田がインドに源流を求める説を展開したのは、天沼・村田説を仏教史ないし仏教考古学の立場から論じたものであり、中国祖元説とは視角を異にしている。

さきに、宝篋印塔形の源流をインドに求めたいとする憶測をもっている、と述べたが、それは覆鉢塔の平頭の発展したインドの仏堂形態の一つである「仏陀伽耶型」仏堂にそれを求めたい、と考えているからである。

仏陀伽耶型仏堂については改めて触れる機会もあろうが、方形平坦屋上の中央に大きな塔形を聳えさせ、四隅に同形態の小さな塔形を配するもので、インドのボードガヤーをはじめ、ミャンマー・タイ、そして中国と広範囲に分布する独特の形をもつ仏堂の一型式である。このような仏堂のミニチュア化されたものが、塔形となってガンダーラを経て中国にもたらされたのではあるまいか、[7] と秘かに考えているのである。

インド覆鉢塔の平頭にその源流を求める考えは、仏陀伽耶型の仏堂を介在させることによってその流れが時間的にも位置づけることができるであろう。今後、インド覆鉢塔にみられる平頭の形態とその造立年代、仏陀伽耶型の仏堂の造立年代の検討とその流伝を踏まえて、より具体的にこの問題を展開させたい、と考えている。日本にみられる仏教の遺構・遺物のあり方を巨視的に把握する一つの事例として、各種仏塔の形態とその流伝について考えていくことも肝要であろう。

註

（1）村田治郎「中華における阿育王塔の成立」（『史迹と美術』三九〇、一九〇〇）「中華における阿育王塔形の諸塔例」（『史迹と美術』三九二、一九〇〇）「中華阿育王塔形の銀塔二例」（『史迹と美術』三九九、一九〇〇）「仏舎利をまつる建築」（『佛教藝術』三八、一九六三）

（2）藪田嘉一郎編著『宝篋印塔の起源　続五輪塔の起源』（一九六六）所収の「宝篋印塔の起源」など、また「宝篋印塔の起源」補考。

（3）川勝政太郎「宝篋印塔の笠部手法について」（『考古學雜誌』二六―五、一九三六）

（4）杉山信三「宝篋印塔の形成について」（『史迹と美術』七三、一九三六）

（5）坂詰秀一『仏教考古学の構想』（一九九九）所収の「Ⅱ　仏足跡信仰」。

（6）天沼俊一「宝篋印塔四隅突起の一考察」（『史迹と美術』一〇〇、一九三九）

（7）一方、部派仏教の南方伝播に伴ってスリランカを経てミャンマー・タイに仏陀伽耶型仏堂が流伝したことが推定される。

二　板碑の名称と概念

「板碑」の名称については、江戸時代に慣用語として用いられ[1]、その後、改めて学術用語の一としての論議[2]を経て現在にいたっている。

その間に用いられてきた名称としては、本来の性格を踏まえたものとして卒塔婆・卒都婆・塔婆・石塔婆・板石塔婆・平石塔婆・板塔婆・青石塔婆などがあり、一方、主として江戸時代以降、慣用的な俗称として用いられてきた板碑・古碑・石碑・碑・青石・板石・平仏・板仏などがある。この二つの名称はモノそれ自体の称呼としていずれが正しいか、と言えば前者であることは贅言を有しないであろう。しかしながら、現在、後者のグループに入る「板碑」が用いられることが多い[3]。

日本の考古学において用語の統一問題は、古くして新しい問題であるが、それは多くの場合、歴史的な慣用語を採るか、また、対象物の性質による新造名称の提案によるか、のいずれかである。その顕著な例として瓦の名称問題と並んで「板碑」名称問題がある。

歴史的な慣用語として「板碑」が用いられはじめたのは江戸時代に遡るが、近代的な考古学としての立場からそれが用いられたのは、白井光太郎が一八八九年（明治二二）に発表した「板碑ニ就テ述フ[4]」を嚆矢とすることができるであろう。そこにおいて白井は次のように述べている。

坂碑ハ両野武総等ノ地方ニ発見スル一種ノ墓表ニシテ、秩父ノヘゲ石ヲ以テ作リ、全体簿ク板ノ如ク、上端∧（やま）形ヲナシ、其形方今墓制ニ樹ツル木製ノ卒塔婆ト一般ニシテ、其幅甚濶キノ差アルノミナリ。其表面ニハ通常上部ニ梵字ヲ刻ミ、下部ニ建設ノ年号・人名・經文等ヲ刻メリ。然レドモ又同上部ニ仏像ヲ刻ミ、下部ニ花瓶・寳塔等ヲ添刻セル者アリ。

ここにおいて、従来、俗称として慣用化されてきた「板碑」の〝分布・性格・形状〟が簡潔に示され、学術的用語として改めて登場してきたのである。

ついで、山中笑は一九一三年（大正二）に「板碑に就て」[5]を公けにし

板碑は供養塔の一種にして墓志にあらず。死者の名を刻するを重とするにあらず。其中には死者埋葬の地に立しもあらんが、直接に死者の記念碑の如きにもあらず。

と主張され、さらに、一九二七年（昭和二）に三輪善之助は「板碑について」[6]と題する論文中において

板碑は墓志ではなく、死者の追善のため、又は生きて居る者が後生安楽のためにする供養即ち逆修の意味で造立したものであります。板碑の形状は長方形の緑泥片岩即ち秩父青石の細長く薄い石板で作られ、頭部の頂上を三角形とし、其下に二線を引き、其下方に梵字と年号とが刻されたものである。

と、明快に説いたのである。

かかる山中・三輪の見解は、中島利一郎が一九三〇年刊の『考古學講座』に執筆した「板碑」[7]において系統的かつ組織的に論じられる基いとなった。

中島の「板碑」は、概説・年表篇からなり、概説は形体様式、名称及び文献・出現、年代、分布、造立の趣意、板碑と梵字について述べ、年表篇には、武蔵・上野・下野・下総・安房・常陸・相模・駿河・信濃・越後の十カ国に分布する板碑が編年順に並べられた。そして板碑の条件として（一）原料が緑泥片岩であること、（二）扁平な石を用いていること、（三）頂部が三角形であること、（四）三角形の下に二条の緑乃至二条の深き溝の切込みのあること、（五）表面だけを用いて裏面を使用しないこと、（六）下部を尖らして地中に挿込んで使うこと、（七）供養塔又は逆修塔であって、単なる記念碑ではないこと、の七条件を挙げたのである。当時の学界において「板碑」に代えて「作

善碑」「青石卒塔婆」などの新名称が提案されていたのに対して「板碑」は

既に徳川時代にあって、立派に成立した名稱であり、且つこれで一般稱呼になっているのであるから、強ひて此を捨てて、彼に就くの必要はあるまい。

と断じたのである。

この新名称「青石卒塔婆」[8]については一九二三年に稲村坦元などによって使用されたものであったが、稲村は、さらに一九三一年にいたって「青石塔婆」[9]論を積極的に提唱した。

新名称に対しては、早速、服部清道[10]（清五郎、天野寂）によって反対論が公けにされたが、それは服部畢生の労著『板碑概説』（一九三三年九月刊）の出版を眼前に控えての布石であった、ともいえよう。

服部の『板碑概説』は、総論と各論からなる大著であり、板碑の総括的研究として永く学界に膾炙されるものであったが、なによりも「板碑」名称を定着させる役割りを果したものであった。

板碑の概念について服部は、

假令へそれが本来は関東地方に遍在する緑泥片岩製の板碑より出でたる称呼なりとは云え、用材の如何により、形態の如何によりて左右されるものではなく、その内容即ち宗教的価値に重点を置く、もっと広義のものである。

との見解を披瀝したのである。そこに示された「宗教的価値」に重点をおく服部見解は、同書の内容を象徴的に示す発言であった。

また、「歴史」考古学の論文と報告を多く掲載した考古學會（日本考古學會）の機関誌『考古學會雑誌』『考古』『考古界』『考古學雑誌』[11]に登載された「板碑」関係論文七三篇に用いられている用語を見ると、板碑六九・青石塔婆一・供養碑二・その他一、となっている。また、『史迹と美術』[12]誌掲載の「板碑」関係論文三八篇に用いられている用語は、板碑二八・板石塔婆五・青石塔婆二・石造卒塔婆一・石塔婆一・その他一、となっている。

このように「板碑」名称が多く用いられていることが知られるが、かかる背景のもとに国の指定物件にも「板碑」が採られている。

さらに、近時「板碑」関係の特集を組んだ『武蔵野』[13]『考古学ジャーナル』[14]『日本の石仏』[15]などの雑誌のいずれもが「板碑」を用い、また「板碑」の入門書として広汎に読まれている小沢國平の『板碑入門』（一九六七年一月刊）、千々和實の一連の著作の発表も[16]「板碑」名称の定着に大きな影響をあたえるものであった[17]。

一方、「板石塔婆」名称の使用も行なわれている。埼玉県立歴史資料館[18]による埼玉県内「板碑」の悉皆調査報告として公けにされた『埼玉県板石塔婆調査報告書』[19]（一九八一年三月刊）がそれである。

このように見てくると「板碑」の名称は、現在、「板碑」を主とし「板石塔婆」の使用も認められていることが知られるのである。

「板碑」は江戸時代から慣用化された俗称として親しまれ現在にいたっているが、その称呼のなかには板石状の卒塔婆としての意味をも内包して人口に膾炙され、文化財用語として、また、学術的用語として定着している。

「板石塔婆」は、まさにその形状と性格を具体的に示すものであり、実体に即した名称ではあるが、それにもかかわらず、われわれが「板碑」を用いるのは、「板碑」の空間的な存在に注目するからである。

すなわち「板碑」の型とその地域的なあり方を関連させて名称を統一したい、と考えているからである。

「板碑」の名称は、形状に基づく型の設定によるところが大きい。

服部は『板碑概説』において、武蔵型・下総型・東北型・畿内型・阿波型・九州型に分類した。この分類は、形状を根幹にして地域性に立脚したものであった。服部による各型の分布と形状の概要は次の通りである。

武蔵型は、武蔵を中心に、北は上野・下野に及び常陸の一部を加え、西は信濃の一部から甲斐、東は下総の西半分の地域と房総半島の一部、南は相模全域と伊豆・駿河の一部に及んでいる。形状の通有性は、用材は秩父石、形態は主に扁平、長方形で頭部は等辺三角形を呈し、頭部と身部との間に二条の切込みをもち、面の上方に種子・仏像を彫り、下方に紀年号、願文などを刻するものである。

下総型は、下総と常陸の一部に分布し、その形状は、主として扁平の方形石を使用し、頭部は三角形のものと方形のものの二様あり、二条の曲線はないものが多く、存するものにあっても切込みが浅く、全体として横幅の広いものである。また、種子などを中心にし、独特の天蓋・蓮台などが見られる。

東北型は、奥羽全域と北陸そして常陸の一部に及んでいる。ただし、この地域に分布する型は、一応の総称として用いているので国ごとに形状が異なっている。磐城・岩代においては分厚いものと、頭部を三角形にして額を前に突き出し二条の横線をもつものとがある。陸前においては未加工のもの、陸中においては形状にとらわれぬものが特徴となっている。また、日本海岸にあっては「自然石塊」状の円みをもったものを主としている。これらに共通していることは、種子を主尊としていることとである。

阿波型は、ほぼ阿波国の全域に及んでいる。武蔵型と同じく緑泥片岩を用い、長方形で上方を三角形に尖らし、二条の横線を刻み、表面の上方に種子・名号・五輪塔形・仏像などを刻んでいる。

畿内型は、近畿・中国地方に分布しているものの総称であるが、その例は多くない。阿波型をうけたもの、東北型・九州型に近似するものの存在を指摘することができる程度である。

九州型は、ほぼ九州全域に分布し、全体的に分厚いもので、形状は、頭部三角形に尖り、額を前方に突き出し、額と頭との間には二条の横線がめぐらされている。上方に種子・仏像を刻し、下方に造立趣旨・紀年銘を刻している。

また、石田茂作は『日本佛塔の研究』において、板碑（青石塔婆）・類型板碑・自然石板碑に大別した。この三大別はさらに細分され、板碑を図像・梵字・名号・題目、二連碑・三連碑に、また関東・阿波板碑とした。類型板碑は、稜角式・横線式・鉢巻式・眉庇式・剣頭式に、自然石板碑は、横線・鉢巻・図像・梵字・円相・名号に細分されたのである。

板碑（青石塔婆）は、典型あるいは正式板碑とも呼ばれているもので、服部の武蔵型と阿波型を包括する。類型板碑は、緑泥片岩を用材としている板碑（青石塔婆）に対し、用材を異にして典型の板碑の形を模したものであり、自然石板碑は、頭の三角形状を呈する自然石をもって板碑に代用したもの、としたのである。

かかる石田分類は、典型的な板碑を分類の基礎におき、それに類するものを類型板碑、代用したものを自然石板碑としたもので、形態に主眼をおいた分類であった。

このように、服部・石田の板碑類型の設定は、それぞれ分類の視角を若干異にしているものであるが、その基本においては、武蔵国と阿波国に分布する「板碑」を基準としていることが知られる。基準条件として古く中島によって整理され、また、服部も主張した七条件をもつものこそ典型的な板碑なのである。

この典型的な「板碑」を幹として、各地域に造立された類型的な板碑、そして自然石を未加工のまま使用した自然石板碑の存在にこそ眼を向ける必要性を痛感するのである。

「板碑」は、地域により、また、その使用石材の相異によって形態が変化している。このような種々な形が認められていることこそ「板碑」の特質として捉えることができる。

そこには共通の要素として、造立の趣旨が供養塔あるいは逆修塔であり、稀に墓塔として用いられていることを指摘することができるのである。ここにおいて「板碑」は、全国的に造立された石塔婆の一類型として把握されてくるのである。

その造立年次の上限は、典型的な板碑、すなわち武蔵型の場合、埼玉県大里郡須賀広の一二二七年（嘉禄三）銘資料であり、また、下限年次は、埼玉県戸田市新曽妙顕寺の一五九八年（慶長三）銘資料である。

典型板碑以外にあっても、その上限と下限の年代はほぼ同様であり、そこには中世を通じての「板碑」造立の実態を知ることができるのである。

このように「板碑」の造立期間が鎌倉時代から室町時代にかけての中世に限定されてくると、中世に造立された石塔婆の一類であることを改めて認識することができる。

ここにおいて「板碑」は、

中世に供養塔あるいは逆修塔として造立された石塔婆の一類型で一観面を原則とするもの

として把握されてくるのであり、その名称を限定された地域に分布する一類型をもって代表させる「板石塔婆」をも含んだものとして理解したいのである。

本書で「板石塔婆」とせずに、あえて板碑としたのは、以上、縷縷述べてきたごとき理由によるのである。

註

（1）板碑名称の歴史については、久保常晴「板碑の名称」（『考古学ジャーナル』八六、一九七三）があり、それによれば、起源は『散歩漫録』（文化八年）に見えるので、ほぼその頃であろう、という。

（2）板碑名称論については、縣敏夫「板碑研究史」（『考古学ジャーナル』一三二、一九七七）。

（3）国の文化財指定にあたっては「板碑」が用いられている。これは、一九六二年一一月に開催された指定物件の名称に関する文化財保護専門審議会における石田茂作の提案にもとづくもの、といわれている。

（4）『東京人類學會雜誌』三五（一八八九）

（5）『考古學雜誌』三―六（一九一三）

（6）『考古學研究』一（一九二七）

（7）『考古學講座』二九・三三（一九三〇）。ただし紫表紙本の「講座」一九二六～二八年刊の二四巻本には収録されていない。

（8）稲村坦元「武蔵国分寺址の調査―第三遺物、乙青石塔婆」（『東京府史蹟勝地調査報告書』一、一九二三）

（9）稲村「北埼玉郡龍興寺発見の青石塔婆に因んで板碑の称呼を排す」（『埼玉史談』二―五、一九三一）、「板碑名稱論」（『史蹟名勝天然紀念物』六―八、一九三一）

（10）天野　寂〈服部清道のペンネーム〉「板碑の名称について」（『武蔵野』一九―三、一九三二）

（11）『考古學會雜誌』一―一（一八九六）から『考古』『考古界』をへて『考古學雜誌』六〇―四（一九七五）の間に掲載された論文・報告・資料紹介にもとづく。

（12）一（一九三〇）～四五〇（一九七四）

（13）四二―三（一九六三年五月）―板碑特集号

（14）八六（一九七三年九月）特集・板碑の諸問題、一三二（一九七七年二月）特集・板碑の諸問題Ⅱ

（15）一二（一九七九年一二月）―板碑特集

（16）千々和實編『武蔵国板碑集録』一・二・三（一九五六・一九六八・一九七二）、『上野国板碑集録』（一九六六・一九七七）、『東京都板碑所在目録』（二三区分・多摩分）（一九七九・一九八〇）、「板碑」（『新版仏教考古学講座』三、一九七六）など。

（17）「板碑」名称の普及と定着に大きな影響をあたえた石田茂作は『日本佛塔の研究』（一九六九）において、板碑を全国的な視野で各種の塔形と共に総括し、独自の類型論を示したことも注目すべきであろう。

（18）埼玉県立博物館が一九八一年二月から三月にかけて開催した特別展「板碑」の『展示資料図録』（一九八一年三月刊）解説において「石造供養塔婆の一形式」としながらも、「板碑」名称が「現在のところ、一般的にも学術的にも、ある程度定着しているので……用いる」とされていることは、現状を適確に説明したものといえよう。

（19）この報告書は、『板碑―埼玉県板石塔婆調査報告書』と題して名著出版から発売された（一九八一年三月）。

三　板碑の出現と背景

(一) 板碑起源論をめぐって

板碑の起源については、服部清道・千々和實両先達による論究をはじめ、多くの先学によって追究されてきた[1]。それは、板碑の形状に類似する塔形類を検討することによって源流に迫る方法であった。一　五輪塔説、二　笠塔婆説、三　碑伝《ひで》説、四　人形《ひとがた》説、五　宝珠説、と整理されている諸説は、板碑の起源問題の追究にとって重要な視点であった。

かかる板碑の起源を考えるにあたり、(A) 板碑の最古「形式」の追究、(B) 板碑出現の「実質」面（教義的背景）の検討が肝要である、と説いたのは服部であった。『板碑概説』（一九三三）にはそれに対する服部の見解が収められている。服部は「史学者は文献偏重に傾き、考古学者は遺物万能論を固持し、仏教家は教義至上論を唱へ」るという認識にもとづき「目標は中世の仏教史及び仏教文化史の小成であって、板碑の研究は其の序説」であり、該書は「板碑概論」ではなく「板碑概説」であるとの見解であった。「板碑とは何ぞ」の問いに答えるための著作が『板碑概説』であったのである。「概論」ではなかったが、服部の研究視角は.前記（A）と（B）に対する広範な研究が試みられており、後に「板碑研究を集大成したにとどまらず、それ以後の板碑研究を規定し」「板碑学」として「板碑とは何か、どういう板碑があるか、という立場」が強く意識されていくのは「服部氏の意にさえ反して」いった、と述懐がなされるにいたった（千々和到『板碑とその時代』一九八八）。

千々和實は、服部提言（A）を承けて、東国の「初発期板碑」を悉皆調査し、「一三世紀前半の後半（一二二七～

一二五〇）二四年間の荒川・入間川流域における……爆発的大量発生」の実態を明らかにした。また、（B）については、「民衆仏教の成立普及」を具体的に示すものこそ板碑である、と考えた。そして「鎌倉時代に熟読し、民衆に理解・信仰され易くなった仏教」の実態を示すものが板碑であると主張したのである。(2)

一方、服部の（A）に対する所見は、その後の見解を加えると「板碑が出現したのは鎌倉時代の初頭、一二世紀末」とされ、（B）は「前時代の仏教信仰・思想及び造塔供養志向の綜合体として出現」したとされた。(3)

服部と千々和の見解は、それぞれの研究視角を明示しており、興味ある考説となっているが、服部（A）の提言は最古「形式」の認定であり、（B）は平安仏教の展開過程と鎌倉「新」仏教の動態をめぐる課題として捉えることが必要であろう。

板碑の最古「形式」の認定にあたって、まず求められることは〝板碑の概念〟についての整理であり、〝板碑の形式〟の理解である。

板碑は「中世に供養塔あるいは逆修塔として造立された石塔婆の一類型で一観面を原則とするもの」と考えている私にとって、緑泥片岩を石材とし武蔵国を中心に造立された「武蔵型」板碑が、最古「形式」とする千々和の見解は傾聴に値する。それは、武蔵国における板碑の悉皆調査によって導き出されたもので、巨視的に板碑調査を遂行してきた結論として尊重される。このことは「武蔵型」板碑をもって板碑の典型とする石田茂作説(4)ともども、板碑の概念を明示している。それは〝板碑の七条件〟である①緑泥片岩、②扁平、③頂部三角形、④三角形の下に二条線（溝）、⑤表一観面、⑥下部尖、⑦供養・逆修塔を具備することである。(5)

板碑の分類は、地域を背景に使用石材による規制をも考慮して試みられた服部の「板碑分布系統見立図」(6)があり、そこでは、武蔵型・下総型・東北型・畿内型・阿波型・九州型と六区分された「型」の「分布」が示されている。後に、武蔵系・常総系・東北系・東海系・畿内系・北陸系・阿波系・九州系と八「系」の分布が地域性を考慮して設定

される。「型」から「系」と変わるが、(7)本来の分類についてはさして変わることがない。(8)

最古の板碑が分布する「武蔵」は、板碑出現の地として理解することができる、と千々和が主張したように一三世紀の第二4半期こそ板碑が発生した時期と見ることができよう。この時期、この地域の板碑を造立したのは武士であり、板碑の源流は五輪塔である、と断じた千々和の提言は、後の研究者の多くが追従する傾向が強く認められている。

かつて、服部は板碑の最古段階の「型」（系）が武蔵型であると確認することが先決である、と提言していたが、千々和の尽力によって「武蔵型」こそ初現期の板碑と見ることが明らかにされたことによって、板碑の出現期をめぐる問題が前進することになった。

千々和が「初発期」とした武蔵型板碑の出現期の形態は、古来からいわれてきた板碑の七条件（前出）を具備しており、武蔵型板碑こそ典型板碑、と称することが可能である。

他方、服部は、板碑の出現を「鎌倉時代の初頭、一二世紀末」とし、平安時代における仏教のあり方を考慮することが肝要との意趣を披瀝した。かかる考えの根底には、比叡山無動寺谷の「建長三年（一二五一）」銘の花崗岩製石塔（高さ七〇・三センチ、幅二六・三センチ、厚さ一四センチ）の存在がある。頭部三角形で二条線を有し、キリークが蓮台上に乗っているもので、武蔵型板碑の七条件の①緑泥片岩が花崗岩、②扁平が肥厚であることを除き、③頭部三角形、④三角形の下に二条線（溝）、⑤表一観面などほぼ一致している。もっとも、①②は使用石材の相異によるものであり、その限りでは七条件に合致せず、一三世紀中頃の資料である。服部見解は、無動寺谷板碑とは別に「弥勒下生の三会の曙」を祈った一二世紀代（一一一九年（元永二）銘・福岡鎮国寺碑、一一八五年（寿永四）銘・徳島弥勒庵碑）の板状扁平の弥勒安座像碑に注目する。それは「源流」と「原型（祖型）」とは識別すべし、とする見解によっている。源流とは「本質と外形」を注視し、「原型（祖景）」とは「形態」に視点をおく。かくして板碑の源流は、一二世紀の前半に求めることになるのであろう。[9]
いずれにしても、石造の板碑の出現を現在の資料により千々和が説くように一三世紀の第二4半期に求めることは妥当であろう。
この時期（千々和の「初発期」）の板碑が武蔵型の形状をもって武蔵国の北部域に出現した背景には、服部が指摘した実質（教養）面の検討が求められる。

(二)　板碑出現前夜

整形化された石造板碑の出現を千々和實などが主張するように一三世紀の第二4半期を目安とすれば、それ以前における板碑造立地域の仏教信仰の様態を考古学の立場によって考えることが必要であろう。それは、平安時代における東国仏教のあり方について考古学の資料から探る方策である。資料として注目されるのは、遺跡（寺院跡・経塚など）と遺物（仏像・仏具など）であるが、とくに注意したいのは、瓦塔と小金銅仏の出土例である。小金銅仏は、東国に多く出土例が認められ、また、瓦塔の分布も同然である。とくに瓦塔は、関東・東海・北陸の地に出土例が集中しているが、なかでも関東地域が群を抜いている。[10]
瓦塔の分布は、造塔供養を説く仏教思想の流布の証跡と理解することができる。[11]瓦塔造立の初期は七世紀末～八世紀の前半頃に求められ、その隆盛期は九世紀代、そして一〇世紀に入ると廃れてくる。かかる瓦塔造立が盛んであった時期の東国には、京の最澄に対して道忠が天台系教団の中心であった。道忠（七三四～七八七、田村晃祐説）率いる東国の道忠教団は、廣智（生没は不詳、ただし八〇〇～八二五の間に活躍、由木義文説）に引き継がれていく。一方、九世紀代の天台座主の初代・義真、二代・圓澄、三代・圓仁、四代・安慧《あんね》、七代・猷憲《ゆうけん》の出身地は、初代―相模、二代―武蔵（埼玉郡）、三代―下野（都賀郡）、四代―下野、七代―下野（塩谷郡）であり、七二年間中の座主中、四二年間が東国の出身者であり、初代を除いて道忠との係わりが深いと言われている。九世紀代の東国は、まさに天台系道忠とその弟子による道忠教団の存在を看過することができない。道忠の高弟・廣智の代には最澄（七六七〜八二二）の東国巡化（八一七年（弘仁八）頃）があり、下野大慈寺の僧・廣智との交流を示している。

瓦塔の造立の背景には、法華経を重視する天台系教団の東国展開と密接な関係を有していたことが察せられ、九世紀以降における東国仏教のあり方を考えることが肝要であろう。

㈢　板碑の出現

九世紀後半から一〇世紀前半にかけて展開した東国の天台系教団は、多くの証跡を残した。その後、一〇世紀の後半、山門系（圓仁）と寺門派（圓珍）に分かれたが、山門系の良澄（九一二〜九八五）に次いで源信（九四二〜一〇一七）が出て浄土思想を吸収し、法華経・密教・浄土教とを融合して天台浄土教を形成していく。とくに、源信撰の『横川首楞厳院二十五三昧起講』（一巻）は、念仏結社の二十五三昧会の性格を示すもので、一二ヵ条から成っているが、なかに「毎月十五日に、正午以後は念仏を行い、それ以前は『法華経』を講ずること」と定められていることが注意される。かかる天台教学と浄土教との融合を根底に据えた源信の『往生要集』（三巻、九八五年（寛和元））は、広く読まれ、阿弥陀堂・阿弥陀仏像・来迎図の作成を生んでいった。法華経の説く造塔利益と浄土教の阿弥陀信仰が並立・融合して流布していくことになる。このような天台浄土教の示すところは、当然のことながら東国にも伝えられていったのであろう。他方、一一世紀代に入って、末法の到来（一〇五二年（永承七））による浄土往生思想は貴族を中心に拡散していった。

ヒルは『法華経』の経論について学び、ヨル（酉の終わりの時（午後七時）から辰の初めの時（午前七時））は念仏を二〇〇〇遍唱え、阿弥陀如来を念ずるべし、と説く源信の考え方は、以後、多くの人々に影響を与えることになった。

このような時の背景を踏まえて「一観面、弥陀種子、扁平塔婆建立」を考えることも必要ではあるまいか。服部が常に意識していた比叡山無動寺谷の石造塔婆に対する直感と弥勒安座画像扁平塔婆（一二世紀）の存在を改めて注目したいと思う。また、千々和の主張した「初発期」の「武蔵型板碑」に陽刻の阿弥陀三尊または一尊像が認められることは、石造の整形板碑の出現を考える場合、示唆に富んでいる。そこには天台（法華経思想）による塔婆形と浄土思想による阿弥陀信仰が融合していると見るべきであろう。加えて、「偈」の存在も造立者の意識を具体的に伝えるものとして看過することはできない。

(四) 板碑造立の背景

石製の板碑が出現する背景には、法華経による造塔思想を有する天台系教団の東国における展開に注目する必要があろうかと考えてきた。次いで、天台浄土教思想の流布による伝統的教団の変容が「板碑型」の造塔として現れてきたのではあるまいか、という見通しについて触れてきた。しかし、「板碑型」の造塔は天台浄土系のみではなく、平安時代以降、天台と並んで東国にも強固な教線を拡散させていた真言系の教団によってもなされている。そこには東国の地に足場を築いた伝統教団の息吹が感得されるのである。一三世紀以降、勃興教団の一部によって板碑の造立がなされるようになる。それは法華系による題目主題の板碑造立であり、他方、浄土系の名号主題の板碑の出現である。法華系の題目板碑の造立は首肯されるが、浄土系の名号板碑の存在については今後の研究が求められよう。近年、千々和到などによって深められている「真仏報恩板碑」（一三一一年（延慶四）銘）をめぐる検討[12]はその顕著な一例である。

板碑出現の問題をめぐって一つの憶測を試みてきたが、要は、一方でモノを扱う考古学の研究がモノの背後に秘められたココロを、他方でココロを主に究める仏教史・仏家がモノに対して関心をもって頂きたいと願う心情からである。

註

（1）服部清道『板碑概説』（一九三三、一九七二修訂版）、「板碑の発現と本質」（『湘南考古学同好会々報』二四～二六・二八～三〇、一九八六～一九八七）、千々和實『板碑源流考』（一九八七）など。
（2）千々和實　註1文献
（3）服部清道　註1文献
（4）石田茂作『日本佛塔の研究』（一九六九）、『佛教考古學論攷』四佛塔編（一九七七）に石田の見解が収められている。
（5）板碑の七条件については、中島利一郎「板碑」（『考古學講座』二九・三三、一九三〇）に説かれている。あわせて三輪善之助「板碑について」（『考古學研究』一、一九二七）参照。
（6）服部清道　註1文献
（7）服部清道「板碑の系列（分類）」（『湘南考古学同好会々報』一八、一九八四）。ただし「仮説であり」「自らの手で改廃したい意向が示されている。
（8）服部清道　註7文献
（9）板碑の源流を一二世紀の前半に求める見解は、造塔供養の普遍化の意識に基づいていることはいうまでもない。
（10）この頃の東国仏教については、田村晃祐「道忠とその教団」（『二松学舎大學論集』一九六六）、由木義文『東国の仏教』（一九八〇）など。
（11）瓦塔については、柴田常惠「瓦塔」（『埼玉史談』二—四、一九三一、のち『柴田常惠集』日本考古学選集一二、一九七一所収）、石村喜英『仏教考古学研究』（一九九三）所収の論文、及び高崎光司「瓦塔小考」（『考古学雑誌』七四—三、一九八九）、池田敏宏「瓦塔屋蓋部表現手法の検討」（『土曜考古』一九、一九九五）などの連作、また埼玉県教育委員会『埼玉県児玉郡美里町東山遺跡出土瓦塔・瓦堂解体修理報告書』（一九九三）、渋川市教育委員会『群馬県指

定史跡・三原田諏訪上遺跡瓦塔設置仏教遺跡出土瓦塔・瓦堂調査報告書』（二〇〇六）などがあり、とくに近年、東日本出土の瓦塔研究は池田によって深められている。

（12）　千々和到・野口達郎「蓮田市馬込の真仏報恩板碑」（『高田学報』九六、二〇〇八）

四　板碑研究の回顧と展望

〔梗概〕

板碑研究の嚆矢的論文として知られる白井光太郎の「板碑ニ就テ述ブ」には「板碑ハ両野武総等ノ地方ニ発見スル一種の墓表ニシテ、秩父ノヘゲ石ヲ以テ作リ、全体薄ク板ノ如ク、上端∧（やま）形ヲナシ、其形方今墓側ニ樹ツル木製ノ卒塔婆ト一般ニシテ、其幅甚潤キノ差アルノミナリ。其表面ニハ通常上部ニ梵字ヲ刻ミ、下部ニ建設ノ年号・人名・經文等ヲ刻メリ。然レドモ又同上部ニ仏像ヲ刻ミ、下部ニ花瓶、寳塔等ヲ添刻セル者アリ。」と説かれている。それは、一八八八年のことであった。以来、板碑についての報告は、「両野、武総」以外の地域からも寄せられ、東北地方から九州地方にかけての全国的な分布が知られるようになったが、その先達の一人である三輪善之助は、一九二七年に「板碑について」と題し、「板碑は墓志ではなく、故人の追善のため、又…逆修…で造立したもので…形状は長方形の緑泥片岩即ち秩父青石の細長く薄い石板で作られ、頸部の頂上を三角形とし、其下に二線を引き、其下方に梵字と年号とが刻られたもので…関東に就ては武蔵を中心とする諸国に…関西にては阿波を中心」に分布していると概括した。

このような研究を踏まえて中島利一郎は、一九三〇年に「板碑」を執筆し、「板碑概説」を巻頭においた「板碑年表編」を掲載した。元来、中島は「説明編」と「図録編」を加える予定であったが「年表」をもって未完となった。「年表」は「一〇八六年（応徳三）～一三八七年（至徳四）」の紀年銘板碑を武蔵・上野・下野・下総・安房・常陸・相模・駿河・信濃・越後の諸国にわたって収録した労作であるが、その大部分は武蔵国の資料を収録したものであった。この年表は、「中島板碑年表」と称されてきたが、当時においても遺漏・誤謬が散見されたため研究者の間に不評であったと伝えられている。年表はともかく、板碑の「基本条件」を提示し、「関東式・阿波式・九州式・東北式」と四分類したことは注目される。とくに関東式・阿波式は「板碑の正型として緑泥片岩」であるのに対して九州式・東北式は「沙《（ママ）》岩・花崗岩」であることを指摘した。そして「正型」の板碑の基本条件を提示した。①原料が緑泥片岩、②扁平な石、③頂部が三角形、④三角形の下に二条線（溝）が存在、⑤表面のみ使用、⑥下部が尖る、⑦供養塔・逆修塔、の七条件であるが、それは三輪善之助（一九二七）の所論を敷衍化したものであり、山中笑（一九二七）の見解をとり入れ整理したものであった。

他方、稲村坦元は、一九三一年に「青石塔婆（板碑）」を発表し「青石塔婆概説」を添えた四八葉収録の解説を試みた。青石塔婆、括弧内に板碑としたことは、稲村が主張した板碑名称に代えて青石塔婆とすべしとの見解（一九三一）によるものであった。板碑は、卒塔婆であり、板碑名称を卒塔婆とすべしとする意見は、山中笑・柴田常恵が主張していたが、一方、板碑の名称は広く用いられており、例えば、守屋潔は『八王子地方　板碑之研究』（一九三二～三三）に「八王子南多摩郡の板碑を調査し分布の状況を示して我が郷土の（村落）過去の発達状況又は分布の上から交通等或は一地方の文化を知り民衆信仰等の研究に資すること」を目的として六二九点の資料を調査し記録にとどめている。

古来、用いられてきた板碑は青石塔婆と称すべし、とする稲村の主張は、その後、板石塔婆となり（一九三六）、再び、青石塔婆となった（一九五五）。

このような学界の趨勢を承けて、服部清道（清五郎）は一九三三年に『板碑概説』と題した浩瀚な著を公けにし、「此の一書を以て」「板碑とは何ぞ」の問ひに答へる、との自負を披瀝した。同書は「板碑と称呼せらるるに至った武蔵型板碑を基形（形式的、内容的）とし、…中世…に造立せられた…武蔵型板碑・東北型板碑・九州型板碑」を扱う方針のもとに総括的に論じたもので、板碑研究の画期を果たすことになった。服部は「同一様の目的を以て造立せられたる類型的内容をもったものは、すべて板碑」となし、それを武蔵型・下総型・東北型・畿内型・阿波型・九州型に分類し「板碑分布系統見立図」に分布を示した。A五判六五〇余頁の著作は、鳥居龍蔵が「序」において「博士論文に相当する…板碑の一大論文」と激賞したごとく、板碑研究の金字塔として関係方面に光輝し、板碑の調査研究に際しては「『板碑概説』によれば…」と常に板碑研究の基本的文献となってきた。

一九三六年、稲村坦元が執筆した『佛教考古學講座』五の「板碑（板石塔婆）」においても服部概説の影響を看過することができない。それは当該論文の全体構成をみても明らかであり、板碑研究の方向が服部概説の掌中にあるかの感を払底することができない。しかし、稲村の青石塔婆研究の集大成と考えられる『武蔵野の青石塔婆』（一九五五）において「記銘の碑とは大いに意義を異にし、すなわち仏教の卒塔婆であり、板石塔婆と称すべきが本当である」との見解を改めて披瀝している。稲村の指導によって板碑の研究にあたった小沢國平が『板碑考』を公けにしたのは一九六〇年のことであった。

稲村は、自身の著作には青石塔婆・板石塔婆を用いながら、知友の研究に対しては寛容であった。一九七〇年八月一八日に開催した座談会「板碑研究の課題」の席上、稲村は「青石塔婆は青石をつかっているから青石塔婆というので、これは武蔵だけに限るもの」であり、「板碑は板碑という江戸時代からつかっていることばをおもてにつかって説明として板石塔婆というよりしようがない」と発言している。

一九三二年以降、北関東（上野国）そして南関東（武蔵国）において板碑の調査を進めていた千々和實は、稲村がかつて実施した武蔵全域の「青石塔婆調査票」二、〇〇八枚を「そっくり…お下げ渡し」を受けて、武蔵国板碑の悉皆調査を行った。上野国の場合は約千枚であったという。

千々和は、一九五六年の『武蔵国板碑集録』一に次いで一九六六年に『上野国板碑集録』上、一九六八年に『武蔵国板碑集録』二―旧比企郡―、一九七二年に『武蔵国板碑集録』三―西北部―、一九七七年に『上野国板碑集録』全を刊行した。それぞれ悉皆調査資料を謄写版・タイプで印刷した手作りの労著である。「板碑は首都創成者が創始・激増・拡散・遠留した日本中世のシンボル」とした東京都内の板碑精査は「板碑調査用カード」を協力者に配布して実施するなど、まさに悉皆調査であり、稲村の「青石塔婆調査票」と共に板碑調査の方向を示したものであった。

東京都の板碑調査の結果は、『東京都板碑所在目録』二三区分（一九七九）、多摩分（一九八〇）の二冊の報告書として刊行された。「存在する板碑は破片も漏らさず、精査・集録」し「一基の板碑は一枚のカードに記録」された調査は極めて貴重である。このような調査を指揮する一方、多くの論文を執筆し、後に『板碑源流考―民衆仏教成立史の研究―』（一九八七）として総収された。

一方、埼玉県立歴史資料館による埼玉県板碑調査は五年を費やし『埼玉県板石塔婆調査報告書』Ⅰ・Ⅱ（一九八一）として公けにした。二〇、二〇一基の確認は、東京都の約八千基の確認ともども一九八〇年の段階において示された板碑造立数である。

一九八八年以降、多くの先学諸氏によって進められてきた板碑の研究は、とくに武蔵国を中心とする「武蔵型」の調査において顕著であった。現在、武蔵型板碑と称されている板碑は、かつて中島利一郎によって関東型と称されたこともあったが、服部清道によって武蔵型が設定され喧伝されていった。他方、石田茂作は、板碑を三分類して、典型・類型・自然石とした（一九六九）。典型は武蔵型と服部のいう阿波型であり、類型は武蔵・阿波型を真似て作られた異質のものを指す。典型は正式板碑とも呼称され、板碑の典型的なもの、とされた。

板碑の概念について、服部は「同一様の目的を以て造立せられたる類型的内容をもつたものはすべて板碑」、石田は「上部を三角形に切り、その下に二条の切り込みをつくり、中部に梵字または仏像を表わし、下方に年月日その他を刻したもの」とした。ともに板碑の様態の把握に立脚した説明として注目される。

近年、板碑を専門的に扱った著として①千々和到『板碑とその時代―てぢかな文化財みぢかな中世―』（一九八八）、

②播磨定男『中世の板碑文化』（一九八九）、③千々和到『板碑と石塔の祈り』（二〇〇七）が刊行された。①は武蔵型板碑を主題、②は整形板碑と自然石板碑の存在を考え全国的に鳥瞰、③は板碑を通して仏教信仰のあり方について説いたユニークな著作である。

尚、板碑は「中世に供養塔あるいは逆修塔として造立された石塔婆の一類型で一観面を原則とするもの」と考えている私は、一九八三年に全国各地の研究者の協力を得て『板碑の総合研究』（一総論、二地域編）を編集した。この書に対して服部は、「出土・発見資料」の「多数紹介」の「ほかにもっと斬新な研究があってもよさそう」との感想を述べたことがある（一九八四）。『板碑概説』を五〇余年以前に執筆した先学として当然の期待があったと思う。予定されていた「三　論考編」が未刊に終わったことは今更ながら残念でならない。

このように板碑の研究について瞥見してくると、板碑の調査研究が「武蔵型」を中心に展開してきたことが明らかである。その調査と中核となり研究の方向性を定めたのは千々和實（一九〇三〜一九八五）であった。いま、改めてその大きな業績に敬意を表したいと思う。服部の板碑研究が仏教信仰との相関関係に比重がおかれているのに対して、千々和の板碑研究は民衆仏教の成立究明に主軸が設定されていた。そして稲村坦元の地域調査を引き継ぐと同時に板碑研究の多くの後継者を生み、板碑の有する歴史的意義を広くアピールしたのである。

〔文献（抄）〕

1　一八八八（明治二二）　白井光太郎「板碑ニ就テ述ブ」（『東京人類學雜誌』三五）
2　一九二七（昭和二）　三輪善之助「板碑について」（『考古學研究』一）
3　一九三〇（昭和五）　中島利一郎「板碑」（『考古學講座』二九・三三）
概説（一　はしがき　二　板碑の形體様式　三　板碑の名稱及び文獻　四　板碑の出現年代　五　板碑の分布

六 板碑造立の趣意　七 板碑と梵字）　年表編（一 武蔵国　二 上野国　三 下野国　四 下総国　五 安房国
六 常陸国　七 相模国　八 駿河国　九 信濃国　一〇 越後国）

4　一九三一（昭和六）　稲村坦元「青石塔婆（板碑）」（『日本考古圖録大成』一三）

5　一九三一・三二（昭和六・七）守屋　潔『八王子地方　板碑之研究』（一～一九）

6　一九三三（昭和八）　服部清道（清五郎）『板碑概説』

第一篇　総論（一 板碑の意義　二 板碑の名称について　三 板碑研究史　四 板碑研究法及びその価値
五 板碑の起源　六 板碑の盛衰と其の時代相　七 板碑の分布　八 板碑と中世の仏教概観）
第二篇　各論（一 板碑と諸宗　二 特殊信仰の板碑　三 特殊板碑に就いて　四 特殊研究　五 嘱累篇）

7　一九三六（昭和一一）稲村坦元「板碑（板石塔婆）」（『佛教考古學講座』五）

1. 板碑の意義と名称（イ 板碑と板石塔婆　ロ 碑と塔婆の差異　ハ 卒塔婆説の根拠　ニ 卒塔婆の意義）
2. 板石塔婆の源流と発達（イ 長石塔婆と板石塔婆　ロ 板石塔婆と碑伝　ハ 傘塔婆と板石塔婆及び碑伝
ニ 板碑の典型青石塔婆　ホ 材料に由る板碑の地方色）
3. 板碑の造立と種類（イ 板碑の造立年次　ロ 板碑の形式と時代相　ハ 板碑造立趣旨による種類と建立
場所）
4. 板碑と諸宗並に信仰（イ 板碑と諸宗　ロ 板碑に見ゆる時代信仰　ハ 板碑と彫刻美術　ニ 板碑の建
立様式）
5. 史料としての板碑（イ 仏教文学と板碑　ロ 文献史料としての板碑　ハ 板碑と私年号並び特殊用語
ニ 郷土史料としての板碑）
6. 板石塔婆と六角塔

8　一九五五（昭和三〇）稲村坦元『武蔵野の青石塔婆』
1 青石塔婆の意義と名称　2 板石塔婆の源流と発達　3 青石塔婆の造立と種類　4 青石塔婆と諸宗並に信仰　5 史料としての青石塔婆　6 伝説を存する青石塔婆　7 板石塔婆と多角塔並に青石方龕
9　一九五六（昭和三一）千々和實『武蔵国板碑収録』第一集
10　一九六〇（昭和三五）小沢國平『板碑考』
11　一九六六（昭和四一）千々和實『上野国板碑収録』上
12　一九六八（昭和四三）千々和實『武蔵国板碑収録』二―旧比企郡―
13　一九六九（昭和四四）石田茂作『日本佛塔の研究』
14　一九七〇（昭和四五）稲村坦元・久保常晴・千々和實・坂詰秀一座談会「板碑研究の課題」（『仏教考古学講座』Ⅲ付録）
15　一九七二（昭和四七）千々和實『武蔵国板碑集録』三―西北部―
16　一九七九（昭和五四）『東京都板碑所在目録』（二三区分）
17　一九八〇（昭和五五）『東京都板碑所在目録』（多摩分）
18　一九八一（昭和五六）『埼玉県板石塔婆調査報告書』Ⅰ～Ⅲ
19　一九八三（昭和五八）『板碑の総合研究』一総論、二地域編
20　一九八七（昭和六二）千々和實『板碑源流考―民衆仏教成立史の研究―』
21　一九八八（昭和六三）千々和到『板碑とその時代―てぢかな文化財みぢかな中世―』
22　一九八九（昭和六四）播磨定男『中世の板碑文化』
23　二〇〇七（平成一九）千々和到『板碑と石塔の祈り』

Ａ　一九八四（昭和五九）服部清道〔特別講演〕「歴史考古学の現況私見」（第八回神奈川県遺跡調査・研究発表会発表要旨）

Ｂ　一九九三（平成五）川崎市民ミュージアム開館五周年記念シンポジウム「石に刻まれた中世―武蔵型板碑とその周辺―」資料

五　中山法華経寺の墓碑と墓塔

中山法華経寺（千葉県市川市所在、日蓮宗大本山）における石造塔姿と墓標についての調査は、従来、必ずしも十分に行われていなかった。そこで寺誌作成にあたり、その主なる資料を調査して、それの実態を把握することにした。

石造塔婆とは中世の板碑を、墓標とは近世のいわゆる墓碑と墓塔を指している。板碑と墓標は、本来的には前者は供養塔婆、後者は墳墓の標識として理解されているが、それは画然と俊別されるものではなく、ともに二つの性格を兼ね備えたものでもある。

そこで、かかる二者を歴史的に把握することは、すぐれて、本寺における法灯の展開状態を具体的に呈示することになるであろう。

以下、それについて若干の報告を試みることにしたいと思う。

(一)　中世（石造塔婆――板碑）

中山法華経寺には、以前より板碑（緑泥片岩製の板石塔婆）が多く存在している、と言われてきた。『千葉県史料』（一九七八年（昭和五三）三月刊）は、「金石文篇二」において本寺の金石文資料を収録したが、板碑についても次の諸例について記載している。

1　武蔵板碑　正和三年（今亡『大日本地名辞書』による）

2　武蔵板碑　康永三年甲申一〇月日（今亡『下総国旧事考』第六巻による）
　　□宝如来為心妙比丘□《（逆）》修敬白
　　□経

3　武蔵板碑（断碑）　延文五年一〇月日
　　延文六年

4　武蔵板碑　南無妙法蓮華教
　　卯月四日

5　武蔵板碑　延文六年辛丑（今亡『大日本地名辞書』による）
　　妙法□霊位

6　武蔵板碑　南無妙法蓮華経
　　永徳三年六月一六日

以上の六基中、1・2・5は現存していないとされ、3・4・6は中尾堯編『日蓮宗史料集』中世篇一に収録されている。

一方、中尾堯編『中山法華経寺史料』（一九六八年一〇月刊）には、編者によって確認された三基のほか「伝日高追善板碑」が紹介され、その写真については同『日蓮宗の成立と展開』（一九七三年二月刊）の口絵として公けにされた。

これらの諸書による限り、板碑の数は意外に少ないことが知られた。そこで、既知の板碑の観察と同時に断碑の確認をも試みることにしたのである。その結果、新たなる知見を加えることができた。

板碑類は、断片を含めて一五基が確認された。これらは、すべて緑泥片岩製の武蔵型板碑であり、この地が同型板碑の分布圏中に位置していることを示している。

年号有銘の上限資料は、一三六〇年（延文五）であり、ついで一三六一年（延文六）が続いている。そして下限は、一四六三年（寛正四）であり、その間、断続的ではあるが、一〇三年間にわたっている。

本尊の表現は、次の三種が認められる。

（一）一遍首題

（二）題目二尊

（三）十界曼荼羅

この三種については付近寺院の資料にも共通して見られ、さらに題目板碑全般のあり方とも軌を一にしている。延文銘に（一）、永徳・寛正銘に（二）が認められることは、（一）より（二）への変化を示すもののごとく窺われ興味深い。

二条線・枠線の認められるものもあるが、その例は少ない。次にこれらの資料を表示する。順序は、一応、編年的に古いものより新しいものへと並べてあるが、年号のないものは、その形状観察より相対的な年代観により挿入してある。ただ、6と15については刻字年号が認められないので便宜的においていることをお断りしておきたい。

本寺における造立年代の明らかなものは、一四世紀の第三4半期（二基）、第四4半期（一基）、一五世紀の第三4半基（一基）であり、年代不明のものもほぼこちらの年代に並行すると考えられる。

年号の一部欠失している12は、□和二年と見えている。□和の二字年号中、下字が「和」であり、かつ本資料の形状の示す年代観より想定すると、[永]和と[弘]和が候補となるであろう。すなわち、3の永徳に近い頃のもの、としてもよいであろう。

図１　中山法華経寺の板碑

表１　石造塔婆（板碑）一覧表

No.	西暦	年号	銘文	計測値 高	計測値 副	計測値 厚	備考	図
1	1360	延文五	為心妙比丘尼□修敬白 南無妙法蓮華経 延文五年一〇月日				今亡	
2	1361	延文六	延文六□ 南無妙法蓮華経 卯月四日	74	上・20.5 下・22.5	2		図 1-1
3	1383	永徳三	妙法□霊位 南無多宝如来 南無妙法蓮華経 南無釈迦牟尼仏 永徳三年六月一六日	112	上・28.5 下・31	3		図 1-2
4		欠	南無多宝如来 南無妙法蓮華経⌈ □□□□□牟尼仏	現58	31.5	2.5		図 1-3
5		欠	南無⌈ 大⌈	現16.5	14.5	1.5	二条線	図 1-4
6		ナシ	南無妙法蓮華経	76	上・22 下・25	2.5		図 1-5
7		磨滅	南無多宝如来 □□□□ 南無妙法蓮華経 南無釈迦牟尼仏 □□□□六月一二日	現62	21	2		図 1-6
8		欠	□無妙法蓮華⌈	現25.5	12.5	2.5		図 1-7

15	14	13	12	11	10	9
		1463				
ナシ	欠	寛正四	一字磨滅	欠	欠	欠
大持国天王（カーン） 大廣目天王 南無無邊行菩薩 南無上行 南無多宝如来 南無妙法蓮華経 南無釈迦牟尼仏 南無浄行菩薩 南無安立行菩薩 阿修羅王 □輪□王 大白□王 第六天魔王 大梵天王 釈提桓□□ 大月天王 明星天王 大龍王 天照大神 南無天台大師 鬼子母神 十羅刹女 南無法主聖人 八幡大菩薩 大毘沙門天王（ウーン） 大増長天王 日祐書之 日源彫之 日祐 豊前阿闍利日礼 出雲阿闍利日宗 出雲阿闍利日源 円覚房日永 大弐阿闍利日聡 伊豆阿闍利日礼 大和公日用 甲斐公日覧 日恵日寂 比丘尼妙日 妙理妙忍 藤原氏女 覚祐俗忠松 平氏女平氏母 藤原氏女妙圓 弁公日尊 静音阿闍利日慶 伊賀阿闍利日勝 上佐阿闍利 浄顕房日仁 式部公日政 一円坊日便 安芸公日賀 日禅日良 藤原氏女 日尊非母 尼妙性 五郎三郎 源氏女源氏女母 藤原氏女 沙弥妙法 尼妙蓮 道圓 妙圓 三崎女 同父母 藤原氏夫妻 妙空 妙性 源氏女子 □□氏女 大想尼 俗安貫 同妻女 大工貞松 又三郎		南無多宝如来 南無妙法蓮華経 南無釈迦牟尼仏 寛正四年 妙前霊尼 八月六日	□無多宝如来 凵法蓮華経 □□□迦牟尼仏 □和二年 一一月　日	凵法蓮冂	南為道祐聖霊也 □南無妙法蓮華経 凵年八月一〇 白敬	凵蓮冂
171	現27	46	現34.5	現11	現46.5	現19.5
上・53.6 下・54	19.5	16	19.5	15.5	19	8
6	1.5	2	2	1.5	2	1.5
	枠線	二条線			枠線	
	図 1-13	図 1-12	図 1-11	図 1-10	図 1-9	図 1-8

また、年号を欠いている6は、一遍主題を刻するのみであり、造立年次については明らかでない。ただ、その形態的な特徴は3（一三八三年・永徳三）に近似している。年次銘については墨書の可能性もあることを付記しておきたい。

さらに、15の資料は、その形状が板碑型、材質が緑泥片岩であることより、従来、当然のことながら板碑とされてきたものである。

形状と材質より見る限り板碑として理解されてきたことは当然のことであった。高さ一七一センチ、上幅五三・六センチ、下幅五四センチ、厚さ六センチという大きさも板碑として恰好のものである。

銘文は、上半部と下半部に大別される。上半部には、光明点の筆法をもって「南無妙法蓮華経」を中央に置き、その両脇には、上段に「南無釈迦牟尼仏」「南無多宝如来」を書き分け、その外側に「南無浄行菩薩・南無安立行菩薩」「南無上行菩薩・南無無辺行菩薩」と四大菩薩を配している。そして、中段には諸天、下段には「鬼子母神・十羅刹女」「南無天台大師・南無法主聖人」「天照大神・八幡大菩薩」を置く。外側には四大天王及び不動・愛染の両明王を配する。とくに両明王は悉雲によって書かれている。そして左下方に「日祐書之・日源彫之」と見える。下半部には、「日祐」をはじめ五〇名の交名が彫られている。

かかる「板碑」の上半部に見られる銘文は、いわゆる十界曼荼羅であり、このような板碑が一四世紀の第二4半期以降に存在することが知られている。また、15と近似する十界曼荼羅の板碑が弘法寺に存在している。弘法寺のそれは、日蓮の花押を据えているもので、まさに十界曼荼羅そのものを石彫したものと言える。その年代については15と同様に年号がなく不明であるが一七世紀の前半代に比定されている。

このように十界曼荼羅の型式を採る「板碑」が本寺と弘法寺に各一基存在することは極めて注目さるべきことである。ともに年次の記載がないことも共通している。

弘法寺碑は、同寺の一三四二年（暦応五）銘の曼荼羅型式板碑などを元として造立されたことが想定されているが、さすればその年代は一四世紀の後半以降となるであろう。そして、本例もまたそれと同様な年代づけを果すことができるのであろうか。

本例は「伝日高追善板碑」と呼ばれ、日祐上人の造立とされている。

日祐上人の事跡の一に曼荼羅本尊の書写があり（中尾堯『日蓮宗の成立と展開』一一三～四頁）、一三六五年（貞治四）に七幅、一三七一年（応安四）には「半切の本尊百二十幅」、一三七三年（弘安六）には百幅の書写が行われている。このような曼荼羅本尊の書写という事跡より考えるときには、本例をもって「日祐書之」としてもよいであろう。

ただ、年次記銘が認められないということは、本例及び弘法寺のそれが、ともに一種の「石刻曼荼羅」とでも称されるべきものであることを示している。

図２　「日祐書之」板碑
（元弘２年銘市川市泰福寺）

すなわち、15は、板碑様石刻曼荼羅と名付けることができるであろう。

このような十界曼荼羅をもつ本資料の年代については明らかにしえないが、資料の下半部に見える交名の部分は、上半部の曼荼羅沈刻の時点と異にしている可能性がある。それは、表面の銘文彫刻の状態の観察にもとづく。

さて、本資料にあたえられる年代観については二通りの捉え方があろう。一は、伝えられる通り日祐代、二は、それ以降である。一の場合、「日祐書之」と見えていることより、「伝日高追善」とされている。それは、一四世紀の第三4半期にあたる。二は、「伝日高追善」にとらわれずに十界曼荼羅型式の板碑の年代観と比較すると、一六世紀の第一4半期前後に位置づけることができる。そのいずれの年代観を採るかと言えば、後者の方が蓋然性が高いと思われる。それは、一五世紀の第四4半期にいたって十界曼荼羅板碑が完成し、一六世紀の第一4半期において最盛期を迎えているからである。

以上のごとく見てくると、本寺における板碑は、一四世紀の中頃より一五世紀の中頃にかけて造立されたものであり、また、板碑様石刻曼荼羅は、一六世紀の前半頃に造られたもの、と考えられるのである。

なお、板碑様石刻曼荼羅の製作について臆測を試みるとすれば、板碑そのものを後世に改造したものと考えられる。

さて、本寺の付近においては、一三世紀の末より一五世紀の末まで約二〇〇年間にわたって題目板碑が造立されている。それらの資料のなかで年号の明らかな資料は二五基であるが、その造立年代を掲げると次のごとくなっている。

一四世紀・第一4半期に造立されたもの　一基
一四世紀・第二4半期に造立されたもの　八基
一四世紀・第三4半期に造立されたもの　五基
一四世紀・第四4半期に造立されたもの　三基
一五世紀・第一4半期に造立されたもの　二基
一五世紀・第二4半期に造立されたもの　二基
一五世紀・第三4半基に造立されたもの　一基
一五世紀・第四4半期に造立されたもの　三基

これによって見ても、本寺に見られる板碑は付近に存在する板碑群と同様な年代に造立されたものであることが明らかであり、それは、本寺を中心とする教団の展開を具体的に示す資料ということができる。

(二) 近世（墓標）

近世における石造墓標については、その類型の設定と編年が定まっていない。そこで、ここでは独自の観点より類型の設定を試みることにしたいと思う（図3）。

近世の墓標は、形状より大別すると、（一）非塔形と（二）塔形に分類される。（一）は、駒形碑・位牌形石碑・角柱碑（塔）などと呼ばれているものであり、（二）には、五輪塔形、宝篋印塔形などが含まれる。

（一）は、その形状によって、さらに細分することができる。（二）とあわせてその分類を試みれば次のごとくなる。

A型　尖頭舟形墓標
B型　平頭類舟形墓標
C型　笠付方柱形墓標
D型　方柱形墓標
E型　塔形墓標
F型　その他

これらの各形墓標は、それぞれの型のなかにおいて細分することができる。

A型は、頂部が尖頭形をなし、かつ舟形光背状の形を特徴とするが、その表面に仏像を半肉彫りにしているもの（Ⅱ類）としからざるもの（Ⅰ類）とがある。

B型は、頂部が平頭もしくはそれに近い形を呈し、舟形状の断面をもつもので、A型Ⅰ類の系譜を引くものである。

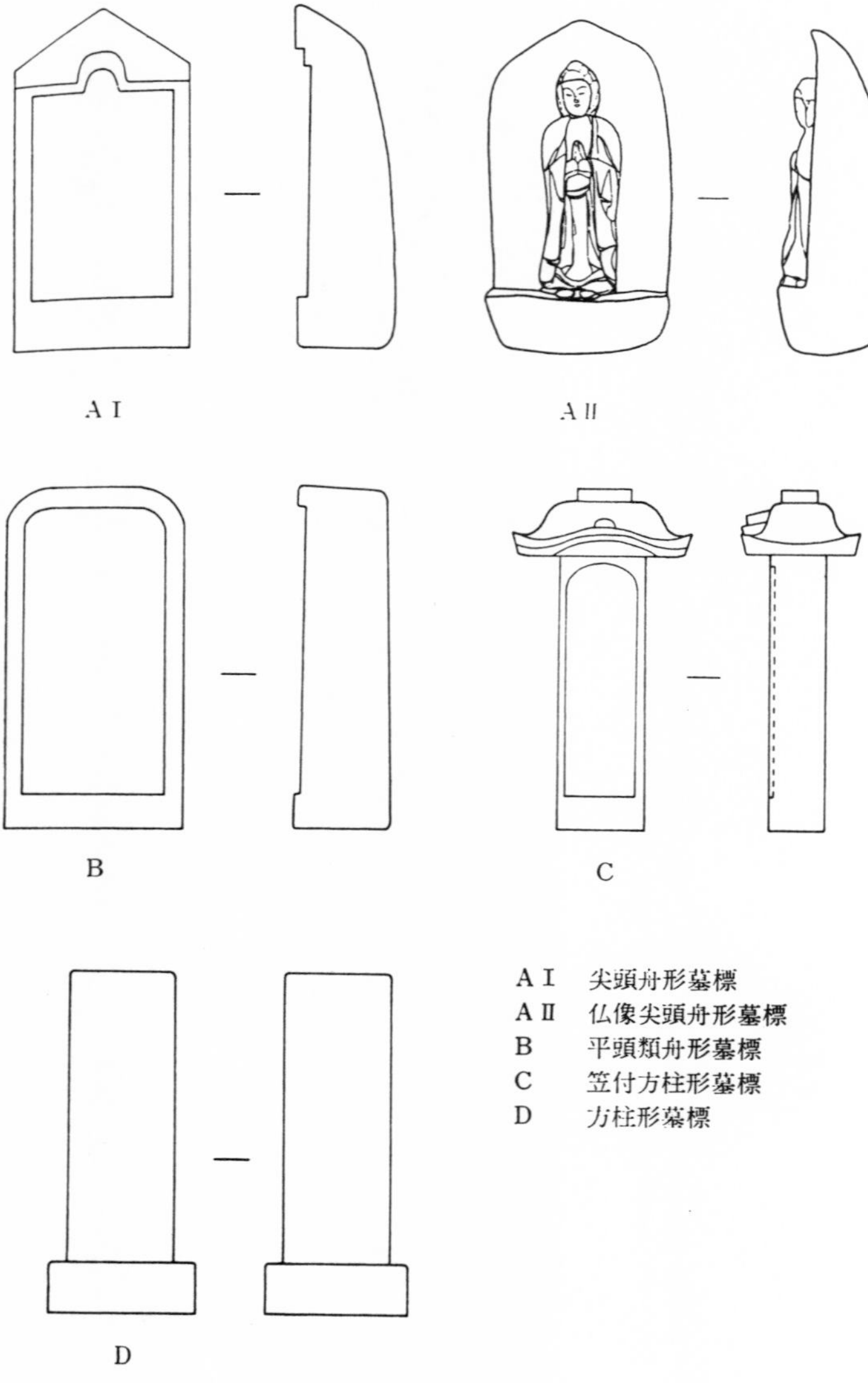

図3　非塔形墓標類型標識図

C型は、笠のついた方柱形のものである。

D型は、笠のない方柱形の形をもつものであるが、頂部の形より、平頭のもの（Ⅰ類）、笠痕跡のもの（Ⅱ類）、錐状頭のもの（Ⅲ類）がある。

E型は、五輪塔形のもの（Ⅰ類）、宝篋印塔形のもの（Ⅱ類）、無縫塔形のもの（Ⅲ類）がある。

F型は、不定形を呈している未加工の石を用いているものである。

A～Fの六型に分類し、さらにA・D・Eについては細分したが、この類型の設定は、本寺に見られる資料の分析より試みたものであり、以下、かかる類型によって瞥見していくことにしたい。

A型・尖頭舟形墓標

近世墓標として普遍性をもつもので全国的に見られる型である。その特徴は、正面中心、すなわち一観面のもので、背面は荒削りのままとなっている。そして基部より頂部にいくにしたがって厚みを減じ、断面があたかも舟の縦断面に似ているため、頂部を舳先に見立てて「舟形」と称され、また、仏像に見られる光背の一類型との類似より「舟形光背」とも呼ばれている。

頂部が尖り、断面が舟形を呈するこの類の墓標には、正面にのみ銘が沈刻されているⅠ類と、仏像を半肉彫りに表わしているⅡ類とがある。この二種は、墓標としての造立主旨による限り類同のものであり、その形態を分類の目安にすると同型として把握することができる。

Ⅰ類は、本寺における墓標の最多グループに見られるもので、一七世紀の第二4半期の寛永年間に初現し、一八世紀の第二4半期の元文・寛保・延享・寛延年間に及んでいる。その一世紀間における形態は、断面に変化が認められるものの基本的にはその特徴を持続している。

正面の銘文は、頭書類、法号（戒名）、年号の記載が一般的である。

図4　A型Ⅰ類典型的墓標例

頭書類は、「南無妙法蓮華経」の七字題目とその省略「妙法」が多いが、「皈空」「皈寂」「皈真」「皈本」「帰空」「帰滅」「帰寂」「示寂」「寂滅」「入寂」「寂光」「還滅」「還空」「遷滅」「還本」「到本」「円寂」「入空」「非地」「物故」「真入」が見られる。

これら銘文の沈刻されている正面は、その頭部に顎を作り出しているものが比較的古く、それの省略されたものが相対的に後出の様相をもっている。顎をもったものには、頭書「妙法」などの前階梯である「南無妙法蓮華経」が書かれているものが見られる。

頭部の記銘区画の部分は、上部に∩・∪・∧状の三種があり、∩状のものの基部には蓮花を浮彫りにしているものが多い。

Ⅰ類のなかでも初現的なものは、中世の板碑に見られる一観面の特徴を、その銘文の構成に系譜を求めることができる。

Ⅱ類は、Ⅰ類と同型のものであるが、正面に立仏像を半肉彫りにし、その左・右に法号（戒名）、年号を記載しているものである。一七世紀の第三4半期に出現し、一九世紀の第一4半期まで見られる。その数は多くないが大部分は子供の墓標として造られているところに特徴がある。

B型・平頭類舟型墓標

A型の流れをくんで出現したのがB型である。A型とB型の最大の相違は、頂部が尖頭より平頭になったことであ

図５　中山法華経寺の墓碑Ａ型Ⅰ類

図６　中山法華経寺の墓碑Ａ型Ⅱ類

り、その断面の舟形もA型に比較して全体的に分厚い。

頂部の形態は、A型・尖頭よりB型・平頭への漸移形態をもつものもあるが、頭部より顎が消失し、記銘区画の部分は、上部が蒲鉾状の長方形状を呈している。

この型は、一八世紀の第一4半期に出現し、一九世紀の第二4半期に及んでいるが、普遍化したのは一八世紀の第二4半期より第四4半期にかけてである。

銘文の書き方はA型と近似するが、法号（戒名）に多字のものが支配的に見られるようになることが注意されよう。頭書は「妙法」が多いのは当然であるが、ほかにA型に見られた「皈空」「寂滅」が引き続いて用いられ、さらにB型にいたって「皈元」「帰元」「示寂」「天地」「一如」「一連」「一會」「同會」のごとき新しいものが見られるようになる。

C型・笠付方柱形墓標

D型の方柱形墓標の頂部に笠をつけたものであるが、一七世紀の第四4半期に現われ、一八世紀の第二4半期にまで見られるもので、A・B型と並行して造立されている。

笠は屋根形を呈し、方柱の側面に蓮花を浮彫りにしているものもある。

銘文は、A・B型と同様であるが、鬘題目が見事に沈刻されている例が知られる。

D型・方柱形墓標

方柱形の墓標は、一八世紀の第二4半期以降に出現し、現代にいたっている型である。

頂部が平らな平頭（Ⅰ類）、笠が痕跡的に表現されているもの（Ⅱ類）、そして錐状に頂部が尖り四方に面をもつもの（Ⅲ類）が見られる。銘文は、一観面感より多観面感に移行し、側面あるいは裏面にも存在するようになる。それは、A・B型における裏面の荒削りを消失させた結果、正面以外にも銘文を刻むことができるようになり、単一墓標

図７　中山法華経寺の墓碑Ｂ型

図８　中山法華経寺の墓碑Ｂ（3）Ｃ（1・2）Ｄ（4～6）類

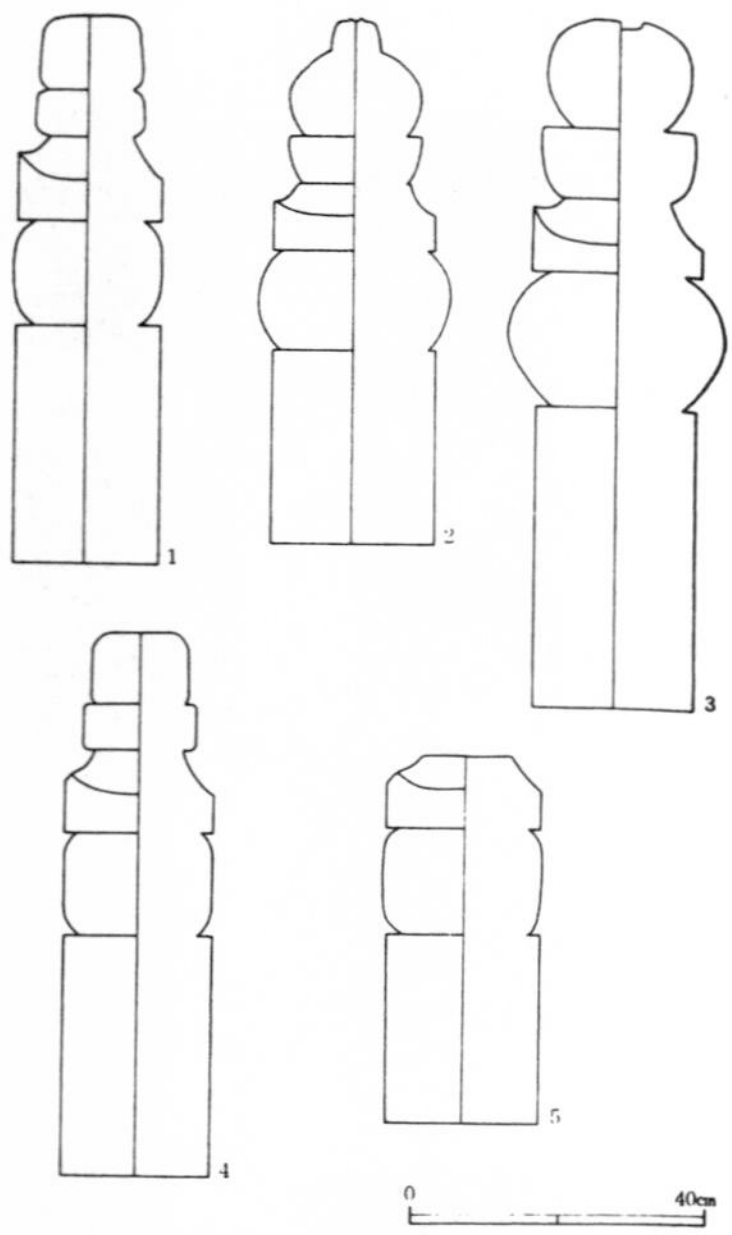

図９　中山法華経寺の墓塔Ｅ型Ⅰ類

図10　中山法華経寺の墓塔Ｅ型Ⅱ類

をもって個人あるいはその被葬者ともっとも関係ある人びとを合祀するようになった。さらに、それが発展して家族の墓標として位置づけられるようになっていく。

頭書は「妙法」が多いが、一九世紀の第一４半期以降、とくに一九世紀の第四４半期より二〇世紀の第一４半期にかけての墓標は、大部分がＤ型になり「家紋」が頭書に代えて彫られるようになり、現在にいたっている。

Ｅ型・塔形墓標

塔形墓標には、五輪塔形（Ⅰ類）、宝篋印塔形（Ⅱ類）、無縫塔形（Ⅲ類）が見られる。

Ⅰ類の五輪塔形は六基が知られる。珠（空輪）に「妙」、請花（風輪）に「法」、笠（火輪）に「蓮」、塔身（水輪）に「華」、基礎（地輪）に「経」を刻んでいるものである。その造りは、一石のものと宝珠と請花を一石に、笠・塔身・基礎を一石にそれぞれ造っているものが見られ、基礎の部分に法号、年号などを刻んでいる。

3　2　1

図11　中山法華経寺の墓塔E型Ⅱ類

造立の年代は紀元銘の認められる四基が一七世紀第二4半期の寛永年間に集中していることが注目される。すなわち、寛永八・一一・一五・一九年であり、その造立年次は、宝篋印塔形の造立年次とともに考える必要があろう。

造立の主旨は、追善供養とともに逆修が見られることも注意される。

Ⅱ類の宝篋印塔形は一〇基が知られる。造立年次の明らかなものは、一七世紀の第二4半期、寛永二・四・六年の三基、一七世紀の第二4半期、慶安二年の一基の計四基であるが、そのほか一七世紀の第三4半期、延宝年間のものが一基ある。これらの宝篋印塔は、中世の関東型の流れをくむ形式で、宝珠に「妙」、請花に「法」、笠に「蓮」、塔身に「華」、基礎に「経」を沈刻しているものと、塔身に「妙法」の二字を沈刻しているものとがある。

寛永年間に集中して造立されていることは五

図12　中山法華経寺本阿弥家の墓碑

輪塔形と軌を一にし、それは僧侶を対象にしたものが認められることが注目される。

Ⅲ類の無縫塔形は、一七世紀の第四4半期に二基が認められ、ともに僧侶のものである。

F型・その他

F型は、右の各形墓標に含まれないものを指し、ここでは未加工の不定墓標が一九世紀の第三4半期に存在することを記録しておきたい。

これらの近世墓標の造立状況を類型別に年代を示すと表2の通りである。

これによって明らかにされたことは、A型→B型→D型の変遷が大勢として把握されたことである。そしてE型は限られた時間内において造立され、さらに同様なことはC型についても指摘されるであろう。

紀年銘を有する近世墓標九三五基の調査は、必ずしも本寺の全墓標を総収している、という訳ではないが、形態的に代表と目される資料を中心として調査を試みた結果であり、ほぼその様相を知ることは可能であろうと考えている。

かかる調査によれば、一七世紀の第三4半期頃より墓標の造立が顕著になり、それは年代によって増減はあるが、ほぼ近似値をもって一八世紀の第四4半期に及んでいる。

この間における墓標の造立数は、年平均五・三基であって一寺における年間造立数としては決して多い方ではない。それは本寺が日蓮聖人の霊場としての性格を濃厚にもち参詣の信者を集めていたことと対照的なことであったと言えるであろう。

以上のごとく、石造塔婆と墓標を資料として中世より近世にかけての中山法華経寺の歴史を見てくると、管見に触

表２　類型別紀年銘墓標年代の造立数

年　代	墓標類型						計
	A	B	C	D	E	F	
1621～1631	Ⅰ・11				Ⅰ・1 Ⅱ・2		14
1631～1640	Ⅰ・12				Ⅰ・3		15
1641～1650	Ⅰ・25				Ⅰ・1 Ⅱ・1		27
1651～1660	Ⅰ・25						25
1661～1670	Ⅰ・52						52
1671～1680	Ⅰ・37				Ⅲ・1		38
1681～1690	Ⅰ・50 Ⅱ・3	2	2		Ⅲ・1		58
1691～1700	Ⅰ・61	3	4				68
1701～1710	Ⅰ・52 Ⅱ・1	8	1				62
1711～1720	Ⅰ・35 Ⅱ・1	13	5	9			63
1721～1730	Ⅰ・33 Ⅱ・1	16	1	8			59
1731～1740	Ⅰ・29 Ⅱ・1	23	1	7			61
1741～1750	Ⅰ・7	32	1	10			50
1751～1760	Ⅰ・3	33	1	17			54
1761～1770		28		5			33
1771～1780	Ⅰ・3	31	2	15			51
1781～1790	Ⅰ・1	14		20			35
1791～1800		25		4			29
1801～1810		11		19			30
1811～1820		6		30			36
1821～1830		5		9			14
1831～1840		3		24			27
1841～1850				9			9
1851～1860		2		15			17
1861～1870				7		1	8
計	Ⅰ・436 Ⅱ・7	255	18	208	10	1	935

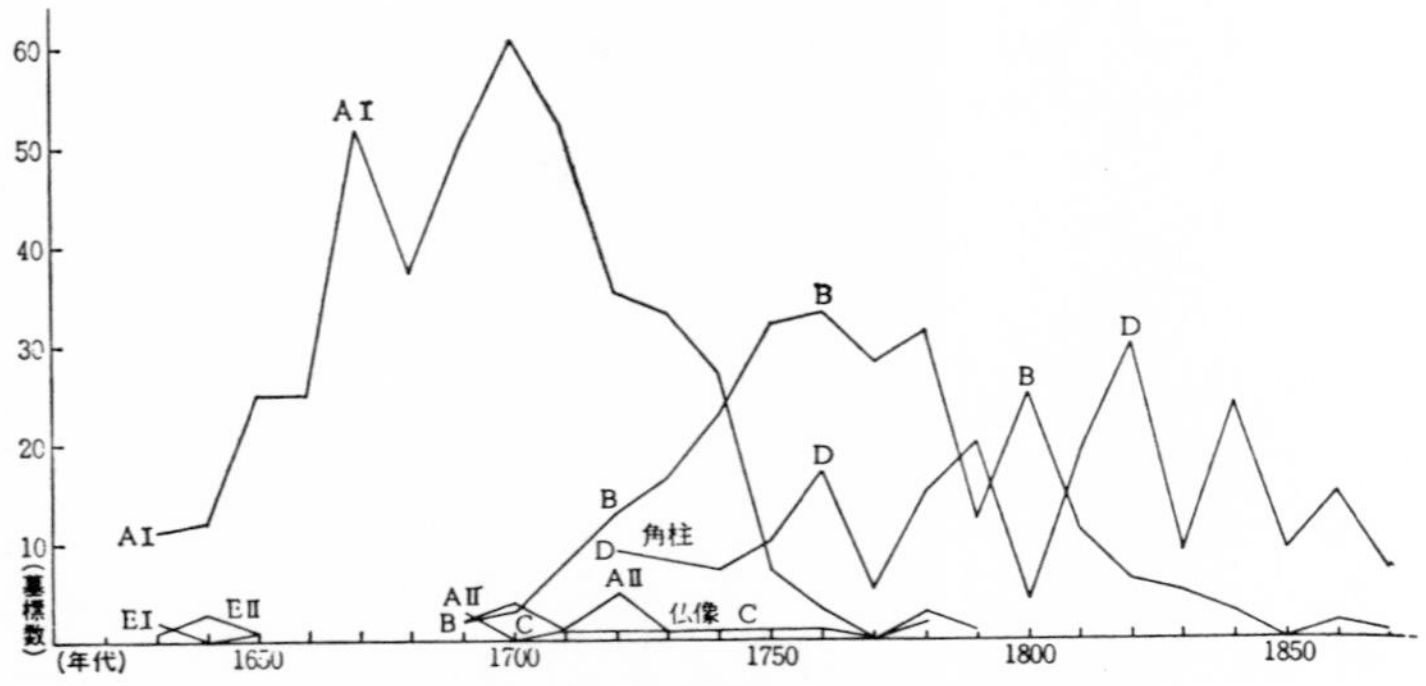

図 13　類型別紀年銘墓標年代の造立数グラフ

れた資料よりすれば、一四七〇年代より一六一〇年代までの約一四〇年間の資料が確認されなかったことに気付くのである。

それは、第八代・日院上人より第九代・日靚上人、第一〇代・日侊上人、第一一代・日典上人の時代に該当する。『中山史』が「嫡々相承け来りし法脈細て縷の如く、又支へ難くなりしこそ是非なけれ」（一八頁）と嘆じている年代に一致するのである。

そして第一二代・日珖上人にはじまる三山輪番によって再び法灯が輝きはじめた頃より墓標の造立が開始されている。

このように見てくると、石造塔婆・墓標の資料は、本寺の法灯展開の側面を極めて明瞭に物語っており、かかる資料を歴史的に活用する有用性が改めて認識されることになるであろう。

参考文献

法華経寺編『中山誌』（一八八二年、法華経寺）
石倉重継『正中山法華経寺誌』（一九〇三年、石倉重継）
中尾　堯編『中山法華経寺史料』（一九六八年、吉川弘文館）
中尾　堯『日蓮宗の成立と展開』（一九七三年、吉川弘文館）
正中山法華経寺・中山三法類編集・発行『中山史—増補版』（一九二八年、法華経寺）

VI　儀礼の諸具

一　出土の仏像と仏具

(一)　仏教の考古学

日本の考古学において仏教関係の遺跡・遺構・遺物を研究の対象とする分野を「仏教考古学」と称している。仏教の考古学は、前六世紀以降、仏教伝播地域に展開した仏教の実相を考古学的方法によって究明することを目的としている。

その体系は、わが国の石田茂作（一九六六）により、寺院、塔・塔婆、仏像、仏具、経典・経塚の五本の柱（五項目）を目安として進展してきた。

一方、仏教美術史の小野玄妙（一九一七）は、研究対象の仏教文物を寺塔、彫塑、器物、絵画に分類し、寺塔は伽藍、彫塑は仏像とその造像法、絵画は仏画と書像法、器物は仏物・仏器・僧具とした。

小野仏教美術と石田仏教考古学の研究対象分類を比較すれば、

美術（小野）	寺塔	彫塑	器物	絵画	
考古（石田）	寺院・塔婆	仏像	仏具		経塚・経典

となる。研究対象を等しく仏教的文物とする美術史と考古学において類同もあれば対象外もある。しかし、それぞれ

の研究の立場とその展開によって方向性が異なる傾向が認められる。巨視的に見ると、仏像の形式論を中心とする逸見梅榮（一九三六）、仏像・本生話・譬喩譚の造形を主体的に扱う高田修（一九四一）、日本の仏画を主とする亀田孜（一九七〇）、仏像と仏画を中心に仏教芸術の方向に展開していく佐和隆研（一九八一）など、仏教美術史の研究を標榜しながらもその視角は多岐にわたり亡羊の感もあり、仏教考古学とは対照的ですらある。

(二)　仏教考古学における出土の仏像と仏具

仏像・仏具については、考古学にとって研究の方法と視点が定まっているとはいえない現状である。その要因は、仏像の研究は図像学的研究が主体であり、仏具の研究は金工的研究が主流であったことによる。寺院、塔、経塚については、当該する遺跡の発掘調査が実施され、遺構の検出、遺構と出土遺物の相関関係が把握されてきたが、仏像、仏具については未開拓の分野であった。

仏教考古学の調査研究は、考古学の方法によって仏教の過去を知ることが究極の目的であり、対象資料の存在状態による選択は理に適わない。考古学的（物質）資料は、埋蔵（地下）と伝世（地上）に大別されるが、仏教考古学にとって両者を調査・研究とすることは明らかである。

仏像・仏具の場合、伝世資料は過多に認識され、埋蔵資料は過小的な知見である。発掘調査によって計画的に検出され、また、不時発見による発掘の結果によって研究が展開してきた寺院、塔、経塚、伝世品の調査が主であった仏像、仏具とは対照的であった。しかし、近年、各種の遺跡が全国的に発掘されるにいたり、仏教関係の遺跡以外からも仏教的遺物の出土が知られるようになってきた。このような動向は、仏教考古学の五本の柱のすべてが、考古学の方法によって調査研究することの可能性が改めて浮上してきたからである。

(三)　仏教考古学と出土仏像

仏像は、仏教における礼拝対象の最たる造形であり仏教の考古学的研究にとって等閑視することはできない。仏教考古学の組織化を促す契機となった『佛教考古學講座』（一五巻、一九三六・三七）においては、仏像の概論と造像法に関する項目が僅かに立てられたに過ぎなかった。像容、造像目的、経典の関係、像の流伝と変容など仏教伝播地域の全容に及ぶ視点のもとに研究が展開してきたが、仏教考古学としてかかる研究の方向性を示したのが『新版仏教考古学講座』（七巻、一九七五〜七七）の杉山二郎編集の「仏像」（第七巻、一九七六）であった。仏像の表現形式・仏像図像学を中心に仏伝造形・仏足石・仏画などの項目が収められたが、必ずしも日本の仏教考古学を試行した方向性が認められなかった。インドなど仏教伝播の地域における出土仏像は対象とされているが、日本の出土仏像については扱われなかった。『新版仏教考古学講座』を監修した石田茂作は、仏教考古学の柱の一として仏像を掲げたが、それは多種の材質による仏像を列記して考古学として対象とすべきことを説き、著作集の『佛教考古學論攷』（六巻、一九七七・七八）二「仏像篇」に研究の実際を提示した。

出土仏像は、寺院跡の場合が多いが、石田分類による金仏・木仏・石仏・塑像・乾漆仏・瓦仏・塼仏と押出仏などの例が知られている。最近とくに注目されているのは、塼仏と小金銅仏の出土例に対する関心であるが、加えて、礼拝対象としての瓦塔の出土が注目されている。瓦塔は、仏教考古学の柱である塔・塔婆として分類されているが、集落遺跡からの出土も多く、礼拝対象として重要である。

(四)　仏教考古学と出土仏具

仏像に対して仏具は、仏教考古学において古くより着目されてきた。『佛教考古學講座』（前出）において、荘厳具、供養具、僧具、唄器と分類され（柴田常恵一九三六）、荘厳具として華鬘・幡、僧具として香炉・数珠・如意・錫杖、唄器として雲版・鰐口・磬、そして密教法具の各項目が収録された。

石田は、仏教考古学の柱の一として仏具を対象とし、梵音具、荘厳具、供養具、密教法具、僧具に分類し、『佛教考古學論攷』（前出）五、「仏具篇」（一九七七）に自己の関係論文を収めた。石田分類によって編集された『新版仏教考古学講座』（前出）五、「仏具」は、岡崎譲治により荘厳具、梵音具、僧具、密教法具と分類され、さらに新仏教各宗の供養具・梵音具と修験道用具が加えられた。同様な分類は、蔵田蔵『仏具』（『日本の美術』一六、一九六五）で、また、岡崎編『仏具大事典』（一九八二）でも用いられている。

これらの仏具関係著作において出土の仏具については項目として見られないが、ただ、安藤孝一によって「出土仏具概観」（『新版仏教考古学講座』「月報」六、一九七六）として触れられていることが注目される。

また、石田『仏教美術の基本』（一九六七）は、釈迦関係、大乗仏教（顕教）、密教美術、浄土教美術、禅宗美術、垂迹美術と大別するなかで各種の仏具が収められている。

なお、小野美術史は、仏物（厳身具・持物）、法器（荘厳具・供器・道具）、僧具（袈裟・法服・日常用具）と分類されている。

出土仏具に関する報告は、全国的になされてきたが、立正大学文学部考古学研究室編『出土仏具の世界』（一九九九）により一応の整理が果たされて鳥瞰が可能となった。その後、多くの発掘報告書の活用により新出資料を収めた『古代仏教系遺物集成・関東』（考古学から古代を考える会、二〇〇〇）が編まれ、新しい研究の方向性が示されるにいたった。

仏具を出土する遺跡は、寺院跡、経塚、祭祀遺跡、墳墓（古墳を含む）、塚、官衙跡、城館跡、集落跡（土坑・井戸）、窯跡など多岐にわたっていることが明らかにされ、あわせて、山岳祭祀遺跡、密教法具一括出土遺跡の様相も次第に増加してきた。したがって出土仏具は、供養具、梵音具、僧具、密教法具と多彩であり、とくに六器類、数珠玉（ガラス・石・木）の出土が注意され、佐波理鋺とそれを模した陶製品の存在も注目されている。

このように出土仏具は意外に多いことが判明し、その時代は古代より近世、出土遺跡は全国にわたっていることが知られてきている。

仏像・密教法具が一括出土した例、密教法具類の一括出土、供養具、梵音具の単独出土例など、関係資料の整理とその仏教儀礼の意味と背景の究明が、今後の課題となっている。

㈤　出土仏像・仏具の性格

仏像は礼拝の対象として、仏具は仏教儀礼にとって不可欠の道具として用いられてきたが、本来伝世品として存在することが多い。他方、それが出土し、水中から見い出せる場合、それぞれの状態を検討する必要が提起される。仏教考古学の研究の柱として仏像と仏具が設定されているが、それらの資料の多くは地上（伝世）の資料であり、地下（埋没）の資料は少ない。しかし、全国的な遺跡の発掘は、仏教関係の文物の出土について注意され、記録と報告が公けにされるようになってきた。それは、仏教考古学の研究にとって新視点となり、仏教史の究明、さらには日本文化史の闡明の一翼を担うこととして期待されている。

平成二十六年度かながわの遺跡展・巡回展「発掘された御仏《みほとけ》と仏具―神奈川の古代・中世の仏教信仰―」の開催は、新しい考古学の動向を捉えた意欲的な企画であった。同時にとかく地上（伝世）資料の史料化に注目されてきた仏教史の研究にとって、出土の仏像・仏具の存在を看過することができないであろうし、仏教美術の研究にとって新資料の出現は注目されるだろう。

参考文献

仏像

小野玄妙『佛像の研究』（一九一八、丙午出版社）
小野玄妙『佛教美術講話』（一九二七、丙午出版社）
佐和隆研『仏像図典』（一九六二、吉川弘文館）

仏具

小野玄妙『佛教美術概論』（一九一七、丙午出版社）
権田雷斧『密教法具便覧』（一九一七、丙午出版社）
奈良国立博物館編『密教法具』（一九六五、講談社）
清水　乞編『仏具辞典』（一九七八、東京堂出版）

仏教考古学の対象資料

仏像　金仏・木仏・石仏・塑像・乾漆仏・瓦仏・塼仏・押出仏・仏画・織成仏・繡仏・印仏・摺仏……、如来像・菩薩像・天部像・明王像・祖師像・垂迹像・曼荼羅・光明本尊・涅槃図……、名号・題目
経典　写経・版経・繡経・瓦経・滑石経・銅版経・柿経・一字一石経・細字経文塔婆・細字経文仏画・経絵・経塚
仏具　梵音具・荘厳具・供養具・密教具・僧具
仏塔　重塔（三・五・七・十三）・宝珠塔・多宝塔・宝塔・宝篋印塔・五輪塔・無縫塔・碑伝・板碑・雲首塔……、木造塔・銅塔・鉄塔・石塔・泥塔・瓦塔・籾塔・印塔……
寺院　伽藍配置・堂舎・建築部分・その他（寺印・扁額・納札・絵馬・拝石・結界石・標石・町石……）
（石田茂作「仏教考古学への道―七十年の思い出―」『日本歴史考古学論叢』一九六六・一一）
寺院　寺院・院跡・瓦塼・鎮壇具・その他（建築用材・金鐸・飾り金具・荘厳具・塼仏・塑像）
塔・塔婆　木造塔・石塔・舎利とその容器・瓦塔・小塔・板碑・庶民信仰・位牌

仏像　仏像（起源と発達・表現形式―彫刻・絵画―）・仏教図像学（顕教系・密教系・手印・仏像の持物）・高僧像・禅宗系美術・垂迹系美術・仏伝文学と仏教世界観の造形的表現・胎内納入品・仏足石・種子

仏具　仏具（種類と変遷―荘厳具・供養具・梵音具・僧具・密教法具）・修験道用具・鎌倉新仏教各宗仏具

経典・経塚　経典（概論・写経・版経）・経塚（概論・遺物・遺跡と遺構）・信仰と経典・経塚分布・如法経と経塚・経塚遺物年表

墳墓　火葬墓（類型と展開・各地の例）・墓地と火葬墓・墓碑墓誌・墳墓堂

（『新版仏教考古学講座』）

仏具

（梵音具）梵鐘、鰐口、雲版、打版、磬、引磬子、鉦、伏鉦、木鉦、法螺、木魚、太鼓、団扇太鼓、楗砧、鐃、鈸子など

（荘厳具）天蓋、花鬘、幡、幢幡、戸張、水引、前机、脇机、礼盤、打敷、曲彔、厨子、仏壇など

（供養具）香炉、柄香炉、常香盤、香印座、花瓶、花

密教法具分類表

- 一、金剛杵
  - 独鈷杵
    - 普通独鈷杵
    - 鬼面独鈷杵
  - 三鈷杵
    - 普通三鈷杵
    - 鬼面三鈷杵
  - 五鈷杵
    - 普通五鈷杵
    - 鬼面五鈷杵
    - 雲形五鈷杵
    - 都五鈷杵
    - 二方五鈷杵（人形杵）
  - 九鈷杵
  - 宝珠杵
  - 塔杵
- 二、金剛鈴
  - 独鈷鈴
    - 普通独鈷鈴
    - 独鈷四天王鈴
  - 三鈷鈴
  - 四鈷杵
  - 五鈷鈴
    - 普通五鈷鈴
    - 鬼面五鈷鈴
    - 五鈷五大明王鈴
    - 五鈷四天王鈴
    - 五鈷梵釈四天王鈴
    - 五鈷三昧耶鈴
    - 五鈷梵字鈴
  - 九鈷鈴（大威徳鈴）
  - 宝珠鈴
  - 塔婆鈴
- 三、金剛盤
  - 大金剛盤
  - 小金剛盤
- 四、輪宝
  - 八鋒輪宝
  - 八角輪宝（附輪台）
- 五、羯磨（附羯磨台）
- 六、火舎
  - 単層火舎
  - 二重火舎
  - 東福寺様火舎
- 七、花瓶
- 八、六器
- 九、飯食器
- 一〇、二器（灑水器、塗香器）
- 一一、四橛
  - 宝珠橛
  - 独鈷橛
  - 蓮華橛
- 一二、燈台
  - 短檠
  - 長檠
- 一三、閼伽桶
- 一四、金錍
- 一五、護摩炉
- 一六、護摩杓
  - 大杓
  - 小杓（附）均休
- 一七、修法壇
  - 華形壇
    - 根本様
    - 発達様
  - 箱壇
  - 牙壇
  - 密壇
- 一八、礼盤
  - 箱形礼盤
  - 猫脚礼盤

（依・石田茂作氏）

籠、常花、燈明台、竿燈炉、釣燈炉、仏飯器、常仏餉など
（密教具）花瓶、火舎、六器、鈴、杵、橛、輪宝、金鉾、灑水器、塗香器、大坦、護摩坦など
（僧　具）袈裟、横被、法衣、座具、帽子、笈、念珠、持念珠、錫杖、麈尾、払子、柱状など

二　出土仏具の世界

『出土仏具の世界』は、現在、知られる関係資料をそれぞれの地域を担当した諸氏がまとめ、かつ、その資料をもとに「出土仏具地名表」と「出土仏具関係主要文献目録」として編集したものである。

出土仏具という、従来、さして注目されてこなかった資料を地域ごとに掘り起こし、その情報を現在的知見で総括したことは、今後における研究に資するところが多いと確信している。

出土仏具についての研究は、すでに触れたように若干の先行調査と研究は認められたものの必ずしも、仏教考古学の研究上に占める割合は決して多くなかった。しかし、それの遺例を全国的に求めるとき、かなりの出土例の存在することが明らかになった。

いま、それらのすべての情報を総括して論じる暇がないが、以下、出土仏具に関する若干の私見を記述し、ご協力を願った調査執筆者の諸氏に対する報いの一端とさせて頂きたい。

出土仏具を汎称する資料には、いくつかの様態が認められる。単独出土から一括出土にいたるまでその出土仏具の数は多様である。また、出土状態もそれと同様に多くのあり方を示している。時代も奈良時代から江戸時代（を一応下限として情報を収集）にわたり、地域も北海道から鹿児島県に及んでいる。

埋納の事情は、広義の仏教的儀礼にもとづくことは明らかであるが、その出土状態、出土遺跡の性格などより類型化することが可能である。

なかでも密教関係の法具類を一括埋納している場合は、多く修法の結果と目されることが考えられる。それは、築壇埋納の場合と地中埋納の場合があり、とくに前者については「法具塚」と称されている。後者も広義には前者と類同の事例が含まれていることが多い。ただ、地中に埋納されている状態が、修法時の姿ではなく、位置がずれて検出されたものも見られることを留意すべきであろう。これらの法具の一括埋納遺跡の多くは、修法の結果として把握されるので、修法遺跡として理解することも肝要である。

堂塔・伽藍の建立に際して壇を築き修法の後、使用仏具を地中に収める遺例が検出されている。鎮壇出土の仏具である。この場合は、仏具以外のモノを同時に埋納していないこともあり、伴出遺物の同時代性を考えるうえでも注目される。仏具の種類も本格的な修法としからざる例があるが、いずれもその本来の意義は異なるものではない。堂塔の中心部分に修法の後に埋納される場合、鬼門など特定の方角に偏って限定された仏具が埋められている場合もある。

このような事例と近いのは、伽藍の四至などに意識的に埋納されている遺例である。かかる例は、伽藍地そのものの除災、ひいては堂塔を含む総体として空間内のすべてを対象とした修法の痕跡としても理解されるが、往々にして仏具の単独出土が見られる。空間を隔する四至の意味は、仏教に限らず宗教関係の施設にあって重要であるが、仏教にあってはとくに重要視されていたごとく看取される。四至域出土の仏具は、その修法の顕著な痕跡として留意されるであろう。

経塚から副埋品として仏具が検出される場合もある。経塚造営時における主体者の除災的意識をそこに読みとることができるであろう。

同様に墳墓から仏具が出土する事例も認められている。被葬者の生前における姿の一端がそこに示されていると理解すべきであろう。

このほか、特定のところから仏具が出土することもある。例えば井戸もその事例であるが、そこには閼伽を意識しての修法が考えられるであろう。また、磐座の付近より出土する例もあるというが、そこには修験の人びとの祈りの実態を垣間見ることができる。

出土仏具のあり方を展望してくると、Ⅰ―修法、Ⅱ―地鎮、Ⅲ―経塚、Ⅳ―墳墓、Ⅴ―その他、に大別することが可能である。

以上のように出土仏具をめぐって、とくにそのあり方について考えてくると、従来における仏具そのものの研究とは視点を異にした課題を見出すことができる。

仏具の研究は、仏教儀礼のなかで注目され、それの個別的研究が進んできたが、考古学の視点で出土仏具を考えることの必要性を改めて喚起しておきたいと思う。

三　一括埋納の仏法具

(一) 出土仏法具研究の視角

仏教考古学において仏法具を対象とする分野の研究は、その揺藍期から中枢的な位置を占めてきた。仏教考古学の体系化を目指した『佛教考古學講座』は、その冒頭に編輯顧問を務めた柴田常恵の「佛教考古學概論（一）」を掲げて編集の意図を示した(1)。そこにおいて柴田は、仏教考古学の対象分野として「仏像・伽藍・仏法具・墳墓」を挙げ「佛教に使用さる、器物の類」として、荘厳（厨子・天蓋・華鬘・幡播）、供養（香爐・華瓶・燭臺）、僧具（袈裟・法衣・數珠・錫杖・拂子・如意）、唄器（梵鐘・磬・鰐口・銅鑼・木魚・雲版）の存在を指摘して考古学的方法による研究の必要性を説いた。それはすでに仏教美術研究の立場より「器物（佛具・法具・僧具）」に対して強い関心をもっていた小野玄妙の見解(2)とも軌を一にする視点であった。

仏教活動において日常的に重要な仏法具については、中国宋代の元照が編んだ『佛制比丘六物圖』などをはじめ多くの著作があり、日本においても江戸時代の敬光の『大乗比丘十八物圖』(3)などの著作や注釈書が流布し活用されてきた。とくに近代に入って権田雷斧(4)の『密教法具便覧』（乾坤）は、それらを総覧したものとして重宝されてきた。

仏法具の研究を仏教考古学の対象として捉えた柴田の見解は『佛教考古學講座』収録の個別的研究として提示された。華鬘・香爐・數珠・如意・雲版・錫杖・鰐口・銅磬・幡・密教法具がそれである。かかる柴田の提言を踏えて発展させ、対象を明確化したのが石田茂作(5)である。

石田は、仏教考古学の対象五本柱のなかに「仏具」を掲げ、梵音具・荘厳具・供養具・密教具・僧具と五大別した。この分類は、蔵田蔵(6)『仏具』、久保常晴(7)「仏具」、岡崎譲治(8)『仏具大事典』などに受け継がれ流布されている。かつて、仏法具の研究を工芸的関心から脱皮して考古学の方法によって究める方向性が指摘され、梵音具分野において著しい展開が果されてきた。しかし、仏法具全般にわたってそれが見られるかどうか、との観点から展望するとき、必ずしも仏教考古学の対象としての扱い方からは不十分といえる。その最たる点は出土仏法具についての検討である。すでに紀伊・那智における一括出土仏法具などについての先駆的研究が石田によって公けにされ、また、山岳信仰遺跡、経塚、墳墓、そして地鎮・鎮壇に関わる出土仏法具についての知見も大幅に増加してきているが、出土仏法具について全国的に集成することは未着手であった。そこで、立正大学文学部考古学研究室ではその一つの試みとして『出土仏具の世界』(9)と題する一書をまとめた。全国を県単位で鳥瞰し、出土地名表、主要関連文献目録を配したこの企画は、今後における仏法具出土遺跡の基礎的資料として活用されるであろう。しかし、刊行後も各地で当該資料の出土が続き、また、未収録の資料についての指摘もあり、修正の仕事は現在も続けられている。また、『出土仏具の世界』の刊行によって学界未知の資料が改めて報告されるようになってきたことは誠に喜ばしいことであり、刊行の意味も達せられたのである。

その編集の過程で、仏法具の調査・研究がほとんど進んでいないことを改めて認識することになったが、仏教考古学の分野において今後どのように仏法具、とくに出土仏法具について扱っていくのか、大いに関心をもつところとなった。

そこで、その一つの作業として、仏法具が一括埋納されている事例を図示し、将来におけるかかる埋納遺跡の調査に備えたいと思う。

(二) 仏法具一括埋納遺跡

仏法具を出土する遺跡について検討するとき、その様態にいくつかの類型が設定される。それは、Ⅰ修法、Ⅱ地鎮、Ⅲ経塚、Ⅳ墳墓、Ⅴその他、である。[10] Ⅰ・Ⅱの場合は多く多種の仏法具が埋められているのに対し、Ⅲ・Ⅳに[11]あっては種類と数が限定される。Ⅴの場合は、集落内外において単独に検出される。多種の仏法具が一括して埋納されているのは、Ⅰ修法とⅡ地鎮の場合である。Ⅱ地鎮[12]は、堂塔の建立に際して行われた修法の後にそこに埋納をされた例や伽藍四至の特定地点に限定してなされた儀礼の痕跡として見出される例が知られる。堂塔の地鎮に際しての場合には往々にして多種の仏法具が一括して納められるのに対して、四至儀礼にあっては単種単独の検出の例が多い。これに対してⅠ修法の痕跡として捉えられる例においては、多種多数の仏法具が一括して埋納されており、修法に用いられた仏法具の実際を示すものとして興味深い。また仏法具の一括出土は、それらの同時性を示し、個々の仏法具の時代判定に一つの基準となる。それがある時期に特定の意図をもって埋納されたことを察せしめる資料の存在は仏教儀礼の歴史的背景を考えるうえでも注目される。

そこで、それと関連する可能性のある出土例について展望することにしたい。

(一) 郷主内《ゴウシュナイ》[13]（宮城県角田市枝野字辻・南小原島田字御主内）〔図1・2〕

長軸四五センチ以上の不整形を呈する土坑中より出土した。底面の長軸三八センチ、短軸二六センチの楕円形である。この土坑中に金剛杵・金剛鈴・飲食器などが一括して埋納されていた。調査の結果、土坑の掘削後、底面に青銅製の提子を伏せて埋め、その後に仏法具を曲物に収めて埋納したことが明らかにされている。埋納の時期は、仏法具類の形態より鎌倉時代（一三世紀代）と考えられ、中世の館跡、修験の寺院との関連が想定されている。

(二) 上栗須寺前《カミクリステラマエ》[14]（群馬県藤岡市上栗須寺前）〔図3〕

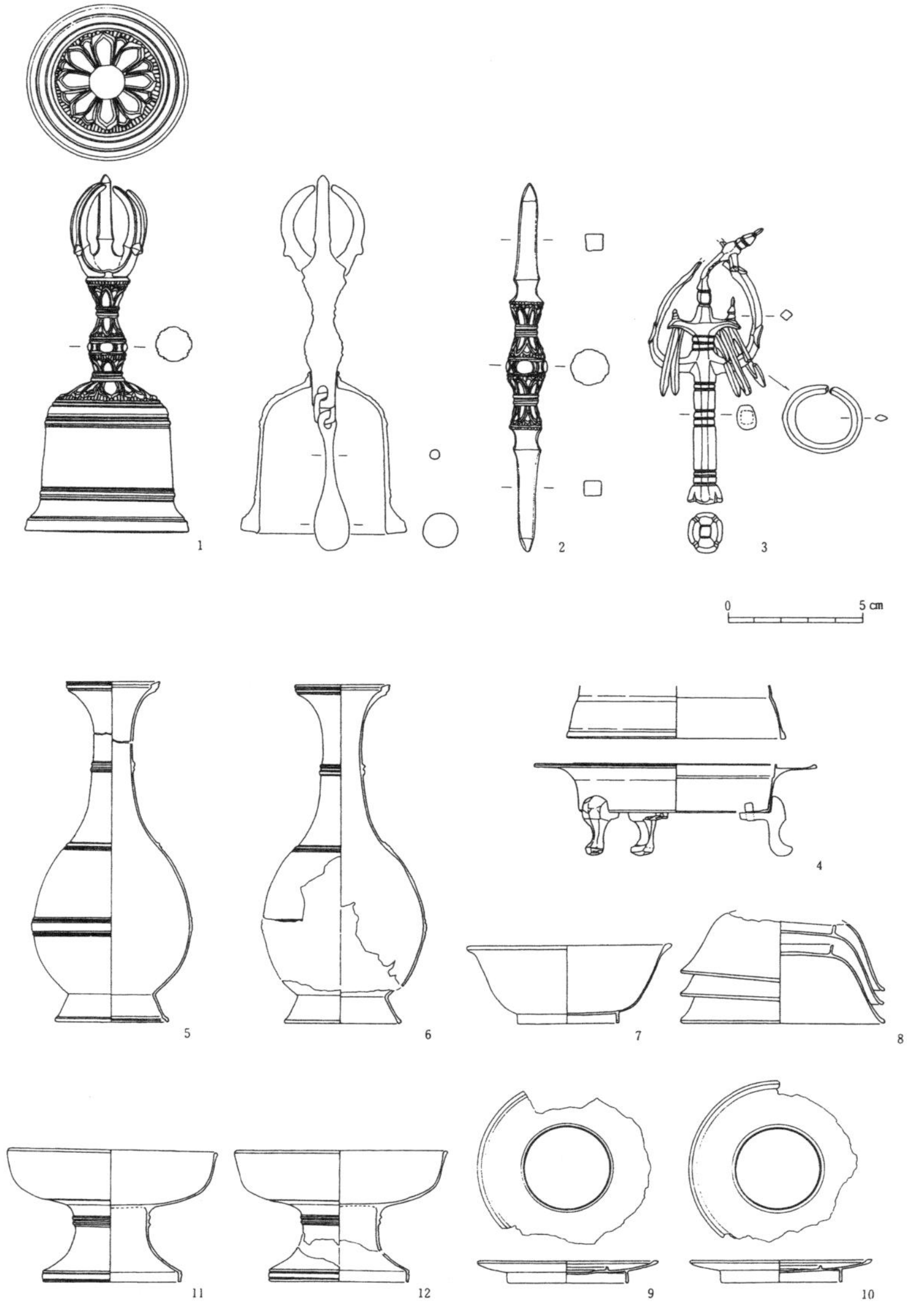

図１　郷主内（一）一括法具（註 13）文献

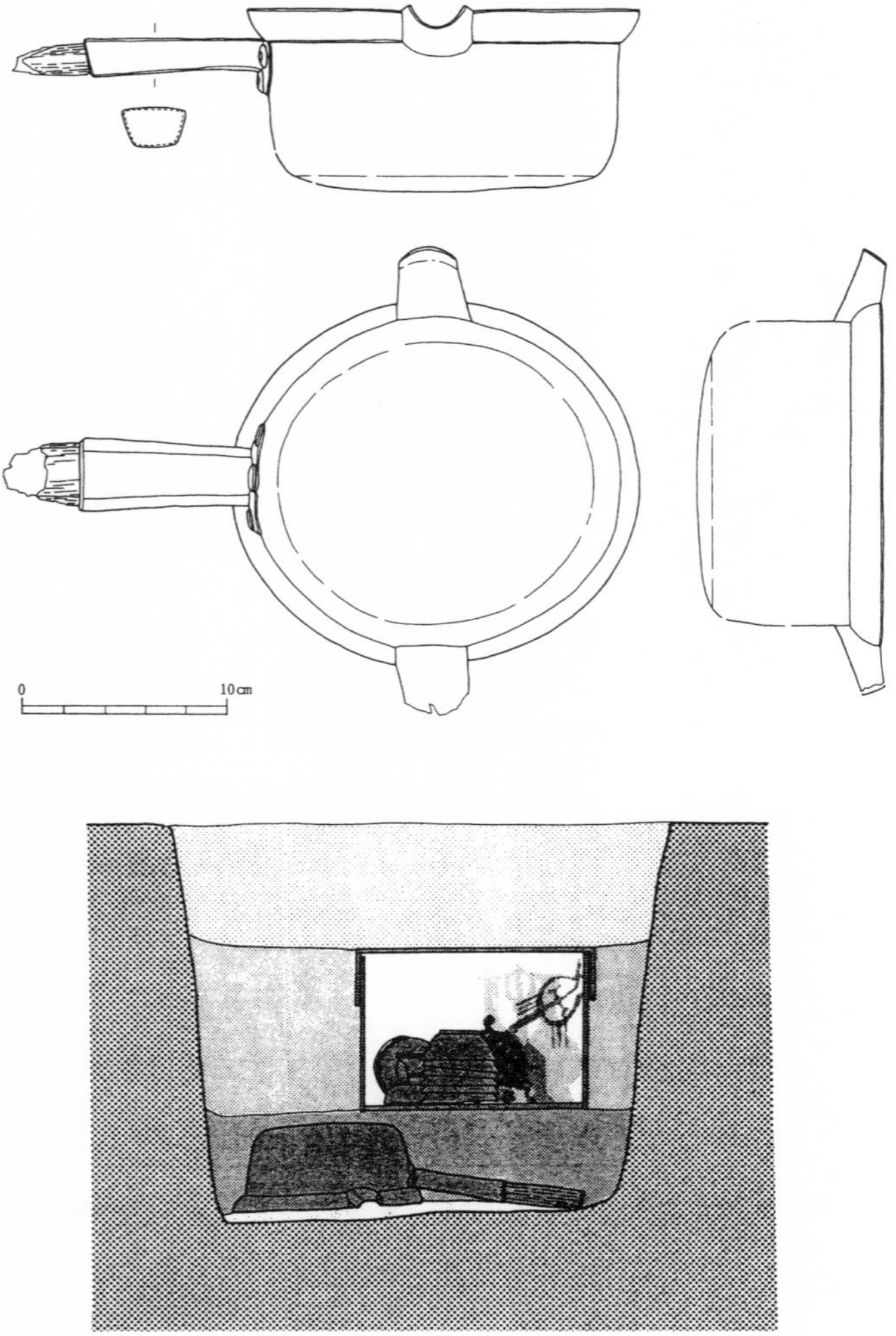

図２　郷主内（二）一提子と埋納状態の復元（註13）文献

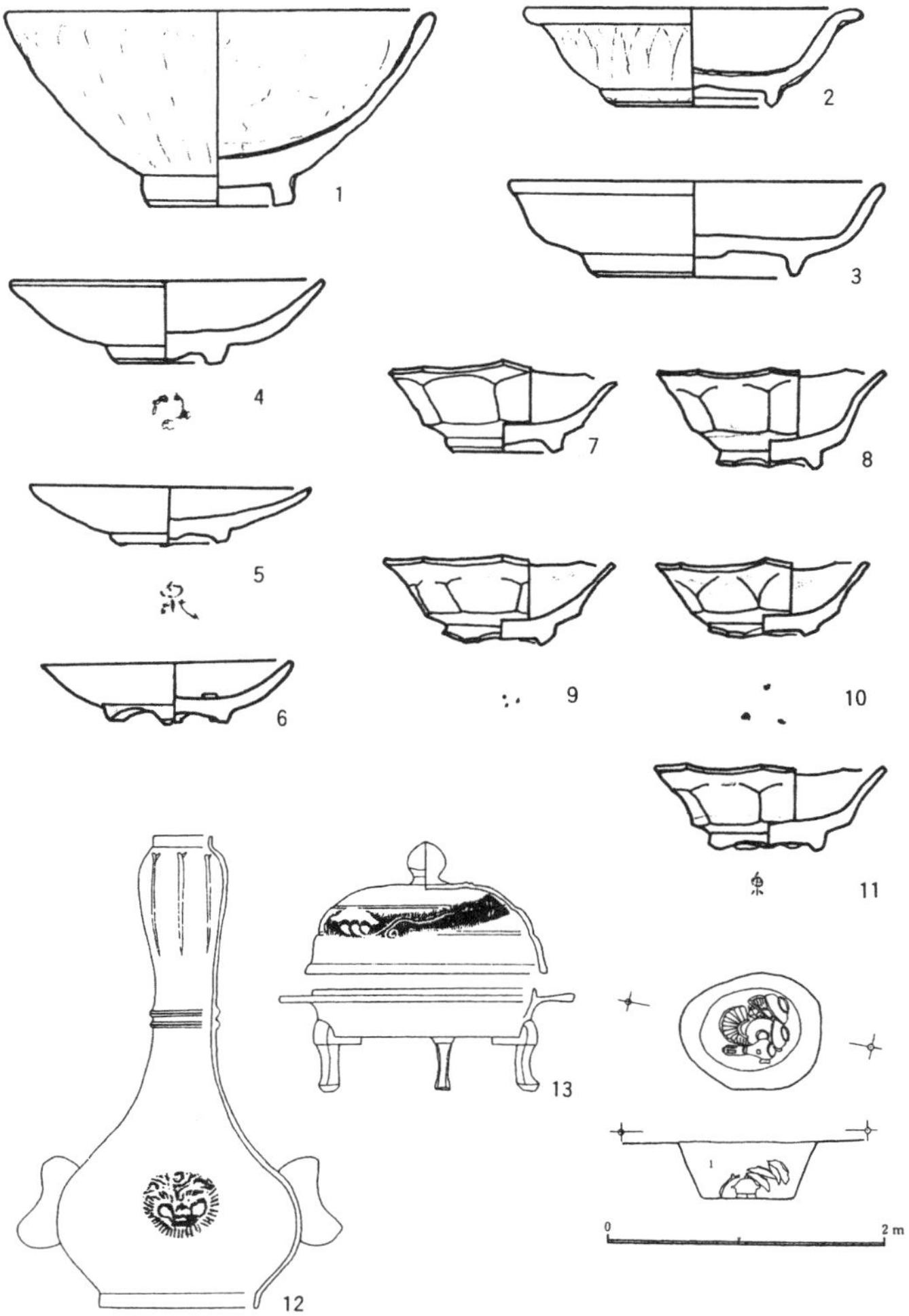

図 3　上栗須寺前―仏法具と埋納状態（註 14）文献

長軸約一〇〇センチ強の楕円形土坑中より香炉・花瓶などが出土した。火舎は坑底に正位置、その上に白磁角坏・小皿が下向きに配され、外側に青磁小皿と花瓶が見出された。時期は伴出青磁碗の年代から一四世紀後半〜末頃と考えられている。

（三）栄町《サカエチョウ》[15]（東京都日野市栄町L地区）〔図4・5〕

六一センチ×五三センチの楕円形土坑中から、燭台・花瓶・火舎が出土した。時期は、出土層序から近世以前に求められ、十六世紀中葉前後とされている。

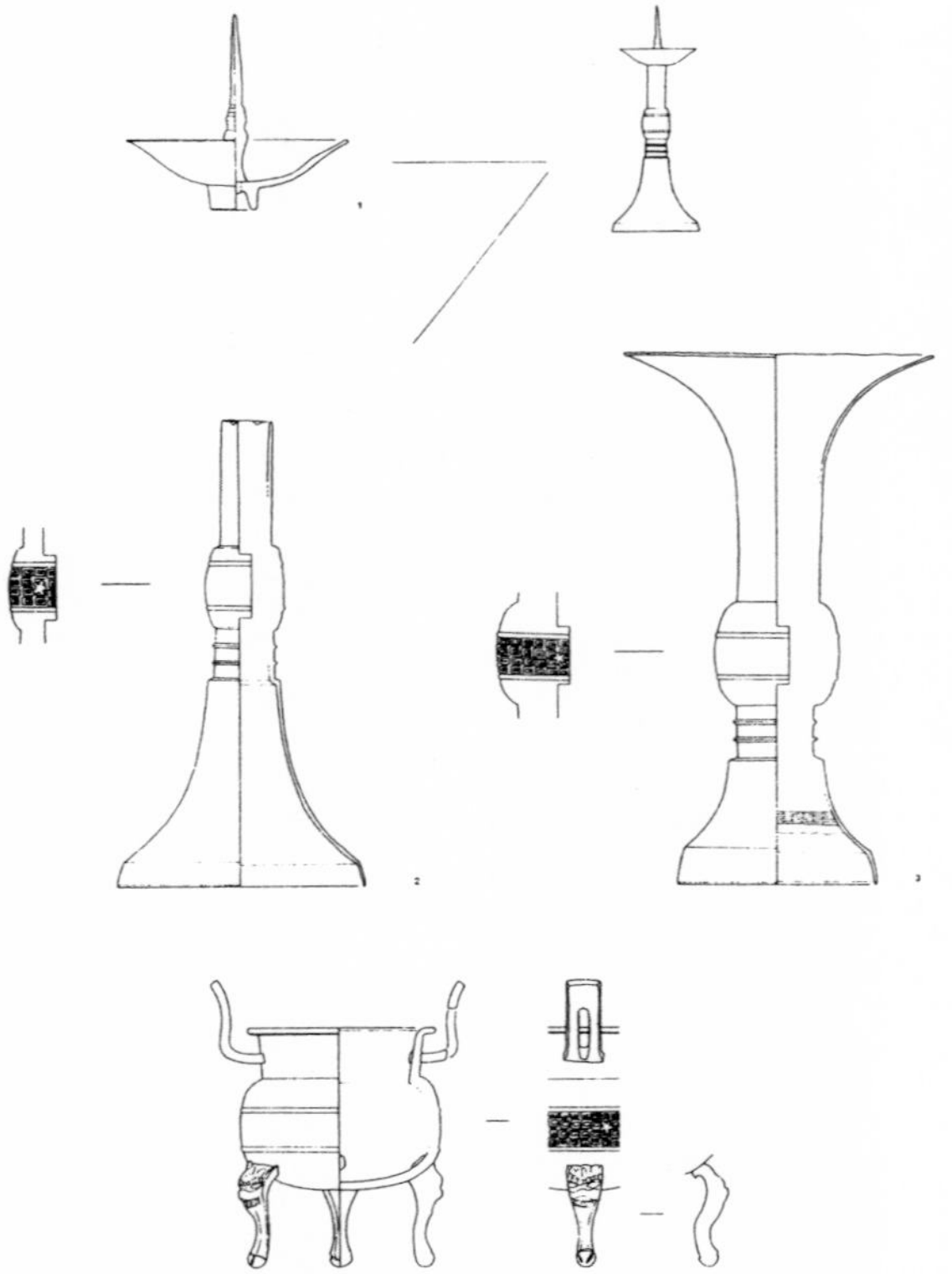

図4　栄町（一）一仏法具（註15）文献

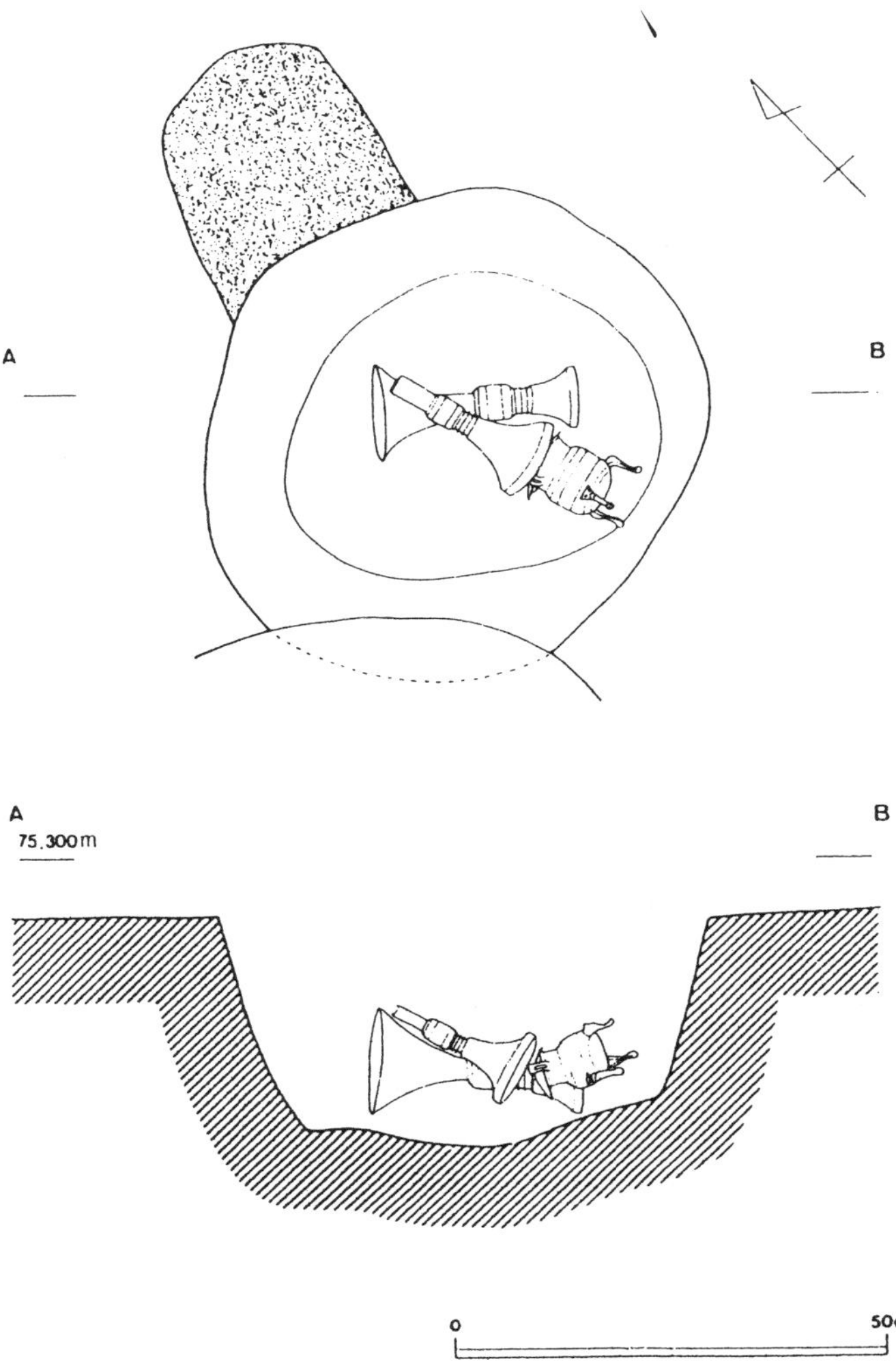

図５　栄町（二）一埋納状態（註 15）文献

（四）宮西町《ミヤニシチョウ》[16]（東京都府中市宮西町）〔図6・7〕

四〇センチ×二四センチの楕円形状の土坑中から、中央に火舎、その両側に花瓶と燭台各一が出土した。時期は一四世紀末から一五世紀前半とされている。

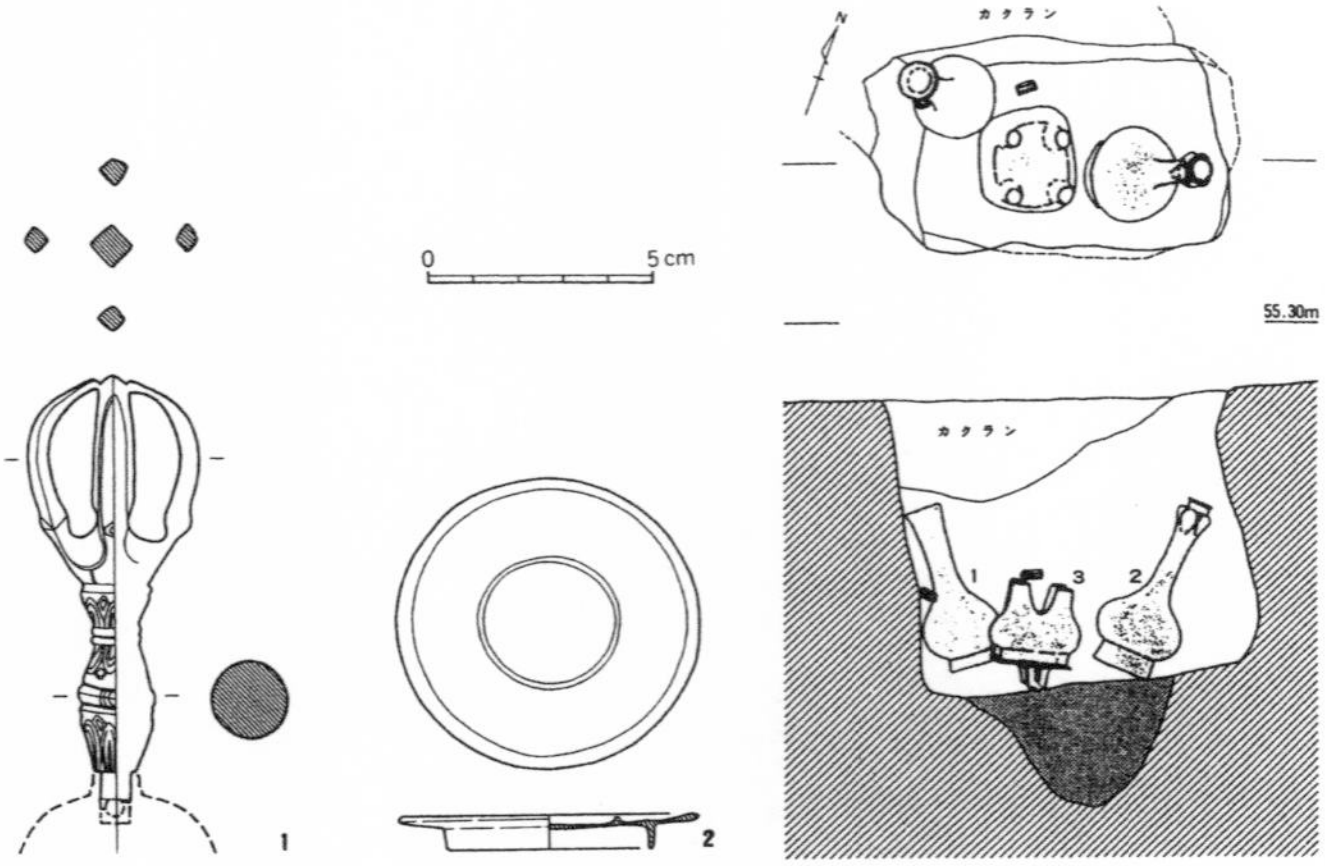

図6　宮西町（一）一仏法具と埋納状態（註16）文献

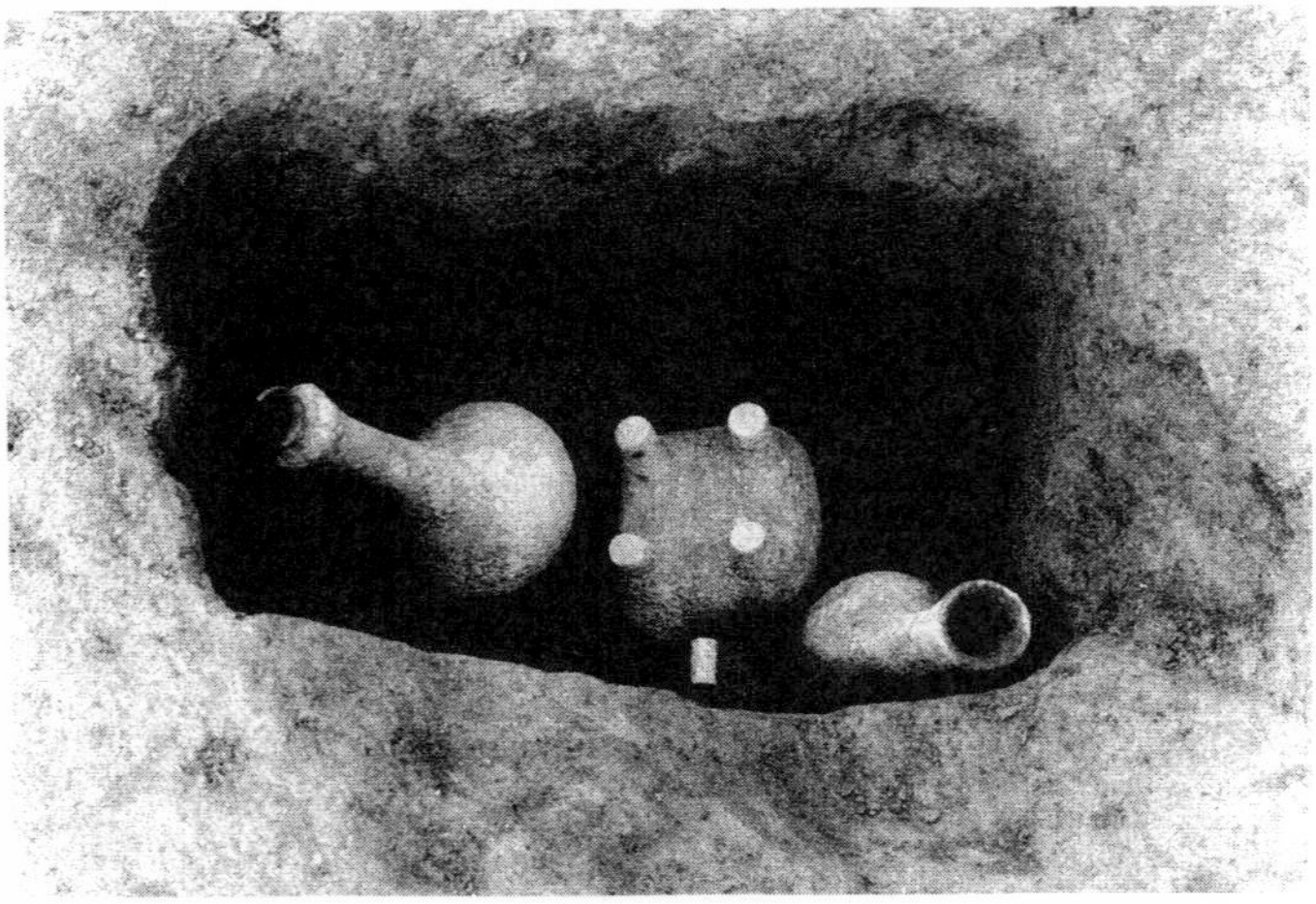

図7　宮西町（二）一仏法具埋納状態（府中市教育委員会提供）

（五）くつがた[17]（新潟県新井市大字籠町くつがた）〔図8〕

提子の上に置かれた曲物（直径約二四センチ、高さ約三〇センチ）中から金剛杵・金剛鈴・花瓶・火舎・六器・小六器・飲食器・小飲食器と青磁皿が出土した。伴出した和紙には梵字の墨書が認められた、という。時期は一四世紀前後と考えられ、追善供養の痕跡とされている。

図８　くつがた―仏法具（註16）文献

（六）大竹《オオタケ》(18)（静岡県掛川市水垂字大竹）〔図9〕

銭貨（約三千枚）収納壺の付近から磁器類とともに金剛杵・金剛鈴・花瓶・飲食器・二器が出土している。時期は、一六世紀後半、仏法護持の法具塚と考えられている。

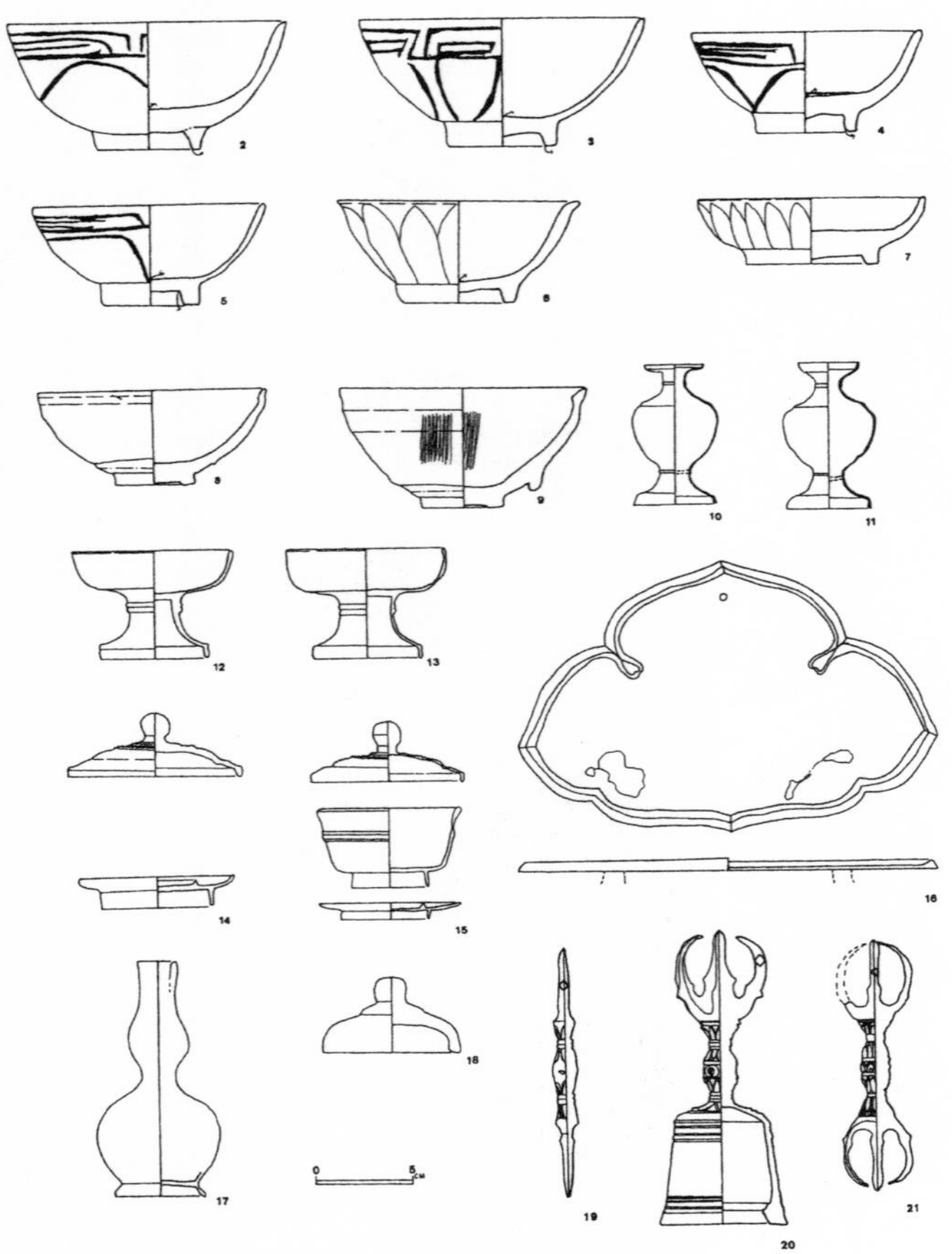

図9　大竹一仏法具（註18）文献

（七）三山口《ミヤマグチ》[19]（鳥取県八頭郡八東町三山口）〔図10・11〕

金剛杵・金剛鈴・金剛盤・火舎・六器・二器・灑水器・塗香器・飲食器・花瓶が一括出土している。時期は鎌倉以降、室町初期、密教の復活を祈願したものか、と考えられている。

なお、鳥取県岩美郡国府町糸谷において、室町時代初期に比定される金剛杵・宝珠杵・羯磨が出土していることがあわせて紹介されている。

図10　三山口（一）一仏法具（註19）文献

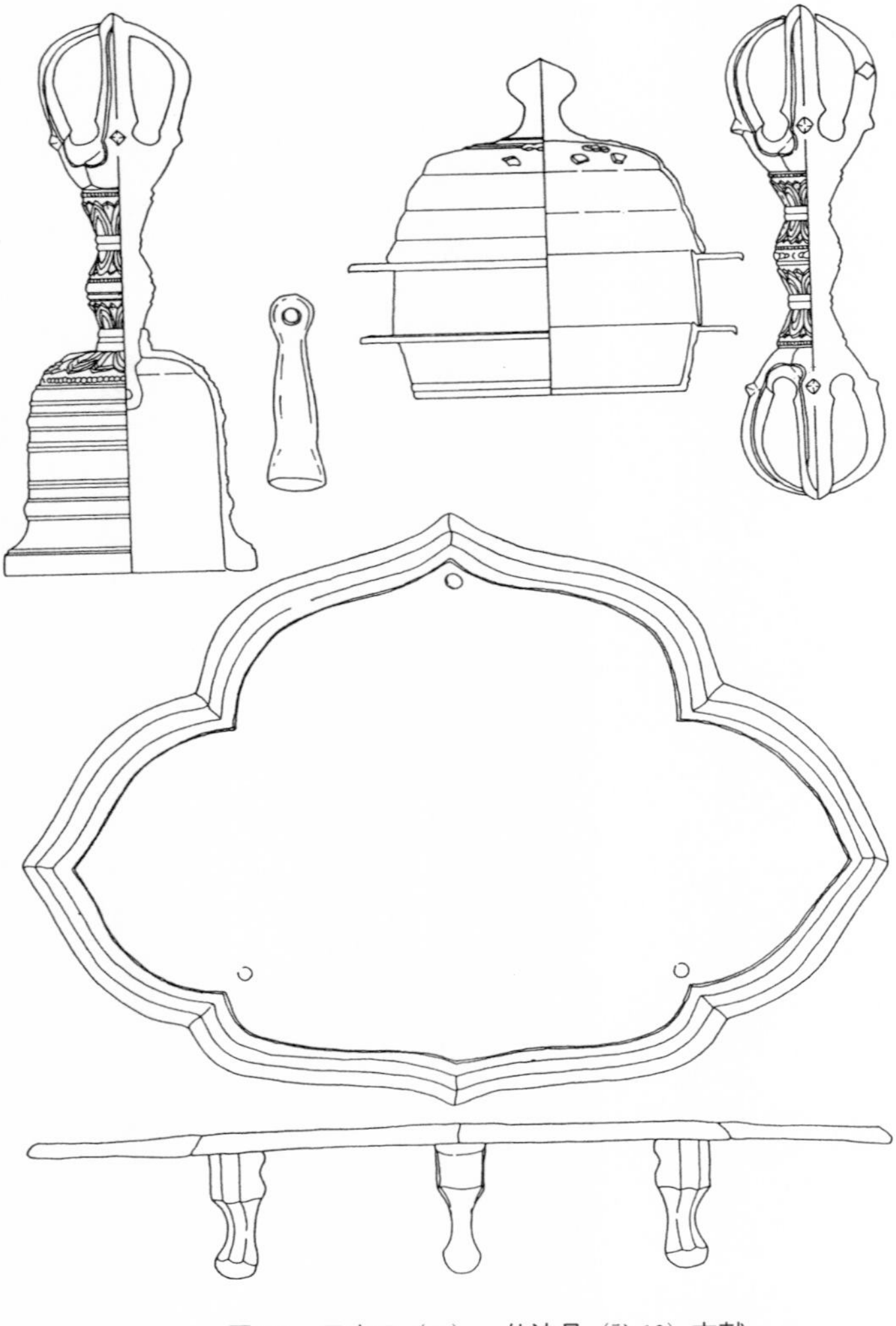

図 11　三山口（二）一仏法具（註 19）文献

（八）新畑《シンバタ》[20]（岡山県英田郡大原町新畑）〔図12〕

金剛杵・金剛鈴・火舎・花瓶・六器、飲食器・二器と打鳴器が一括出土した。これらは一メートル四方に集中していた。時期は、室町時代初期、土中埋納により将来に備えた「法具塚」と考えられると言う。

右の八遺例の分布は、東北（宮城）、関東（群馬・東京）、中部（新潟・静岡）、中国（鳥取・岡山）であり、畿内、四国、九州からは現在のところ同種例は見出されていない。

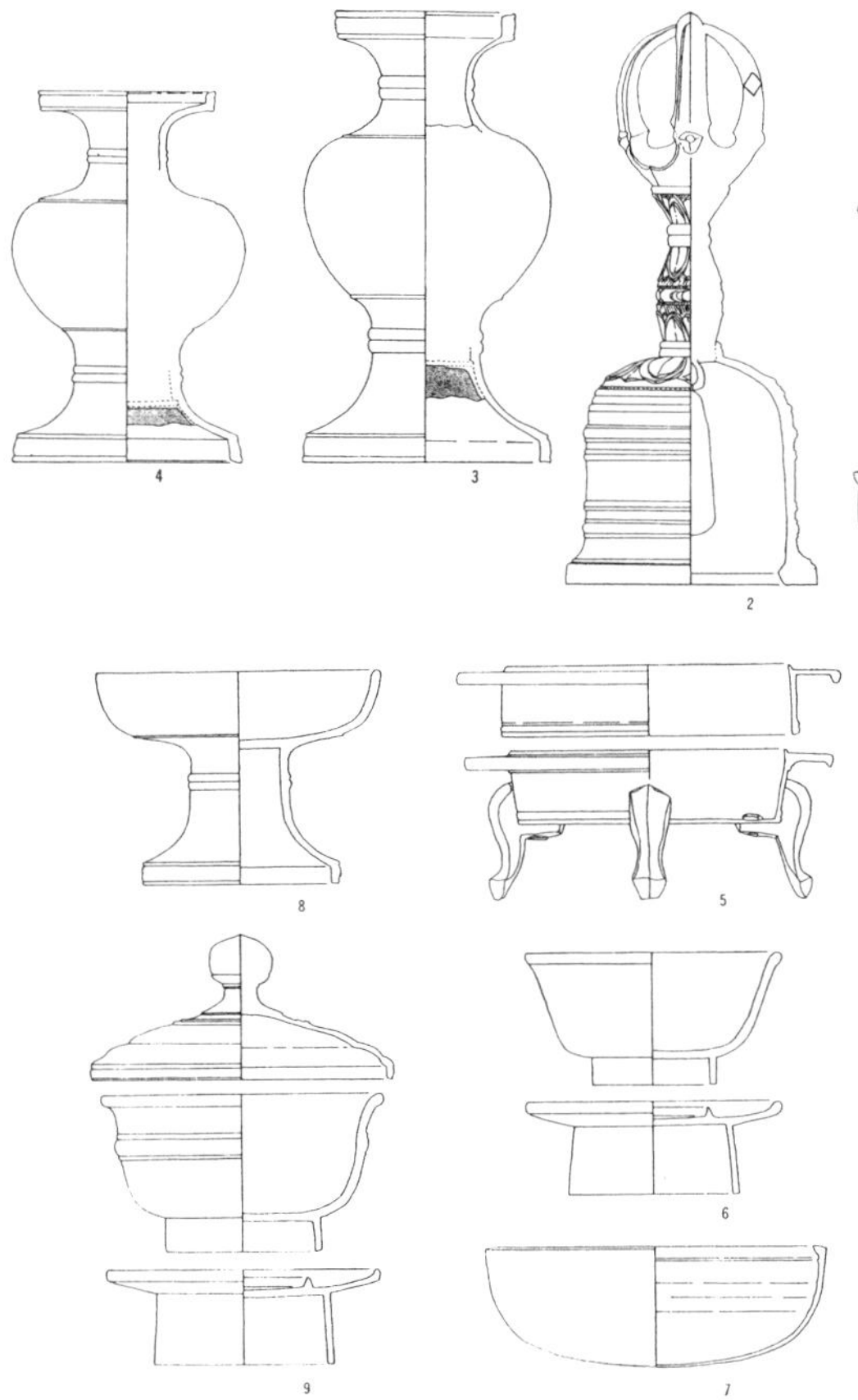

図 12　新畑—仏法具（註 20）文献

出土仏法具の種類によって、埋納遺跡を類型化すると、〔Ⅰ〕金銅杵・金銅鈴・火舎・花瓶六器を伴うもの、〔Ⅱ〕火舎・花瓶に燭台あるいは六器を伴うもの、に大別される。〔Ⅰ〕は、（一）郷主内、（五）くつがた、（六）大竹、（七）三山口、（八）新畑であり、〔Ⅱ〕は、（二）上栗須寺前、（三）栄町、（四）宮西町である。これらを時期によって分けると、それぞれの埋納物の製作年代と伴出遺物に時間差が認められるものの大勢として鎌倉～室町時代の時間枠のなかに位置付けられる。したがって、中世に出現し、近世以前に比定することが可能である。

出土状態は、明らかに土坑中から見出された（一）郷主内、（二）上栗須寺前、（三）栄町、（四）宮西町と、ほぼ同様に坑中に埋納されていたと考えられる（五）くつがた、（六）大竹、（七）三山口、（八）新畑に二大別されるが、前者は発掘調査による出土、後者は偶然の出土であり、検出状況の相違によって土坑の確認に差があるに過ぎないと言えるであろう。

このように見てくると、中世に土坑中に埋納された仏法具類は、（イ）密教法具を埋納しているもの、（ロ）三具足などを埋納しているもの、に分類される。よって、仏法具一括埋納遺跡は、Ⅰ修法の類型を二型に分類することが必要であることが明らかである。

すなわち、Ⅰ修法〔A型〕密教法具を伴うもの、〔B型〕三具足などを伴うもの、である。

㈢　埋納遺跡の様態と性格

仏法具を一括埋納している遺跡に二類型が存在することが明らかであるが、それの様態、さらには性格が問題となるであろう。

〔A型〕の場合は、金剛杵（独鈷・三鈷・五鈷）、金剛鈴（三鈷・五鈷）、火舎香炉、花瓶、六器、飲食器、二器などを伴うものであり、その数量から一括器であったことが推定される。（七）三山口、（八）新畑の場合は、五鈷杵と五鈷鈴を有し、護摩に際しての使用が想定される。また、(五)くつがたは、独鈷杵と五鈷鈴、(六)大竹は、独鈷杵・三鈷杵・三鈷鈴があり、(一)郷主内は、独鈷杵と五鈷杵がみられるが、それらにあっても護摩との関連を考えることができるであろう。加えて、(一)郷主内、(五)くつがた、(七)三山口、(八)新畑にあっては火舎香炉がある。これら〔A型〕には、花瓶、六器、飲食器、二器などが伴出していることが注意される。

これらの密教法具類は、修法壇において用いられたことが考えられるが、その壇は、四度行者が一般的に用いる「該攝具徳門壇上荘厳」[21]に似つかわしい。修法壇は、木製が多いとされるが、それは恐らく堂宇内の場合であって、屋外においては土壇の可能性が高い。修法の終了によってその壇はただちに取壊されるものであり、一括出土した密教法具は、修法壇の取壊しと共に至近地に埋納されたことが想定されよう。このように考えてみると、出土地点の近くに壇の残滓が存在していた可能性がある。その場合、壇の性格上、遺構として顕著な築壇用材が集中している、とみるよりもまさに痕跡として把握されるのではあるまいか。

さて、かかる〔A型〕については、「経典埋納思想と同様な発想に基づいた仏法護持思想の遺跡的表現」と考え、それを「法具塚」と捉える見解が三輪嘉六によって提唱されている。[22]そこには「土中埋納によって、行法のための法具を尊重し、来世に備えた」とする理解がある。傾聴すべき説といえよう。

〔A型〕の多くが中世のもの、と考えられることによって、密教の衰退現象の反映と解釈することもできるが、一方、中世後半代の密教は、浄土と融合することによって新たな宗教集団となって展開していたことが想定され、そこには聖の活躍を等閑視することができない。真言密行に念仏付加ということこそ、聖の回国勧進の基底を構成していたものといえよう。〔A型〕の分布が、かなり広範囲にわたっていることも注目すべき現象であり、共通性をもって密教法具類が修法の後、一括して埋納され、恰もそこには埋納行為の軌範の存在を窺わしめるものがある。修法の後、壇の破壊と法具類埋納の所業によってこそ、祈念の完結が果されたのではあるまいか、と考えることもできるのである。それは仏教的作善業の痕跡とも映じるのである。

かかる遺跡を「法具塚」と称するか、はたまた別の名称をもってするのか、いま少し類例の増加と、出土地周辺の意識的調査の結果を待ちたいと思う。

〔B型〕は、三具足などを明らかに意識的に埋納することを目的として掘られた土坑中より見出されている。それは、三具足の埋葬とも称さるべきものであり、〔A型〕とは異質のものと言えるであろう。境界護持か地鎮か、また、遺棄埋納かのいずれかであろうが、現在のところ定めることは難しい。将来、この種の遺例が発掘作業中に検出される可能性が高いと考えている。

中世における仏法具類の一括埋納遺跡について瞥見してくると大略ではあるが以上のごとき事柄を知ることができる。これらの仏法具類は、密教法具であれ、三具足であれ、それが土坑中もしくはそれに近い状況下で見出されていることは、仏教考古学の研究対象として相応しい事例と言えるのである。

註

（1）柴田常惠「佛教考古學概論（一）」（『佛教考古學講座』第一巻、一九三六）は、柴田の考える仏教考古学の組織化を促したものである。ただし（一）のみであり、（二）はついに発表されなかった。

（2）小野玄妙は『佛教美術概論』（一九一七）において、仏教の歴史を芸術史的観点から研究する方法を論じた。研究の対象として、寺塔・彫塑・絵画とともに器物をあげ、仏具・法具・僧具に分類する方向を示した。それは仏教美術史と呼ばれるごとき方法であり、関係資料を悉皆調査することを目的とする考古学—仏教考古学とは視角を異にするものであった。しかし、研究対象を四分野とし、なかに「器物」を掲げ、仏・法・僧具と細別したことはユニークな着想として注目される。ただし、考古学と美術史学とが研究対象物を同一にしながらも、それぞれ資料の選別が恣意的であることを注意すべきである。

（3）『大乗比丘十八物圖』一巻は、梵網経に触れられている大乗経の携帯十八品についての図解である。なお比丘六物については、元照の『佛制比丘六物圖』、祖淳の『佛制比丘六物圖輯釈』、宗鸞の『佛制比丘六物圓纂註』、慧淑の『六物圖依釈』などが知られている。

（4）権田雷斧『密教法具便覧』（乾坤）（一九一七）

（5）石田茂作「仏教考古学への道―七十年の思い出―」（『日本歴史考古学論叢』一九六六）。ほかに『仏教美術の基本』（一九六七）、『佛教考古學論攷』五佛具編（一九七七）などがあるが、『新版仏教考古学講座』五仏具（一九七六）巻頭の「総説」は石田見解の要括として看過しえない一文である。

（6）蔵田　蔵『仏具』（日本の美術一六、一九六七）

（7）久保常晴「仏具」（『新版考古学講座』八特論〈上〉、一九七一）など。

（8）岡崎譲治監修『仏具大事典』（一九八二）「序」、「主要文献解題」（『新版仏教考古学講座』五仏具、一九七六）など。

（9）立正大学文学部考古学研究室編『出土仏具の世界』（一九九九）。同書は『考古学論究』五　特集出土仏具の世界（一九九九）とほぼ同一内容を有する。

（10）坂詰秀一「出土仏具研究の課題」（『考古学論究』五、一九九九）など。

（11）経塚の場合、一般的に仏法具の種と数は限られているが、ただ、例外として和歌山県東牟婁郡那智勝浦町那智の経塚が指摘される。那智経塚は、経塚と修法遺跡の重複遺跡として捉えられており、密教関係の大壇関係の諸器が出土している。出土した法具は大壇建立に必須のモノがセットとして見出され、多数の仏像・経筒と共に埋納供養が行われたことが明らかである。石田茂作『那智發掘佛教遺物の研究』（帝室博物館學報五、一九二七）、東京国立博物館『那智経塚遺宝』（一九八五）。

（12）森　郁夫『日本古代寺院造営の研究』（一九九八）など。

（13）岩見和泰「郷主内遺跡」（『名生館遺跡ほか』宮城県文化財調査報告書一八七、二〇〇一）

（14）坂井　隆「群馬県上栗須寺前遺跡の埋納遺物について」（『貿易陶磁研究』一七、一九九七）

（15）小林和男「日野市栄町遺跡出土の三具足」（『東京考古』八、一九九〇）

(16)　塚原二郎「東京都武蔵国府関連遺跡―仏具が埋められていた土坑の調査―」(『祭祀考古』七、一九九六)、中山真治・江口　桂「武蔵国府関連遺跡出土の埋納遺物について」(『貿易陶磁研究』一七、一九九七)
(17)　金子拓男・宮脇公健「くつがた遺跡出土の密教法具」(『月刊文化財』一六六、一九七七)
(18)　足立順司「掛川市大竹遺跡の研究―中世埋納遺物の分析―」(『森町考古』一六、一九八一)
(19)　三谷　巍「三山口遺跡出土密教法具の研究」(『鳥取県立博物館研究報告』一七、一九八〇)
(20)　三輪嘉六「新畑遺跡出土密教法具の研究」(『MUSEUM』三一一、一九七七)
(21)　権田雷斧　註4文献
(22)　三輪嘉六　註20文献

四　梵鐘断章

㈠　梵鐘の起源とその種類

古来、人口に膾炙している『平家物語』開巻劈頭の「祇園精舎の鐘の声　諸行無常の響あり」は、万物流転の現世の姿相を鐘の響に託した心に染る名文として知られている。

この記述は、源信＝恵心僧都（九四二〜一〇一二）の『往生要集』によったものであろうが、源信もまた、中国・唐代の道宣（五九六〜六六七）の創作『中天竺舎衛国祇洹寺図経』によったものであろうといわれている。その経には祇園精舎無常院の鐘についての説明があるが、道宣自身も伝聞によって書いたようであり、中天竺の祇園精舎（サーヴァッティー・ジェータバーナ）をはじめ古代のインドには、われわれが想い浮べる鐘の存在は認められない。

梵鐘の語源とされている語は、サンスクリットの ghaṇṭā（ガンター）であるが、漢訳では犍椎（カンチ）・犍遅・犍地・犍植・犍搥・乾搥などで表現される。また、鳩摩羅什（三五〇〜四〇九）訳の『妙法蓮華経』では ghaṇṭā を鼓・鐸と漢訳している。この ghaṇṭā の音写である犍椎を鳴搥打木と説く義浄（六三五〜七一二）の意見が、その原義を明快に示しており、敲打鳴音の具と理解することができる。

したがって、梵鐘は、その源流をインドに求めることはできず、敲打音具の一形態としてインド以外の地において独自に発生したものといえる。

仏教の鐘は、普通、梵鐘と表現され、梵は尊称であって清浄を表わす文字である。梵鐘の起源は、中国東周時代に盛行した楽鐘に求められている。その断面は杏仁の形を呈し、鈎の部分の相異によって、筒形甬に環がついた甬鐘《ようしょう》と、環状の紐がついた紐鐘に分けられる。

東アジアにおける仏教の梵鐘は、大別すると支那鐘、朝鮮鐘、日本鐘（和鐘）の三種があり、支那鐘は紐鐘に、朝鮮鐘は甬鐘に、それぞれの祖型をたどることができるとされている。支那鐘は、紐無乳鐘の形態をもって典型例とされているが、それに乳が加えられた遺品の出現を想定して、和鐘の祖型を紐有乳鐘に求める考え方がある。たしかに、典型的形態である支那鐘の形態は、それに乳が付加されるならば和鐘そのものの形態となる。朝鮮鐘は、甬鐘の甬の部分が旗挿と呼ばれる装飾の筒が見られること、乳数が三六あり、それは甬鐘の枚の両面の数三六と一致すること、竜頭・甬・撞座の関係が軌を一にしていることなどより、それの起源が甬鐘に求められている。

このように仏教の梵鐘は、地域によって三種の形態があるが、それらはすべて中国の楽鐘をもとにつくられたものであり、同祖異形の鐘として把握することができるのである。

(二)　梵鐘研究の先覚

わが国における梵鐘の研究は、一七七八年（安永七）に刊行された岡崎信好の『扶桑鐘銘集』を嚆矢とすることができる。これは山城を中心とした畿内の鐘銘を採録したものであり、鐘銘図集として名高い松平定信の『集古十種』（鐘銘八冊）と共に、江戸時代における梵鐘研究の双璧と称することができる。この二著に代表されるように、江戸時代の梵鐘の研究は、鐘銘の採録に主眼がおかれていた。

明治時代の後半にいたって、伊東忠太は、梵鐘それ自体の形態観察による調査の成果を発表したが、その研究は、まさに画期的なものであった。「本邦梵鐘説」（『建築雑誌』一四九）、「本邦梵鐘説附説」（『建築雑誌』一五一）、「本邦梵鐘説」一～三（『日本美術』一九～二八、及び『考古學會雑誌』三―一～四）と題する論文を一八八九年より一九〇〇年にかけて相次いで公けにし、さらに、「鐘」（『工業大辞書』一九一〇）に要括したのである。伊東は、梵鐘の名所を定め、撞座の位置による年代観を明らかにし、さらに紀年銘鐘を基準とする形態的研究によって無銘鐘の年代をも比定した。伊東と並んで梵鐘の研究に大きな業績を残したのは香取秀真である。香取は、鋳金家としての立場から、主として鋳物師及び鋳造法などについて関心を寄せ、「金文に現れたる鋳師の本質」（『金工史談』所収、一九四一）をはじめ多くの論考を発表して梵鐘鋳物師の実態を明らかにした。一方、考古学の立場から高橋健自は「古鐘雑観」（『考古界』七―八、一九〇八）を発表した。

伊東の後を承けて、梵鐘の研究を大成したのは坪井良平である。坪井はとくにその研究の総決算とも目される『日本の梵鐘』（一九七〇）、『日本古鐘銘集成』（一九七二）、『佚亡鐘銘図鑑』（一九七七）及び『朝鮮鐘』（一九七四）などを相次いで公けにし、梵鐘の考古学的研究が大成されるにいたったのである。

『日本の梵鐘』は、日本梵鐘の考古学的考察（梵鐘研究の歴史、梵鐘の種類とその形状及び部分名称、起源、用途、銘文、鋳造、奈良時代から江戸時代までの梵鐘、琉球の梵鐘）、梵鐘の鋳物師、付表（年表・一覧表など）の構成をもつ労作で、梵鐘研究の決定版と称することができる。伊東の科学的研究の方向がそれを承けた坪井によって完成されたわけである。

(三)　撞鐘のこと

京都・方広寺の鐘銘「國家安康」は、家康分断とのいいがかりによって、豊臣家滅亡の遠因になったといわれる著名なものである。

鐘銘は、本来、「序」と「銘」よりなり、「序」に鋳鐘の趣旨、寺の来歴、鋳造の時期、願主、檀那、鋳工名などが、「銘」には仏法の功徳、鋳鐘及び撞鐘の利益などが刻まれている。しかし、すべての梵鐘に「序」と「銘」が刻されているわけではなく、例えば中世の梵鐘の四〇パーセントは無銘鐘である。

「銘」には経典などより偈文がとられることが多い。

諸行無常　是生滅法　生滅々已　寂滅為楽　（涅槃経）
一打鐘声　当願衆生　脱三界苦　後見菩提　（性霊集）
椎鐘告四方　誰有大法者　若為我解脱　身当為奴僕　（法華経）
願似此功徳　普及於一切　我等与衆生　皆共成仏道　（法華経）

のごとく、功徳作善業としての造鐘とそれに裏打ちされた撞鐘による功徳の願望がこめられている。

『性霊集』（八三五頃）に見える「一打鐘声……」のことは、除夜の鐘にも関係があろう。除夜の錬は一〇八と相場は定まっているが、この一〇八は、いうまでもなく仏教でいう一〇八の煩悩の霧消を意図している。年の瀬に一年間の煩悩を鐘声に託して清め、新しい年を迎えるという仏教行事として日本人の生活のなかにとけこんでいる。

梵鐘といえば、除夜の鐘と共に、朝な夕なに余韻をもって響くお寺の鐘を想い浮べる人が多いであろう。「夕やけこやけ」の「山のお寺の鐘」は、夕餉の合図であり、それはまた一日の活動の終りを示すものである。朝の鐘声は活気あふれる鐘、夕の鐘声は活動の終熄の鐘であり、同じ鐘声でありながら、その響きは、われわれに異なる余韻をもって聞えてくる。それは、まさに一つの〝けじめの鐘声〟の響きである。梵鐘の響きは、日本人にとって風土そのものにとけこんだ不可思議な存在である。

「火事と喧嘩は江戸の華」と謳われた江戸の火事は、その都度、半鐘の響きを江戸の街にこだまさせた。この半鐘は、現在でも町の火の見やぐらに掛けられている。半鐘は、小型の梵鐘の汎称であり、寺院において法要の合図などに用いられる梵音具の一である。多く、廊下、本堂の一隅に掛けられているので寺院参詣の折にはよく眼にふれる存在であるが、いわゆる梵鐘に比べて人びとの印象を欠いているのは、それが単なる合図用の用途に主として用いられているからであろう。

㈣　梵鐘と伽藍

仏教の寺院、すなわち伽藍は、それを構成する堂宇の配置状態によりいくつかの種類の伽藍配置を生んだ。伽藍の中枢建築物は金堂・塔・講堂であるが、それに付属して、中門・鐘楼・経蔵・僧坊などがある。それは、とくに調査の進んでいる日本においてよく知られているところである。

わが国古代の伽藍配置研究の成果によれば、平地伽藍にあっては、四天王寺式・法隆寺式・法起寺式伽藍の場合、鐘楼は講堂の東に、次いで奈良時代の薬師寺式伽藍にあっては、金堂と講堂の中間の東に鐘楼が位置している。一方、山岳伽藍にあっては、天台・真言両宗の場合、中門の向って左に、あたかも大門を見下すがごとき場所に鐘楼がある。また寝殿造式伽藍と称される伽藍の中枢地は大御堂であるが、その南方、南大門の北に池が配されているときには、池の西に鐘楼をおいている。中世に入ると、禅宗伽藍にあっては仏殿と法堂の中間地域の東に鐘楼があるし、浄土宗・日蓮宗は、三門・二天門の向って右側に鐘楼を配している。また、城郭伽藍をもつ浄土真宗の伽藍は、三門の向って左に鐘楼を、右に鼓楼を配している。近世に入っては、種々の伽藍が営まれるようになり、その統一的な姿相を把握することは難事であるが、多くは惣門の向って右側、本堂前方に鐘楼が見られる。

このように鐘楼の位置を展望してくるとき、そこには伽藍中における梵鐘の用途、性質が物語られているかのようである。

古代の平地伽藍、中世の平地禅宗伽藍における鐘楼の位置（A）と、古代の山岳伽藍、中世の浄土・日蓮宗系伽藍、そして近世の伽藍におけるあり方（B）は、寝殿造式伽藍（C）及び浄土真宗（D）の伽藍のあり方と比較して特徴的である。Aに対してB・Cのあり方は、より伽藍外を対象として撞かれる鐘の存在を示しており、一方DはB系の影響をうけながらも鼓楼の存在と共に、伽藍造営時における宗派のおかれた歴史的背景を物語っている。

Aの場合は、伽藍の中枢部分に位置していることより、一山に対する法要行事への合図と撞鐘の供養・修行をも兼ねたものと解され、Bは、それらに加えて一山外に対する撞鐘の意味を含ませたものと考えられるであろう。ただ、このBは、山岳伽藍にあっては山中に点在する堂舎への連絡といった側面を有し、中・近世にあっては伽藍それ自体を民衆に開放した法要行事の施行の一つの反映として撞鐘を考えるべきであろう。Cの伽藍は、伽藍そのものが浄土相を有するものであり、そこに鐘楼を荘厳的に存在せしめているかのようである。Dは、その名の通り一朝事あれば城郭に変ずるものであった。梵鐘は、ただちに陣鐘となり、伽藍そのものと同時に変質する。

このように見てくると、伽藍における鐘楼の位置は、それぞれの伽藍の有する性格と密接に関係するものであり、そこには撞鐘の意味が含まれているといえるのである。

(五)　海中出現の梵鐘

梵鐘が土中より出土する例はいくつかあるが、海中より出現した稀有な例も知られている。それは神奈川県横須賀市の円照寺に所蔵されている「お鐘様」である。

この「お鐘様」は、同寺の『海中出現法華経並半鐘略縁起』（『史料通信叢書』相模七七、古半鐘見聴草）にその来歴が見られ、同鐘を調査した赤星直忠によって紹介された。

一八二二年（文政五）二月二三日のこと、相模国三浦郡走水村に住む利兵衛が、マタア瀬海岸の沖合より網で一つの半鐘を引き揚げた。この鐘は、総高四八センチ、口径二九センチを有するもので、「元徳二年庚子八月□□日」の紀年銘を刻し、その鐘中に「元徳弐年庚子八月七日、同八日彼岸中日供養　[同]奉納竜宮城[旦]拝願主沙弥了性……」との墨書奥書のある『法華経序品』第一など法華経全巻が納入されていた。鐘内に収められていたこの法華経は、桧の板で封せられていたため保存状態は良好であった。

この鐘は、右の奥書に見られるように、法華経の納経容器として転用されたものであるが、その納経の供養が彼岸の中日に行われ、奉納先が竜宮であることは興味深い。単なる納経の容器であれば、ことさら鐘を用いる必要はないが、その奉納先が竜宮であったことによってこそ鐘が選ばれたのであろう。

それは、鐘の最上部につけられている蒲牢（本来は中国の伝説にあらわれる竜の子の一つの名）、一般に竜頭と称されている竜頭形の吊装置よりの竜宮への連想か、あるいは竜が鐘を愛するという伝承からか、いずれにしても竜との関係から、意識的に鐘が用いられたものと考えられる。

「お鐘様」は小形のもので、合図に用いる喚鐘であるが、それに納経し海中の竜宮に法華経を奉納する思想が存在したことを物語る資料として注目される。このような事例の存在することによって、まだ多くの同様な鐘が海中に奉ぜられたままになっていることは想像するに難くない。

各地に伝承されている沈鐘伝説のなかに、このような性質のものも含まれていることであろう。

㈥　梵鐘鋳造跡の発見

梵鐘の鋳造については、技術史的観点より研究が進められてきていたが、鋳型そのものについては明らかでなかったが近年、梵鐘の鋳造跡が各地で発見され、鋳型の出土が認められるようになってきた。これは、梵鐘の研究上のみでなく、日本金工史上においても刮目すべき発見であり、その意義は高く評価される。

現在までに発見された主な鋳造跡は次の通りである。

岐阜県恵那郡坂下町本郷字金屋　約五〇点の粘土鋳型が出土している。それは笠形外型、駒の爪外側、竜頭、撞座、乳型などであり、その年代は、坪井良平によって室町時代の末期、永正より元文の間とされた。

滋賀県大津市滋賀里町長尾　西群（一・二号）と東群（三・四号）の二群より構成される鋳造跡で、三号は溶解炉、四号は鋳造穴と考えられている。一・二号もそれぞれ三・四号と同様な性格とされている。三号の遺構は、斜面を楕円形に掘りこんだもので長径約四メートルを有するという。四号の遺構は、三号の東北方の低い部分に隣接し、隅丸方形を呈する掘り込みであり、東西辺三・五メートル、南北辺三・四メートルを有する。これらの遺構に伴って、梵鐘鋳型の外型・内型の破片が出土し、なかに乳の破片も含まれていた。さらに、神功開宝・隆平永宝の一括出土もあり、平安時代初期の鋳造跡であることが明瞭になった。

長野県上伊那郡飯島町本郷寺平　定盤（鐘鋳造底部）二基、竜頭、撞座など大量の鋳型が出土した。年代は南北朝時代とされている。

これらの遺跡の発見によって、従来、文献資料より考えられていた梵鐘の鋳造の実態が明らかにされたわけであり、その年代も古代より中世に及んでいる。このような遺構と遺物の発見は、今後とも各地においてその類例が多くなることが十分に予想される。梵鐘の鋳造跡そのものが各時代にわたって明らかにされるのもさして時間がかからないであろう。

(七)　鐘と鐸

祇園精舎に梵鐘が存在しなかったことについてはすでに触れた。しかし、ghaṇṭā の存在は古くよりインドにおいて認められるところである。

『妙法蓮華経』提婆達多品第一二には「鼓を撃って四方に宣令」と見えるが、この鼓は ghaṇṭā の漢訳であり、また「鐘を椎いて四方に告ぐ」とあるが、サンスクリット本には「椎鐘」に該当する語はなく、意訳であることが明らかである。同じく法師功徳品第一九は「鼓声、鐘声、鈴声」とあるが、これは「鈴の音、小太鼓の音、銅太鼓の音」が原文である。

鐘は撞くものであり、鳴らすものではない。鐘の起源は、中国の楽鐘に求められるが、その撞くという形態的特徴をもつ鐘は、中国、朝鮮半島、日本において、いわゆる大乗仏教の伽藍にとり入れられた。それに対して鐸は、その形状は鐘に似るが鐘にあらず、内に舌を有するものであり、伽藍建築の荘厳としてとり入れられて風鐸として見られる。

鐸は、南アジアあるいは東南アジアにおける宗教建築に鳴音具として認められる。

ネパール王国のカトマンドウ・パタンには仏塔を中心とする多くの伽藍が造営されているが、その伽藍中枢の塔に接して日本の鳥居に類した懸架具に掛けられた鐸が見られる。その鐸は、いわゆる鈴であるが、その用途は合図であり、法要行事の連絡である。これはまさに ghantā そのものといえるであろう。

同様な例は、東南アジアのタイなどにも普遍的に認められる。タイ北部のチェンマイには多くの仏教の伽藍が造営され、なかにはかなり古いものも存在しているが、ワット・パーラ・シンガに認められる ghantā もその一つの例とすることができる。仏殿の南の前方に掛けられた ghantā は、その形状において梵鐘に似るが舌を有しており、明らかに鐸（鈴）であることがわかる。

このような仏教で用いる鐸は、南アジアより東南アジアにかけて一般的に認められているところであり、東アジアの鐘と極めて対照的である。

鐘と鐸の分布の相異は、そのまま仏教思想の性格的差異に起因しているものではあるまいか。鐘は、大乗思想の中国的定着と形成に伴って作られたものであり、本来の ghantā の目的、行事・食事の合図などの用途が発展して、撞鐘功徳にまで昇華されたのではないかと思う。

鐸の系譜を引く ghantā は、ネパール及びタイなどの東南アジア諸国の伽藍に認められる。

梵鐘そのものは中国において銅製の楽器をもとに仏教にとり入れられ、中国化された独自の仏教思想のなかにおいて出現したものであろう。

追記

『月刊百科』の特集・〝鐘〟に寄せた一文であり、梵鐘をめぐる若干の事柄について解説した。仏具の研究は、日本以外においてはさして試みられていない。今後、日本仏具の研究を推進していく一つの方法は、朝鮮半島・中国大陸における仏具の調査研究であろうし、また、南及び東南アジア諸国の仏具についての関心の深まりであろうと考えている。

五　梵鐘研究の近況

梵鐘についての考古学的研究は、坪井良平の積年にわたる業積によってほぼ完成の域に達した感がある。

坪井は、一九二九年（昭和四）に『梵鐘』（考古學講座）、一九三〇年に『梵鐘』、一九三九年に『慶長末年以前の梵鐘』（東京考古學會學報）を、そして、一九四七年に『梵鐘と古文化』（古文化叢刊）を刊行し、その研究の完成に尽力を傾けたのであった。とくに『慶長末年以前の梵鐘』は、型式分類をはじめ、その時代的推移を説き、末尾に有銘無銘鐘の一覧表・分布図を付したもので、当時における梵鐘研究の到達点を示すところがあった。更に『梵鐘と古文化』において、その後の資料と研究の展開を豊富に収めた。『慶長末年以前の梵鐘』が名著として巷にあまねく有名であったのに対して、戦後に斯学に志した我々にとって座右におくことがすでに不可能に近かったとき、『梵鐘と古文化』が刊行されたことは、干天の慈雨に等しかったことを回顧している。『梵鐘と古文化』は、Ⅰ梵鐘入門、Ⅱ各時代の遺品、Ⅲ梵鐘と古文化、Ⅳ年表及一覧表の四部より構成され、まさに梵鐘研究の決定書とも称すべき好著である。

また、一九四八年には、土井実『大和の古鐘』が刊行され、地域的な研究も一応の纒まりをつけつつあったが、戦後における梵鐘研究の白眉は、何といっても、坪井と藪田嘉一郎との間に活発に行なわれた奈良時代梵鐘尺度論に関する論争であろう。今、それについて詳かに触れることができぬが、その論争は、藪田の「筑前観世音寺鐘尺度論」に開始された(1)。それに対し、坪井は「藪田氏の筑紫観世音寺鐘尺度論を読んで(2)」において批判をなし、一方、村田治郎も「筑前観世音寺鐘尺度論の否定(3)」をもって論争に参加した。次いで藪田は「奈良時代古鐘尺度論(4)」を発表したが、坪井は、更に「藪田氏の奈良時代古鐘尺度論を読んで(5)」において自己の主張を述べたのであった。この論争は、藪田が『観世音寺資財帳』（延喜五年）に見える「銅鐘壱口、口径三尺五寸、高五尺四寸、厚三寸」の記載を分析し、実物の遺品の計測と対比し、それは、同寺に現存する当時の梵鐘の高さをわが大尺で、口径と厚さを小尺によって計測した結果として記載したものであり、それは奈良時代の古鐘一般に通用した計測法である、としたことに端を発したのである。それに対し、坪井は、大小二種の尺度をもって計測したとするのは、その計測値が、単なる偶然の一致に過ぎず、藪田の論拠とする史料は『観世音寺資財帳』に見える一例のみであるとの反論を示した。そして、『同資財帳』に見える鐘の丈量は、かつて足立康[6]の主張した周尺説が妥当であるとの見解を支持したのである。次いで、藪田は、再び自己の主張を他の資料を援用して述べ、奈良時代における古鐘尺度論の一般性――大尺・小尺二様の計測法の存在を力説した。その所論に対し、坪井は、藪田の拠った資料を一々検討し、再び自説を開陳し「梵鐘それ自体がかくの如き微視的な取扱いに堪えるものであるかが問題である」との見解に沿って立論した。この論争は、一九四八年の七月よりあくる四九年の五月までの間『史迹と美術』誌上に一〇カ月にわたって交互に掲載されたのであったが、ついに主幹の川勝政太郎が「古鐘尺度論の打切について」を呈し「古遺品の研究と尺度について学術的な意味における認識を喚起した」点を指摘し、一応の終息を見るに至ったのである。この論争は、奈良時代における尺度論研究における微視的な視角を提起したことと共に、かかる尺度論の主題が梵鐘そのものに求められたとき、梵鐘の考古学的研究による学の水準が優にそれの論者に対等に拠し得る可能性を十分に立証したこととして注目されねばならない。すなわち、歴史考古学的研究が梵鐘を一つの例として、文献史学に対し有効な示唆と更にかなりの決定権を支配することが可能であることを示したのであって、この論争は学史的に高く評価されなければならないであろう。

梵鐘それ自体についての戦後の研究は、大体二つの傾向が認められる。一は、ある地域のそれを総括的に取り扱ったものであり、二は、特定のそれについて論じたものである。また、更に注意すべきは、坪井の「古鐘逸響年表稿」[7]

のごとき全国的な視野のもとに総括したものの存在を看過しえない。一の地域的な総括研究については、坪井の「山口県の古鐘[8]」・「九州の三古鐘[9]」、赤星直忠の「神奈川県の梵鐘（1）[10]」、そして、藤田亮策「在日本新羅鐘の銘文[11]」・「高麗鐘の銘文[12]」などが見られ、二の個別的研究としては、坪井「若狭高浜町佐伎治神社の鐘[13]」「身延山久遠寺の古鐘[14]」・「信濃最古の梵鐘[15]」・「書写山の無銘洪鐘[16]」など、三井博「金工文化史上より見たる三河最古の鐘[17]」、川勝政太郎「清源寺銅鐘と銘文[18]」、松尾禎作「相知町黒岩医王寺肥前鐘[19]」、土井実「県外に残る大和の古鐘[20]」・「東大寺の無銘鐘[21]」、岩下正志「博多櫛田神社肥前鐘—特に第一次紀年銘に就いて—[22]」、松岡史「肥前鐘の新例に就いて[23]」などが発表されている。これらの研究の動向より総括化への動きと、すでに発表された梵鐘銘文の補訂、新検出資料の紹介があり、戦後における梵鐘研究の方法である。

このような研究は、今後とも坪井の一連の労作を基礎として持続されていくことであろう。

戦後における梵鐘研究の主なる動向と主要文献については、ほぼ以上に尽きるかの感をもっているが、近時、梵鐘研究にあたり極めて注目すべき労作に接しえたのでそれについて次に紹介しておきたい。

一は、坪井『慶長以前の日本梵鐘年表[24]』《増補訂正（1）・（2）既刊》であり、二は、片野温『濃飛両国梵鐘年表[25]』である。

坪井の年表は、かつての編著『慶長末年以前の日本鐘年表』・『慶長末年以前の梵鐘』・『梵鐘と古文化』・「古鐘逸響年表稿」などにおいて取り扱った資料を整理し、新資料の発見例を収録すると共に若干の補訂をなして集成したものである。目次を見ると、現存有紀年銘鐘年表・佚亡鐘年表・同追補・現存無紀年銘鐘一覧・佚亡無銘鐘一覧・朝鮮鐘渡来後追銘年表・琉球鐘一覧を収め、付録として、記録に見える鐘・年表から除外した鐘・琉球鐘に就いて、などについて記し、更に、国別・府県別・年号・社寺名所有者名・鋳物師の各索引が付けられているものである。その収録するところ、現存有紀年銘鐘四二四口、佚亡鐘五五一口、現存無紀年銘鐘六三口などにのぼっている。まさに、現在における梵鐘年表の決定版とすることができよう。

片野の年表は、故人となった温の遺稿を嫡子の片野知二が編輯刊行したもので、美濃・飛騨の両国における資料九〇〇口を収録した労作である。上限——一二四七年（宝治元）、下限——一八六八年（慶応四）までの資料を網羅した年表で、地域的資料の集成として稀に見る労作である。その収録資料中にはすでに佚亡したものをも多く含み、まことに貴重な年表のこと言を俟たない。

坪井の年表が、全国的に慶長以前の資料を集成しているのに対し、片野のそれは濃飛の二国における慶応までの資料を逐一網羅している。この両年表は、まさに梵鐘研究の基礎資料としてそれぞれ編者の労を多としなければならない。今後における梵鐘の地域的研究を進める際の範とするにたる片野の年表が刊行されたことはまことに有意義なことであり、発行者に対して満腔の敬意を表するにやぶさかではない。

我々は、今後における梵鐘研究の視角について、すでに紹介して来た論著より多くの示唆点をうることができる。それと共にこれからの研究は、梵鐘銘に見える鋳物師の研究をはじめ、寺院における縁起・担那などをめぐる諸問題について個別的に研究を深めていくことが肝要であろう。銘文を単なる金石学の対象とするのみでなくその本体の鋳物師の性格と系譜、そして鋳物師と有銘梵鐘との地域的・年代的相関関係、担那の性格と社会的地位、寺院と担那との関係の究明など、梵鐘の考古学的研究に立脚して研究の歩を進めていかなければならないであろう。しかし、これは甚だ難事なそして年月のかかることではあるが、先学によって築かれた基礎を根底として努力していかなくてはならないであろう。

註

（1）藪田嘉一郎「筑前観世音寺鐘尺度論」（『史迹と美術』一八七）
（2）坪井良平「藪田氏の筑紫観世音寺鐘尺度論を読んで」（『史迹と美術』一八九）
（3）村田治郎「筑前観世音寺鐘尺度論の否定」（『史迹と美術』一九〇）
（4）藪田「奈良時代古鐘尺度論」（『史迹と美術』一九一）
（5）坪井「藪田氏の奈良時代古鐘尺度論を読んで」（『史迹と美術』一九四）
（6）足立　康「筑紫観世音寺の梵鐘の丈量」（『考古學雑誌』三一―六）
（7）坪井「古鐘逸響年表稿」（『大和文化研究』三―三・四）
（8）坪井「山口県の古鐘」（『史迹と美術』二八六）
（9）坪井「九州の三古鐘」（『史迹と美術』二九八）
（10）赤星直忠「神奈川県の梵鐘（1）」（『神奈川県文化財調査報告』二五）
（11）藤田亮策「在日本新羅鐘の銘文」（『大和文化研究』三―三・四）
（12）藤田「高麗鐘の銘文」（『朝鮮学報』一四）
（13）坪井「若狭高浜町佐伎治神社の鐘」（『史迹と美術』二二〇）
（14）坪井「身延山久遠寺の古鐘」（『みのぶ』四九―九）
（15）坪井「信濃最古の梵鐘」（『信濃』一四―二）
（16）坪井「書写山の無銘洪鐘」（『史迹と美術』三三六）
（17）三井　博「金工文化史上より見たる三河最古の鐘」（『三河史談』二）
（18）川勝政太郎「清源寺銅鐘と銘文」（『史迹と美術』二三九）
（19）松尾禎作「相知町黒岩医王寺肥前鐘」（『佐賀県文化財調査報告』三）
（20）土井　実「県外に残る大和の古鐘」（『大和文化研究』三―三・四）
（21）土井「東大寺の無銘鐘」（『大和文化研究』三―三・四）

(22)　岩下正志「博多櫛田神社肥前鐘―特に第一次紀年銘に就いて―」(『九州考古学』三・四)

(23)　松岡　史「英彦山の肥鐘鐘」(『九州考古学』一五)

(24)　一九六一年八月の刊行にかかり、増補訂正（1）―一九六二年四月、（2）一九六三年六月あり。

(25)　一九六四年六月の刊行。

追記一

坪井良平の日本梵鐘の研究は、次のごとき三部作として纏められた。

『日本の梵鐘』（一九七〇年三月）、『日本古鐘銘集成』（一九七二年三月）、『佚亡鐘銘図鑑』（一九七七年一月）

また、坪井は『朝鮮鐘』（一九七四年七月）を公けにし、その集成的研究を纏めた。

その目次は次の通りである。

『日本の梵鐘』は、一　日本梵鐘の考古学的考察、Ⅰ梵鐘研究の歴史、Ⅱ梵鐘の種類とその形状および部分名称、Ⅲ梵鐘の起源、Ⅳ梵鐘の用途、Ⅴ梵鐘の銘文、Ⅵ梵鐘の鋳造、Ⅶ奈良時代の梵鐘、Ⅷ平安時代の梵鐘、Ⅸ鎌倉時代の梵鐘、Ⅹ南北朝時代の梵鐘、Ⅺ室町時代の梵鐘、Ⅻ江戸時代の梵鐘、ⅩⅢ琉球の梵鐘、二　梵鐘の鋳物師、三　付表、Ⅰ慶長以前現存紀年銘鐘年表、Ⅱ慶長以前佚亡紀年銘鐘年表、Ⅲ慶長以前現存無紀年銘鐘一覧表、Ⅳ慶長以前佚亡無紀年銘鐘一覧表、Ⅴ朝鮮鐘本邦渡来後追銘年表、Ⅵ琉球鐘一覧表、Ⅶ年表・一覧表より除外したる鐘、Ⅷ中世金工品一覧表、Ⅸ慶長以前の梵鐘要目一覧表、四　補遺訂正、より構成されている。

『日本古鐘銘集成』は、鐘銘集の歴史、慶長以前日本梵鐘銘文集よりなり、『佚亡鐘銘図鑑』は、佚亡梵鐘とその拓本、佚亡鐘銘解説より構成されている。そして後著の付録として坪井の「憶い出の記」と「著作目録」が収録されている。自伝の「憶い出の記」は梵鐘研究の道程が語られており、坪井をめぐる交友関係ともども興味がつきない。

『朝鮮鐘』は、一　序章、Ⅰ朝鮮鐘の形状、装飾および特徴、Ⅱ朝鮮鐘の起源、Ⅲ朝鮮鐘の鋳造、Ⅳ朝鮮鐘の渡来、Ⅴ朝鮮鐘所究の歴史、Ⅵ朝鮮鐘の模倣、二　新羅時代、Ⅰ紀年銘鐘、Ⅱ無紀年銘鐘、Ⅲ記録に見える鐘、Ⅳ新羅時代鐘の特色、三　高麗時代前期―無立状帯鐘期―、Ⅰ紀年銘鐘、Ⅱ無紀年銘鐘、Ⅲ記録に見える鐘、Ⅳ高麗時代前期鐘の特色、四　高麗時代後

期―立状帯鐘期―、Ⅰ紀年銘鐘、Ⅱ無紀年銘鐘、Ⅲ高麗時代後期鐘の特色と模倣支那鐘・韓支混淆型式鐘の抬頭、五　李朝時代、Ⅰ紀年銘鐘、Ⅱ無紀年銘鐘、Ⅲ李朝時代鐘の特色と韓支混淆型式鐘の盛行、六　詳細不明鐘、朝鮮鐘要目一覧表、韓支混淆型式鐘一覧表、詳細未詳李朝時代鐘一覧表、朝鮮鐘関係主要文献目録、より構成されている。

坪井の梵鐘関係の論文集として『梵鐘と考古学』（一九八九）『梵鐘の研究』（一九九一）のほかに『新訂梵鐘と古文化』（一九九三）がある。

追記二

古鐘研究会（眞鍋孝志）の『梵鐘』は、創刊一九九四年、休刊二〇〇七年の間に二〇冊を刊行し、梵鐘研究の必修文献である。主宰の眞鍋には『武蔵国江戸時代梵鐘拓影集成』（一九九七）『江戸東京梵鐘銘文集』（花房健次郎共編、二〇〇〇）『梵鐘遍歴』（二〇〇二）がある。また、熊谷幸次郎『梵鐘巡礼記』（一九八〇）は訪鐘記として参考になる。

なお、橋爪金吉の『梵鐘巡禮』（一九七六年一一月）は、浅野喜市の写真が豊富に収録され、梵鐘開眼、梵鐘断想、梵鐘閑話、梵鐘聞き書、梵鐘探訪、名鐘・由緒鐘巡禮、季節の梵鐘よりなる好著であり、付録の現存古鐘一覧表は便利である。また、橋爪は梵鐘研究『つりがね』誌の刊行を続けている。

朝鮮（韓国）鐘については、韓国国立文化財研究所『韓国の梵鐘』（一九九六）、康永夏『韓国の梵鐘』（一九九二）があり、日本現存の朝鮮（韓国）鐘については姜健栄『梵鐘をたずねて―新羅・高麗・李朝の鐘―』（一九九三）が参考になろう。

初出一覧

上巻

Ⅰ 仏教考古学への招待 『歴史公論』二―四〜一一、一九七六年

十 主要文献案内 新稿

Ⅱ 仏教考古学の構想

一 仏教考古学概論 『立正大学大学院紀要』八、一九九二年

二 仏教考古学の歴史 『新版仏教考古学講座』一、一九七五年

三 釈迦の故郷を掘る 「一般社団法人 日本考古学協会第七八回総会講演要旨」二〇一一年

四 法華経と考古学

(一) 多宝山の夜明け 『法華』一〇〇―一、二〇一四年

(二) 霊鷲山探求 『法華』一〇〇―二、二〇一四年

(三) 王舎城の精舎 『法華』一〇〇―三、二〇一四年

(四) 宝塔涌出 『法華』一〇〇―四、二〇一四年

(五) 教化の範囲と考古学 『法華』一〇〇―五・六、二〇一四年

Ⅲ 礼拝の対象

一 仏足跡信仰の流伝 『立正史学』五三、一九八三年

二 仏足跡礼拝の様態 『立正大学大学院紀要』一、一九八五年

三 「経塚」の概念 『古代学研究所紀要』一、一九九〇年

四 埋経の源流 角田文衞博士古稀記念『古代学叢論』一九八三年

五 天徳四年の紀年銘瓦経をめぐる問題 『歴史考古』一一、一九六四年

六 仏像礼賛

(一) 白玉菩薩立像 野村耀昌博士古稀記念論文集『仏教史仏教学論集』一九七八年

(二) 押出仏 『立正大学考古学研究室彙報』二三、一九八八年

七 富士山信仰と考古学 『信仰の山富士山―山梨・静岡両県の発掘調査から探る―』二〇一四年

八 富士山と仏教の考古学 『仏教タイムス』二九四九〜五八、二〇一三年

下巻

Ⅳ 伽藍の構成と瓦

一 古代インドの楕円形建物 『立正大学文学部論叢』六三、一九七九年

二 平地方形区劃伽藍 『立正史学』七〇、一九九一年

三 阿蘭若処を伴う伽藍 『日本仏教史学』四、一九七九年

四 初期伽藍の類型と僧地 『立正大学文学部論叢』五六、一九七六年

五 「瓦」の名称

(一) 「瓦」の語源 大川清博士古稀記念論文集『王朝の考古学』一九九五年

(二) 瓦名称論 『論争学説日本の考古学』六、一九八七年

(三) 古瓦名称の統一 今里幾次先生古稀記念『播磨考古学論叢』一九九〇年

Ⅴ 塔婆と墓標

一 宝篋印塔の源流 『立正大学考古学研究室彙報』二六、二〇〇四年

二 板碑の名称と概念 『板碑の総合研究』一、一九八三年

三 板碑の出現と背景 埼玉県立嵐山史跡の博物館 平成二十年度シンポジウム『板碑が語る中世―造立とその背景』二〇〇年

四 板碑研究の回顧と展望 葛飾区郷土と天文の博物館 平成二十年度フォーラム『板碑と中世びと』二〇〇八年

五 中山法華経寺の墓碑と墓塔 『中山法華経寺誌』一九八一年

Ⅵ 儀礼の諸具

一 出土の仏像と仏具 『発掘された御仏と仏具―神奈川県の古代・中世の仏教信仰―』二〇一四年

二 出土仏具の世界 『出土仏具の世界』立正大学文学部考古学研究室、一九九九年

三 一括埋納の仏法具 渡邊寶陽先生古稀記念論文集『法華仏教文化史論叢』二〇一五年

四 梵鐘断章 『月刊百科』二〇七、一九七九年

五 梵鐘研究の近況 『歴史考古』一三、一九六五年

あとがき

立正大学の大学院を修了し、同大の助手を務めた後、専任講師に任用される内示を受けたとき、石田茂作先生にご報告に参上した。その際、先生から「研究を続けるには大学より博物館がよい。昔の大学ならともかく、現在の私立大学は研究に適さない。大学の教員になるなら学生の教育が主で、研究は従と考えるように」など諄諄と教訓を賜ったことは忘れられない。万一、どこかの博物館に勤める機会に恵まれたとしても、とても研究を続ける自信もなく、後輩の勉強相手を務めながら、自分なりに可能な研究の真似事ができれば分相応と考えながら先生宅を辞した。

旬日後、有高巖先生（史学科主任・東洋史）と伊木壽一先生（大学院主任・日本史）の推輓を頂いて立正大学の文学部に勤務することになった。

その後、石田先生からある席上で「わしは午歳だから馬に譬えれば、坂詰は悍馬だ。参会の皆さんよろしく引廻しの程を」とお話下さったのは恐慌であった。加えて、私に対し「自分なりに小さなテーマでよいから目標を設定する、と共に専門分野についての自分なりの体系確立を目指し、決して研究を等閑視しないように」とのお言葉を頂いた。石田先生のお教えは、立正大学に講義でお出掛けの時は勿論、ご自宅に参上させて頂いた機会にも、謦咳に接して親炙を賜ってきた。

ある時、中村瑞隆先生（立正大学仏教学部教授）から「釈尊の遺跡を掘りませんか」とお声がかかり、十余年、ネパール・インドの釈迦の故郷の遺跡（出家の故城・カピラ城、生誕の地・ルンビニー）の調査に参画させて頂くことになった。仏教の考古学に志向していた私にとって、まさに千載一遇の機会であった。私なりに粉骨砕身し中村先生の趣旨完遂に向って邁進したが、その間、常に石田先生に調査の進捗をご報告し、多くの示唆を賜ってきた。仏刹に生を得た私にとって仏縁であった。その調査中、インド・ネパールのほか、東南アジア・中国・朝鮮半島の仏教関係の遺跡を見学したことは勉強になった。

一方、急逝の兜木正亨先生の後継として立正大学大学院の「仏教文化史」を担当することになり、石田先生創始の仏教文化史・仏教考古学を敷衍する機会を得たことは光栄であった。このような仏教学部との縁もあり、過般、勝呂信静博士基金「仏教文化学術賞」を頂く栄誉に浴した。

『仏教と考古学』は仏教文化史・仏教考古学を遅遅として学んできた私なりの歩みの片片報告として編んだ小論集である。

刊行に際し、経年好誼の㈱雄山閣の宮田哲男社長と煩瑣な編集に尽力して下さった桑門智亜紀編集長・編集部の各位に感謝の意を表したいと思う。

坂詰　秀一

散華（瓦礫洞人作画）

著者紹介

坂詰 秀一（さかづめ　ひでいち）

1936 年　東京生まれ
1960 年　立正大学大学院文学研究科（国史学専攻）修士課程修了
現　在　立正大学特別栄誉教授　文学博士

〔主要著書〕
『歴史考古学研究』Ⅰ・Ⅱ、1969・1982、ニューサイエンス社
『歴史考古学の視角と実践』1990、雄山閣出版
『太平洋戦争と考古学』1997、吉川弘文館
『仏教考古学の構想』2000、雄山閣出版
『歴史と宗教の考古学』2000、吉川弘文館
『転換期の日本考古学―1945～1965 文献解題―』2021、雄山閣

〔主要編著〕
『板碑の総合研究』全 2 巻、1983、柏書房
『歴史考古学の問題点』1990、近藤出版社
『仏教考古学事典』2003、雄山閣
『釈迦の故郷を掘る』2015、北隆館
（以下、共編著）
『日本考古学選集』全 25 巻、1971～1986、築地書館
『新版仏教考古学講座』全 7 巻、1975～ 1977、雄山閣出版
『日本歴史考古学を学ぶ』全 3 巻、1983～1986、有斐閣
『論争学説　日本の考古学』全 7 巻、1986～1989、雄山閣出版
『新日本考古学辞典』2020、ニューサイエンス社

2021年 11月 25日　初版発行　《検印省略》

仏教《ぶっきょう》の考古学《こうこがく》　下巻《げかん》

著　者　坂詰秀一
発行者　宮田哲男
発行所　株式会社 雄山閣
〒 102-0071　東京都千代田区富士見 2-6-9
TEL　03-3262-3231 / FAX　03-3262-6938
URL　http: //www.yuzankaku.co.jp
e-mail　in fo@yuzankaku.co.jp
振　替：00130-5-1685
印刷・製本　株式会社ティーケー出版印刷

ISBN978-4-639-02799-7 C0021
N.D.C.210　204p　21cm